A New Frontier for Tw

新たな
信託ソリューション
と法務

円滑なM＆A・事業承継等
のために

みずほ信託プロダクツ法務研究会 編

一般社団法人 **金融財政事情研究会**

巻頭によせて

　新型コロナウイルスに感染された方々、そして、感染拡大に伴い様々な影響を受けられた皆さまに心からお見舞い申し上げます。

　近年、少子・高齢化、デジタルテクノロジーの発展、コーポレートガバナンス改革進展等の構造変化や新型コロナウイルスの感染拡大は、経済・社会や国民生活に大きな変化を及ぼし、世界経済状況および人々の生活様式はダイナミックに変化し続けております。また、サステナビリティに対する取り組みは、SDGs・ESG投資の進展やオフィス環境の変化などを促し、カーボン・ニュートラルの実現に向けた取り組みなど新しい課題への対応が社会に求められています。

　みずほ信託銀行は、世の中で変化する課題やニーズに対して、信託機能の発揮による専門性の高い信託ソリューションを提供することにより、豊かで持続可能な社会・経済実現への貢献を進めております。2007年に施行された新信託法により信託の可能性をさらに押し広げ、信託業界全体で2021年9月末時点の信託財産総額は9年連続史上最高額を更新し続け1,434.5兆円となりました。引き続き、オープンな協業やデジタルテクノロジーの積極的な活用などを進め、最良の信託ソリューションの開発と専門性の高いコンサルティングサービスを提供し、次世代の信託ビジネスの創造に情熱を持って挑戦し続けます。

　「みずほ信託プロダクツ法務研究会」は、弁護士と実務家が共同して「信託の活用促進」「新たな信託活用分野の開拓」を検討することを目的として2021年5月まで計8回開催されました。研究会の成果は、「金融法務事情」に順次掲載いたしましたが、今般、「金融法務事情」掲載論文に加筆し本書を発刊する運びとなりました。信託の利用可能性があらゆる分野で広がりをみせつつある現在、本書がソリューション検討の一助となること、そして信託業務発展の一助となることを心から願います。

信託の持つ柔軟性とテクノロジーや非金融サービス等を組み合わせた新しい信託商品・サービスの開発・提供が次々と実現することを確信とともに祈りつつ、巻頭によせたメッセージといたします。

　最後に、本研究会に参加いただいた弁護士の方々、弊行のメンバーに感謝し、編集にご尽力いただいた株式会社きんざいの舟山綾氏をはじめとする金融法務編集部の方々に御礼申し上げます。

2022年2月

みずほ信託銀行株式会社　取締役社長

梅田　圭

ごあいさつ

　本書は、「みずほ信託プロダクツ法務研究会」において、2019年10月から2021年5月まで開催された研究会で発表された成果を収録したものです。

　「みずほ信託プロダクツ法務研究会」は、2019年10月に、弁護士と実務家が共同して、「信託の活用促進」「新たな信託活用分野の開拓」を検討することを目的として発足した研究会です。信託法改正から十数年が経過した現在、現行信託法ほか関連法令のもとで、信託に関する理論・実務は着実に進展していますが、今後、さらなる発展を遂げるためには、信託、金融、M&A、事業承継等のプロフェッショナルとしての仕事に取り組む我々が、社会環境の変化を着実に捉え、創意工夫をもって、様々な場面で信託の活用を考える姿勢を持ち続けることが重要です。

　このような認識のもと、本研究会では、今後の実務でのさらなる信託活用を念頭に、必ずしも現行法制の枠組みにとらわれることなく潜在的ニーズがありそうだと考えるテーマを設定し、課題や論点の報告を行い、参加者全員で議論を行ってきました。本研究会は8回開催されましたが、そこでの議論の結果を踏まえ報告担当者が取りまとめた成果は、順次、「金融法務事情」へ掲載してまいりました。

　　「信託は、その目的が不法や不能でないかぎり、どのような目的のためにも設定されることが可能である。したがって、信託の事例は無数にあり得るわけで、それを制限するものがあるとすれば、それは法律家や実務家の想像力の欠如にほかならない」（四宮和夫『信託法［新版］』より）

　信託の利用可能性があらゆる分野で広がりをみせつつある昨今、本研究会で取り上げたテーマをきっかけに信託法制に関する研究と実務が一層深化することを心から願います。

　なお、本書における文責は各執筆者にあり、意見等に関わる部分は、各執

筆者独自のものであって、本研究会および参加者の所属の団体の意見を代表するものではないことをあらかじめご承知おきください。

　最後に、「みずほ信託プロダクツ法務研究会」の運営に多大なるご尽力をいただいた参加者の方々、特に、事務局を引き受けていただいた藤池智則弁護士をはじめとする堀総合法律事務所の方々に感謝の意を表するとともに、「金融法務事情」への掲載および本書の刊行においてお世話になった株式会社きんざいの舟山綾氏に、この場を借りて厚く御礼申し上げます。

　2022年2月

みずほ信託プロダクツ法務研究会代表
みずほ信託銀行株式会社　常務執行役員

森下　充弘

ごあいさつ

　信託というのは、誠に不思議な存在でありまして、人間が創り出した便宜的な概念でありながら、時には関係者によってコントロールされた意思を持つ生きもののようでもあり、また、無色透明・無味無臭で、気配を消しながら、しかし静かに佇んでいる存在であったりもします。民商法等では実現できない価値を具現化する上で、決定的な機能を発揮することもあります。

　2021年、NHK大河ドラマで、渋沢栄一が日本に持ち込んだ「合本主義」「会社」について語られましたが、この「信託」という、日本では1900年に初めて法律用語として登場した概念も、人間が創り出した英知だと感じます。いわば想像上の生きものである信託は、その気になれば何でもできてしまう便利な存在ゆえに、これを業とする信託銀行としては、何が受託可能で、何を受託すべきでないか、について、それが新しいことであればあるほど、常に難しい判断を求められます。

　学生時代、憧れはあったものの、必修でなかったがゆえに（笑）、近寄ることのなかった信託法の世界、この研究会で、かくも素晴らしい先生方に学び、知見を深める機会を得た幸運に感謝しています。

　私どもの部署は、日々、この信託でなければ実現できないニーズを掘り起こし、新しい価値を創出することを使命とする部署ですが、判例・通説が稀少であるがゆえに、実務上、判断のよすがをどこに求めるか、悩ましいところがございます。このたびの先生方のご研究により、斯界にも、大きな進化の可能性が示されたものと存じます。

　当研究会で、弊行のメンバーは、実務家としてお客さまと接する中で感じていることや、案件組成上の留意事項など、僭越ながら主として商業的な観点から発言させていただきました。席上、先生方に私どもへのご関心をお持ちいただいたことに驚きを憶えるとともに、本研究の深化にわずかなりとも寄与できたのであれば望外の悦びであります。研究の成果を実業界で実現で

きるよう実務家として最大限活動してまいります。

　最後に、お忙しいお仕事の合間を縫って、珠玉のご研究を持ち寄り、活発な議論を通じてご英知の結集に力を尽くしてくださった先生方に、深甚な感謝を申し上げますとともに、会の運営にご尽力いただいた株式会社きんざいさま、惜しみないチームワークを発揮してくれた、企業戦略開発部、信託フロンティア開発部、株式戦略コンサルティング部、ストラクチャードプロダクツ営業部事務局メンバーに改めて感謝申し上げます。価値創出が、契約によって構成されていく、この「信託」という英知が、一層の発展、新時代のイノベーションの起点となることを願って、本書発刊の挨拶とさせていただきます。ありがとうございました。

　2022年2月

　　　みずほ信託銀行株式会社　ストラクチャードプロダクツ営業部長

　　　　　　　　　　　　　　　　　　　　　　　清水　正俊

【みずほ信託プロダクツ法務研究会メンバー】(順不同)

堀総合法律事務所　藤池智則、髙木いづみ、関口　諒、山内達也

西村あさひ法律事務所　中山龍太郎、有吉尚哉、石﨑泰哲

長島・大野・常松法律事務所　岡野辰也、西村修一

アンダーソン・毛利・友常法律事務所外国法共同事業　石原　坦、長瀬威志

中村・角田・松本法律事務所　仁科秀隆

森・濱田松本法律事務所　石綿　学、大石篤史、山川佳子

TMI総合法律事務所　髙山崇彦、谷口達哉

みずほ信託銀行　常務執行役員　森下充弘
　　　　　　　ストラクチャードプロダクツ営業部　清水正俊、石井孝史、川内野麻美
　　　　　　　企業戦略開発部　八木啓至、樋口正樹
　　　　　　　信託フロンティア開発部　石田直大
　　　　　　　株式戦略コンサルティング部　森　央成

本書の構成について

　本書は、「みずほ信託プロダクツ法務研究会」における議論の結果を踏まえて報告担当者が執筆して「金融法務事情」に掲載した論稿に加筆修正したものを取りまとめ、信託を活用した新たなソリューションを示し、もって、新たな信託分野の開拓を期するものである。そのため、本書の読者としては、信託銀行等の実務家や法律家のほか、自ら信託ソリューションを活用する企業や企業経営者も想定している。我が国では、企業取引において信託が活用される場面が少なくはないが、英米法に源流を持つ信託について馴染みのない方もおられる。そのような方のために、まず、第1章では「信託の基礎」について概説する。

　第2章から第4章までは、「みずほ信託プロダクツ法務研究会」メンバーの弁護士の方々の論稿である。

　第2章の「議決権行使にかかる信託の活用」における論稿はいずれも、議決権をコントロールすることを可能とする信託ソリューションに関するものである。西村あさひ法律事務所の有吉尚哉弁護士の「議決権コントロールのための信託」は、M&Aの局面における議決権のコントロールのための信託について検討し、森・濱田松本法律事務所の石綿学弁護士・大石篤史弁護士・山川佳子弁護士の「事業承継における信託の活用」は、事業承継の局面における議決権のコントロールのための信託について検討し、堀総合法律事務所の藤池智則弁護士・髙木いづみ弁護士・関口諒弁護士・山内達也弁護士の「信託による株式の議決権の行使主体と経済的利益の帰属主体の分離」は、信託を活用した議決権コントロールに関する信託法上・会社法上の許容性について検討している。

　第3章の「M&Aにおける信託の活用」の論稿はいずれも、M&Aにおける諸課題を解決するための信託ソリューションを提言するものである。長島・大野・常松法律事務所の岡野辰也弁護士・西村修一弁護士の「公開買付

けに関連する信託の活用可能性」は、TOB規制における実務上の課題に対する信託の活用可能性を提言し、TMI総合法律事務所の谷口達哉弁護士・辻岡将基弁護士の「スクイーズアウト取引における信託の活用可能性」は、スクイーズアウトの会社法上の規制における実務上の課題に対する信託の活用可能性を提言し、西村あさひ法律事務所の中山龍太郎弁護士・石﨑泰哲弁護士の「企業結合規制における信託の活用の可能性」は、企業結合規制における実務上の課題に対する信託の活用可能性を提言している。

　以上の論稿では、M&Aや事業承継における信託ソリューションが主たる検討対象であるが、第4章の「その他新しい取り組み」では、それ以外の様々な企業取引において信託を活用したソリューションがあり得ることが示唆されている。中村・角田・松本法律事務所の仁科秀隆弁護士の「コーポレートガバナンス・コード対応における信託の活用可能性」は、コーポレートガバナンス上求められる政策保有株式の処分における信託の活用可能性を示し、また、アンダーソン・毛利・友常法律事務所外国法共同事業の石原坦弁護士・青木俊介弁護士・長瀬威志弁護士の「デジタル証券と信託の活用」は、ブロックチェーン技術等を利用したデジタル証券の流通における信託の活用可能性を示している。

　信託に関して知見がある方は、第2章から第4章までの論稿を中心に読み進めていただき、新しい信託のソリューションについて、その可能性を感じていただければ幸いである。他方、信託に馴染みのない方は、第1章の信託の基礎のほか、第2章から第4章までにおいて適宜配置したコラムも併せてご確認いただき、第2章から第4章までの各論稿の理解の助けとしていただければ幸いである。

　なお、本書の各論稿およびコラムにおける意見にわたる部分は、みずほ信託銀行、みずほフィナンシャルグループ各社、みずほ信託プロダクツ法務研究会その他の各執筆者が所属する団体の意見を代表するものではなく、各執筆者の個人的見解であることについてご留意いただきたい。

目　次

第1章◆信託の基礎

みずほ信託銀行ストラクチャードプロダクツ営業部　**石井孝史**

第2章◆議決権行使にかかる信託の活用

第3章◆M&Aにおける信託の活用

第4章◆その他新しい取り組み

第 1 章

信託の基礎

第1節 信託制度の基礎

1 信託とは

「信託」とは、「信じて託す」と書く。託すものは自分の財産であり、我が国では信託法に「信託」の定義が規定されている。

信託法2条1項では、「この法律において「信託」とは、次条各号に掲げる方法のいずれかにより、特定の者が一定の目的（専らその者の利益を図る目的を除く）に従い財産の管理又は処分及びその他の当該目的の達成のために必要な行為をすべきものとすることをいう」とされている。これを受けて、同法3条では信託の方法として信託契約、遺言、公正証書等によってする意思表示が挙げられており、同法2条2項では、これらの方法は「信託行為」と定義付けられている。

つまり、信託法の定義によれば、信託とは、「①信託契約、②遺言、③公正証書等によってする意思表示の方法」（信託行為）のいずれかにより、「特定の者」（受託者）が、「一定の目的」（信託目的）に従い、財産（信託財産）を管理・処分する制度である。

もう少し補うと、信託とは、「委託者が信託行為（信託契約など）において信託財産の管理・運用を行うことの目的および誰（受益者）のためにこれを行うのかを定め、受託者が、この信託行為が定める信託目的に従って、受益者のために信託財産を管理・処分する制度」となる（**図表1-1**）。なお、信託契約や遺言により信託する場合は、信託財産は、委託者から受託者に移転

図表1-1　信託の基本的な仕組み

▶委託者が信託行為（例えば信託契約、遺言）によって、その信頼できる人（受託者）に対して財産を移転し、受託者は委託者が設定した信託目的に従って、受益者のためにその財産（信託財産）の管理・処分をする制度

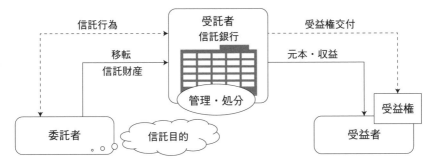

図表1-2　信託の基本的な当事者

委託者

・信託の対象財産を拠出し、信託の目的を定めて、受託者に財産管理を委ねる人。
　⇒ある目的に従って管理・運用・処分をさせるために、財産を託す人。

受託者

・委託者が定めた目的に従って、信託財産の管理・処分・その他の信託目的の達成に必要な行為をする人。
　⇒信託財産を託された人。信託目的に従って信託財産の管理・運用・処分を行う。
・受託者には、「善管注意義務」「忠実義務」「分別管理義務」がある。
　⇒受託者が厳しい義務を負っているからこそ、委託者は自分の財産を他人である受託者に託すことができる。

受益者

・信託から生じる利益を受け取る人。
　⇒受益者は現存していなくてもOK（まだ見ぬ子孫を受益者にすることも可）。
・自益信託⇒委託者が受益者を兼ねる場合。
・他益信託⇒委託者とは別の者が受益者になる場合。

するが、公正証書等によってする意思表示により信託する場合は、信託財産は委託者のもとにとどまる。このような信託を自己信託という。

信託法2条では、信託に関するキーワードの定義が各項で次のように規定されている。

◆「信託行為」（2項）　①信託契約、②遺言、③公正証書等によってする意思表示の方法

◆「信託財産」（3項）　受託者に属する財産であって、信託により管理または処分をすべき一切の財産

◆「委託者」（4項）　信託行為により信託する者

◆「受託者」（5項）　信託行為の定めに従い、信託財産の管理または処分、その他の必要な行為をすべき義務を負う者

◆「受益者」（6項）　受益権を有する者

◆「受益権」（7項）　受益者が受託者に対して、信託財産の引渡し、その他の信託財産に係る給付を請求する権利（受益債権）、およびこれを確保するために受託者その他の者に対して一定の行為を求める権利

| 参考 | 信託法

- -

（定義）

第2条　この法律において「信託」とは、次条各号に掲げる方法のいずれかにより、特定の者が一定の目的（専らその者の利益を図る目的を除く。同条において同じ。）に従い財産の管理又は処分及びその他の当該目的の達成のために必要な行為をすべきものとすることをいう。

2　この法律において「信託行為」とは、次の各号に掲げる信託の区分に応じ、当該各号に定めるものをいう。

一　次条第1号に掲げる方法による信託　同号の信託契約

二　次条第2号に掲げる方法による信託　同号の遺言

三　次条第3号に掲げる方法による信託　同号の書面又は電磁的記録（同号に規定する電磁的記録をいう。）によってする意思表示

3　この法律において「信託財産」とは、受託者に属する財産であって、信託により管理又は処分をすべき一切の財産をいう。

4　この法律において「委託者」とは、次条各号に掲げる方法により信託をする者をいう。

5　この法律において「受託者」とは、信託行為の定めに従い、信託財産に属する財産の管理又は処分及びその他の信託の目的の達成のために必要な行為をすべき義務を負う者をいう。

6　この法律において「受益者」とは、受益権を有する者をいう。

7　この法律において「受益権」とは、信託行為に基づいて受託者が受益者に対し負う債務であって信託財産に属する財産の引渡しその他の信託財産に係る給付をすべきものに係る債権（以下「受益債権」という。）及びこれを確保するためにこの法律の規定に基づいて受託者その他の者に対し一定の行為を求めることができる権利をいう。

8　この法律において「固有財産」とは、受託者に属する財産であって、信託財産に属する財産でない一切の財産をいう。

9　この法律において「信託財産責任負担債務」とは、受託者が信託財産に属する財産をもって履行する責任を負う債務をいう。

10　この法律において「信託の併合」とは、受託者を同一とする二以上の信託の信託財産の全部を一の新たな信託の信託財産とすることをいう。

11　この法律において「吸収信託分割」とは、ある信託の信託財産の一部を受託者を同一とする他の信託の信託財産として移転することをい

い、「新規信託分割」とは、ある信託の信託財産の一部を受託者を同一とする新たな信託の信託財産として移転することをいい、「信託の分割」とは、吸収信託分割又は新規信託分割をいう。

12 この法律において「限定責任信託」とは、受託者が当該信託のすべての信託財産責任負担債務について信託財産に属する財産のみをもってその履行の責任を負う信託をいう。

（信託の方法）

第3条 信託は、次に掲げる方法のいずれかによってする。

1 特定の者との間で、当該特定の者に対し財産の譲渡、担保権の設定その他の財産の処分をする旨並びに当該特定の者が一定の目的に従い財産の管理又は処分及びその他の当該目的の達成のために必要な行為をすべき旨の契約（以下「信託契約」という。）を締結する方法

2 特定の者に対し財産の譲渡、担保権の設定その他の財産の処分をする旨並びに当該特定の者が一定の目的に従い財産の管理又は処分及びその他の当該目的の達成のために必要な行為をすべき旨の遺言をする方法

3 特定の者が一定の目的に従い自己の有する一定の財産の管理又は処分及びその他の当該目的の達成のために必要な行為を自らすべき旨の意思表示を公正証書その他の書面又は電磁的記録（電子的方式、磁気的方式その他人の知覚によっては認識することができない方式で作られる記録であって、電子計算機による情報処理の用に供されるものとして法務省令で定めるものをいう。以下同じ。）で当該目的、当該財産の特定に必要な事項その他の法務省令で定める事項を記載し又は記録したものによってする方法

2 信託の当事者

信託は、受託者が信託行為で定める信託目的に従って、受益者のために信

託財産を管理することを委託者が受託者にゆだねるものであることから、委託者や受益者と受託者との信頼関係があって成り立ち、基本的には以下の三者の関係からなる制度である（**図表1－2**）。

◆委託者

委託者とは、信託法3条各号に掲げる方法により信託行為を行う者（信託する者）をいう（信託法2条4項）。

信託の対象財産を拠出し、信託行為において信託の目的および受益者を定めて、受託者に財産管理・処分をゆだねる（信託する）。

◆受託者

受託者とは、信託行為の定めに従い、受益者の利益のために、信託財産に属する財産の管理・処分・その他の信託目的の達成のために必要な行為をすべき義務を負う者をいう（信託法2条5項）。

信託財産を預かり（信託され）、委託者が定めた目的に従って、信託財産の管理・処分・その他の信託目的の達成のために必要な行為をする。委託者および受益者への大きな責任を負う信託銀行等の受託者には、信託法、信託業法、金融機関の信託業務の兼営等に関する法律（以下「兼営法」という）などの法律に基づいて「善管注意義務（信託法29条2項）」「忠実義務（信託法30条）」「分別管理義務（信託法34条）」などの様々な義務が課せられ、信託財産は安全に管理される（受託者が厳しい義務を負っているからこそ、委託者は自分の財産を受託者に託すことができる）。

委託者と受託者が同一人の信託は、自己信託となり、受託者が受益権の全部を固有財産で有する状態が1年間継続したときは、信託の終了事由となる（信託法163条2号）。信託法2条1項では、専ら受託者の利益を図る目的で信託を設定することは認められていないため、受益権の移転が想定されていない状態で自己信託を設定することは、その有効性が否定される可能性があると考えられる。

◆受益者

　受益者とは、受益権を有する者をいう（信託法2条6項）。

　信託財産から生じる利益を受け取る人であり、委託者が受益者を兼ねる場合の信託を自益信託といい、委託者とは別の者が受益者となる場合の信託を他益信託という。

　受益者については信託契約等の信託行為により任意に定めることができ、現在は存在していない人（まだ見ぬ子孫等）を受益者とすることも可能である[1]。さらに、不特定の人を受益者として指定した上で、一定の事由が発生した場合に具体的な受益者を特定することや、受益者の定めはあるものの、特定の時点においては具体的な受益者が存在しない信託とすることも可能である。一定の要件を満たす場合には、受益者の定めのない信託（目的信託）とすることも認められる。

　受益者が現に存在しない場合は、受益者の利益を保護するために、信託行為により信託管理人を定めることができる。他方、受益者が現に存在する場合は、信託行為により信託監督人を定めることができ（信託法131条1項）、受益者が受託者の監督を適切に行うことができない特別の事情があるときなどにおいては、利害関係人の申立てにより裁判所によって信託監督人が選任されることがある（信託法131条4項）。また、それ以外のときでも、信託行為により、特定の受益者を代理する受益者代理人を定めることもできる（信託法138条1項）。

　委託者が自分の財産を信頼できる受託者に信託し、受託者は信託された財産を自己の名義で管理・運用し、そこから生まれた利益を委託者が指定した受益者に渡すことが、基本的な信託の仕組みである。

　したがって、信託契約により信託すると、委託者の財産の所有権は受託者に移転し、受託者が信託された財産の所有者となる点が、民法上の委任による代理や寄託などの他人による財産管理制度にはない、信託の特徴の

1　本書コラム4「歴史に学ぶ事業承継」（124頁）記載のとおり、まだ生まれていない孫を第三受益者とする事業承継信託が認められる。

1つである。

⑴ 委 託 者

a 委託者の権利能力

委託者の信託行為の当事者としての能力については、信託法上は規定がないことから、民法の一般原則に従うことになる。例えば、未成年者が行う法律行為は、単に権利を得る行為または義務を免れる行為でない限り、民法5条の規定に従い、原則として、法定代理人の同意が必要となる。

法人の行為は、定款または寄附行為により定められた当該法人の目的の範囲内であることが要求され、信託設定行為も同様に定款または寄附行為で定められた目的の範囲内であることが必要となる。

b 委託者の地位

委託者の地位は、受託者および受益者の同意を得て、または信託行為の定めに従い、第三者に移転することができる（信託法146条）。また、基本的に相続人に承継されるが、遺言信託を設定した委託者の地位は相続によっても委託者の相続人に承継されないので留意が必要である（信託法147条）。

参考 **信託法**

- -

（委託者の地位の移転）

第146条 委託者の地位は、受託者及び受益者の同意を得て、又は信託
　行為において定めた方法に従い、第三者に移転することができる。

2 　委託者が二人以上ある信託における前項の規定の適用については、
　同項中「受託者及び受益者」とあるのは、「他の委託者、受託者及び
　受益者」とする。

（遺言信託における委託者の相続人）

第147条 第3条第2号に掲げる方法によって信託がされた場合には、
　委託者の相続人は、委託者の地位を相続により承継しない。ただし、

信託行為に別段の定めがあるときは、その定めるところによる。

c　委託者が破産等の場合における信託の設定

委託者が破産または実質的に破綻に至った場合における信託の設定は、以下のように行われる。

まず、株式会社に会社更生手続開始の決定があった場合においては、会社の事業経営および財産の管理処分の権限は管財人に専属することとなるため（会社更生法72条）、信託の設定は管財人が行うことになる。

委託者が破産手続開始の決定を受ける前に信託を設定した場合であっても、債権者を詐害することを知ってなされた場合等、破産法160条、信託法12条1項が定める要件に該当する場合には否認の対象となる。民事再生手続や会社更生手続に関しても、同様の規定がある（民事再生法127条、会社更生法86条1項、信託法12条3項・5項）。

| 参考 | **会社更生法** |

（管財人の権限）

第72条　更生手続開始の決定があった場合には、更生会社の事業の経営並びに財産（日本国内にあるかどうかを問わない。第4項において同じ。）の管理及び処分をする権利は、裁判所が選任した管財人に専属する。

2　裁判所は、更生手続開始後において、必要があると認めるときは、管財人が次に掲げる行為をするには裁判所の許可を得なければならないものとすることができる。

　一　財産の処分

　二　財産の譲受け

　三　借財

　四　第61条第1項の規定による契約の解除

　五　訴えの提起

六　和解又は仲裁合意（仲裁法（平成15年法律第138号）第2条第1項に規定する仲裁合意をいう。）

七　権利の放棄

八　共益債権又は第64条第1項に規定する権利の承認

九　更生担保権に係る担保の変換

十　その他裁判所の指定する行為

3　前項の許可を得ないでした行為は、無効とする。ただし、これをもって善意の第三者に対抗することができない。

4　前3項の規定については、更生計画の定め又は裁判所の決定で、更生計画認可の決定後の更生会社に対しては適用しないこととすることができる。この場合においては、管財人は、更生会社の事業の経営並びに財産の管理及び処分を監督する。

5　裁判所は、更生計画に前項前段の規定による定めがない場合において必要があると認めるときは、管財人の申立てにより又は職権で、同項前段の規定による決定をする。

6　裁判所は、管財人の申立てにより又は職権で、前項の規定による決定を取り消すことができる。

7　前2項の規定による決定があったときは、その旨を公告し、かつ、その裁判書を管財人及び更生会社に送達しなければならない。この場合においては、第10条第4項の規定は、適用しない。

参考　破産法

（破産債権者を害する行為の否認）

第160条　次に掲げる行為（担保の供与又は債務の消滅に関する行為を除く。）は、破産手続開始後、破産財団のために否認することができる。

一　破産者が破産債権者を害することを知ってした行為。ただし、こ

れによって利益を受けた者が、その行為の当時、破産債権者を害することを知らなかったときは、この限りでない。

二　破産者が支払の停止又は破産手続開始の申立て（以下この節において「支払の停止等」という。）があった後にした破産債権者を害する行為。ただし、これによって利益を受けた者が、その行為の当時、支払の停止等があったこと及び破産債権者を害することを知らなかったときは、この限りでない。

2　破産者がした債務の消滅に関する行為であって、債権者の受けた給付の価額が当該行為によって消滅した債務の額より過大であるものは、前項各号に掲げる要件のいずれかに該当するときは、破産手続開始後、その消滅した債務の額に相当する部分以外の部分に限り、破産財団のために否認することができる。

3　破産者が支払の停止等があった後又はその前6月以内にした無償行為及びこれと同視すべき有償行為は、破産手続開始後、破産財団のために否認することができる。

参考　信託法

- -

（詐害信託の否認等）

第12条　破産者が委託者としてした信託における破産法（平成16年法律第75号）第160条第1項の規定の適用については、同項各号中「これによって利益を受けた者が、その行為の当時」とあるのは「受益者が現に存する場合においては、当該受益者（当該受益者の中に受益権を譲り受けた者がある場合にあっては、当該受益者及びその前に受益権を譲り渡した全ての者）の全部が信託法第11条第1項に規定する受益者としての指定を受けたことを知った時（受益権を譲り受けた者にあっては、受益権を譲り受けた時）において」と、「知らなかったときは、この限

りでない」とあるのは「知っていたときに限る」とする。

2　破産者が破産債権者を害することを知って委託者として信託をした場合には、破産管財人は、受益者を被告として、その受益権を破産財団に返還することを訴えをもって請求することができる。この場合においては、前条第4項ただし書の規定を準用する。

3　再生債務者が委託者としてした信託における民事再生法（平成11年法律第225号）第127条第1項の規定の適用については、同項各号中「これによって利益を受けた者が、その行為の当時」とあるのは「受益者が現に存する場合においては、当該受益者（当該受益者の中に受益権を譲り受けた者がある場合にあっては、当該受益者及びその前に受益権を譲り渡した全ての者）の全部が信託法（平成18年法律第108号）第11条第1項に規定する受益者としての指定を受けたことを知った時（受益権を譲り受けた者にあっては、受益権を譲り受けた時）において」と、「知らなかったときは、この限りでない」とあるのは「知っていたときに限る」とする。

4　再生債務者が再生債権者を害することを知って委託者として信託をした場合には、否認権限を有する監督委員又は管財人は、受益者を被告として、その受益権を再生債務者財産（民事再生法第12条第1項第1号に規定する再生債務者財産をいう。第25条第4項において同じ。）に返還することを訴えをもって請求することができる。この場合においては、前条第4項ただし書の規定を準用する。

5　前2項の規定は、更生会社（会社更生法（平成14年法律第154号）第2条第7項に規定する更生会社又は金融機関等の更生手続の特例等に関する法律（平成8年法律第95号）第169条第7項に規定する更生会社をいう。）又は更生協同組織金融機関（同法第4条第7項に規定する更生協同組織金融機関をいう。）について準用する。この場合において、第3項中「民事再生法（平成11年法律第225号）第127条第1項」とあるのは「会社更生法（平成14年法律第154号）第86条第1項並びに金融

機関等の更生手続の特例等に関する法律（平成8年法律第95号）第57条第1項及び第223条第1項」と、「同項各号」とあるのは「これらの規定」と、前項中「再生債権者」とあるのは「更生債権者又は更生担保権者」と、「否認権限を有する監督委員又は管財人」とあるのは「管財人」と、「再生債務者財産（民事再生法第12条第1項第1号に規定する再生債務者財産をいう。第25条第4項において同じ。）」とあるのは「更生会社財産（会社更生法第2条第14項に規定する更生会社財産又は金融機関等の更生手続の特例等に関する法律第169条第14項に規定する更生会社財産をいう。）又は更生協同組織金融機関財産（同法第4条第14項に規定する更生協同組織金融機関財産をいう。）」と読み替えるものとする。

d　委託者の権利

委託者は、信託設定後は信託の利益を直接受ける者ではないものの、信託の設定者であることから、委託者には、信託法36条にて信託事務の処理の状況等に関する報告請求権や信託法57条1項にて受託者の辞任に対する同意権などの信託設定の意図の実現を監督する機能や信託財産または受益者を保護する権能が認められている。

◆委託者の主な権利（信託法）
・信託事務の処理の状況に関する報告請求権（信託法36条）
・貸借対照表、損益計算書その他書類の閲覧請求権（信託法38条6項）
・受託者の辞任に対する同意権（信託法57条1項）
・裁判所に対する受託者の解任申立権（信託法58条4項）
・裁判所に対する新受託者の選任申立権（信託法62条4項）
・受益者との合意による信託の終了（信託法164条1項）
・裁判所に対する信託の終了の申立権（信託法165条1項）
・信託の終了時の法定帰属権利者（信託法182条2項）

⑵ 受 託 者

a 受託者の権利能力

民法上の代理人と異なり、信託の受託者には行為能力が要求される（信託法7条、56条1項3号）。

民法上の代理人には行為能力を必要とせず（民法102条）、未成年者、成年被後見人や被保佐人も代理人になることができるのに対し、信託財産に対して排他的な管理・処分権を有する信託の受託者には行為能力が要求されており、未成年者は親権者の同意があったとしても受託者になることはできず、後見開始・保佐開始の審判は受託者の任務の終了事由となる。

> **参考　信託法**
> --
>
> **（受託者の資格）**
> **第7条**　信託は、未成年者を受託者としてすることができない。

> **参考　民法**
> --
>
> **（代理人の行為能力）**
> **第102条**　制限行為能力者が代理人としてした行為は、行為能力の制限によっては取り消すことができない。ただし、制限行為能力者が他の制限行為能力者の法定代理人としてした行為については、この限りでない。

b 商事信託の受託者

信託規制上、信託の引受けを営業として行う商事信託の受託者は、信託業法に基づき免許または登録を受けた信託会社（信託業法2条2項）もしくは兼営法1条による信託兼営の認可を受けた金融機関（信託銀行）または特別

法によって認められた者に限定される。信託会社・信託銀行には信託業法・兼営法に基づく行為規制が適用される。

　信託業法上、信託会社は株式会社でなければならないとされ、その会社の商号には「信託」の2文字を用いなければならない。また、信託会社でないものは、兼営金融機関および担保付社債信託業者を除き、信託会社と誤認されるおそれのある商号を用いてはならない（信託業法14条）。

　兼営法では、金融機関に信託業務の兼営を認める条件として、申請者が信託業務を健全に遂行できる財産的基盤があり、かつ、信託業務を的確に遂行できること、および申請者による信託業務の遂行が金融秩序を乱すおそれがないことが規定されている（兼営法1条3項）。

　兼営法では、信託業法の多くの条項が準用されているが、兼営金融機関に信託業法のすべての条文が適用されるものではない（兼営法2条）。

　なお、自己信託の場合、受託者は信託の引受けを行わないため、信託業に該当しないと考えられ、信託業法に基づく免許・登録や兼営法に基づく認可は必要とならない。ただし、自己信託による信託の受益権を50名以上の者が取得できる場合、原則として自己信託会社の登録が必要となる（信託業法50条の2第1項、信託業法施行令15条の2第1項・2項）。この場合、信託会社に対する規制の一部が適用されることになる。なお、2021年9月末時点における自己信託会社の登録は4社が行っている[2]。

> **参考** **信託業法**
> -
>
> **（商号）**
>
> **第14条**　信託会社は、その商号中に信託という文字を用いなければならない。
>
> 　2　信託会社でない者は、その名称又は商号のうちに信託会社であると

2　https://www.fsa.go.jp/menkyo/menkyoj/sintaku02.pdf

誤認されるおそれのある文字を用いてはならない。ただし、担保付社債信託法第3条の免許又は金融機関の信託業務の兼営等に関する法律第1条第1項の認可を受けた者については、この限りでない。

参考 兼営法

（兼営の認可）

第1条 銀行その他の金融機関（政令で定めるものに限る。以下「金融機関」という。）は、他の法律の規定にかかわらず、内閣総理大臣の認可を受けて、信託業法（平成16年法律第154号）第2条第1項に規定する信託業及び次に掲げる業務（政令で定めるものを除く。以下「信託業務」という。）を営むことができる。

一　信託業法第2条第8項に規定する信託契約代理業

二　信託受益権売買等業務（信託受益権の売買等（金融商品取引法（昭和23年法律第25号）第65条の5第1項に規定する信託受益権の売買等をいう。）を行う業務をいう。次条第3項及び第4項において同じ。）

三　財産の管理（受託する信託財産と同じ種類の財産について、次項の信託業務の種類及び方法に規定する信託財産の管理の方法と同じ方法により管理を行うものに限る。）

四　財産に関する遺言の執行

五　会計の検査

六　財産の取得、処分又は貸借に関する代理又は媒介

七　次に掲げる事項に関する代理事務

　イ　第3号に掲げる財産の管理

　ロ　財産の整理又は清算

　ハ　債権の取立て

　ニ　債務の履行

> 2 金融機関は、内閣府令で定めるところにより、信託業務の種類及び方法を定めて、前項の認可を受けなければならない。
> 3 内閣総理大臣は、第1項の認可の申請があったときは、次に掲げる基準に適合するかどうかを審査しなければならない。
> 一 申請者が、信託業務を健全に遂行するに足りる財産的基礎を有し、かつ、信託業務を的確に遂行することができること。
> 二 申請者による信託業務の遂行が金融秩序を乱すおそれがないものであること。
>
> **（信託業法の準用等）**
> **第2条** 信託業法第11条、第22条から第24条まで、第25条から第31条まで、第42条及び第49条の規定は、金融機関が信託業務を営む場合について準用する。（以下省略）

c 受託者の義務

　信託は、受託者が委託者との信頼関係に基づいて信託財産を引き受ける制度であることから、信託法で受託者に対して次のような厳しい義務を課している（**図表1−3**）。

◆善管注意義務（信託法29条）
◆忠実義務（信託法30条〜32条）
◆公平義務（信託法33条）
◆分別管理義務（信託法34条）
◆信託事務処理の委託における第三者の選任・監督義務（信託法35条）
◆信託事務処理の報告・書類設置等義務（信託法36条、37条）

（a） 善管注意義務（信託法29条）

　受託者は、信託の本旨に従い、善良なる管理者の注意をもって信託事務を処理しなければならない（信託法29条）。

図表1－3　受託者の義務

1．受託者の義務とは

受託者は、信託目的の達成のために、信託財産の管理・処分等をする権限を有するとともに、これらの権限を信託財産・受益者のために適切に行使する義務を負っている。

→法令で受託者に厳しい義務を課し、信託制度を守っていることから、委託者は安心して信託を利用できる。

2．受託者の主な義務

(1)　善管注意義務（信託法29条）

受託者は、信託事務を処理するにあたって善良な管理者の注意をもってしなければならない（29条2項）。

→管理者の従事する職業や社会的地位等に応じて求められる注意を払うこと。

→信託銀行には職業専門家として特に高いレベルが要求される。

(2)　忠実義務（同法30条～32条）

受託者は、受益者のため忠実に信託事務の処理その他の行為をしなければならない（30条）。

→信託財産は受益者のために管理する者、受託者（財産所有者）の地位を利用して自己の利益を図ってはならない。

(3)　分別管理義務（同法34条）

受託者は、信託財産と固有財産（受託者の個人財産）や他の信託財産とを、分別して管理をしなければならない。

→信託財産を特定し確実に把握できるようにすることによって、受託者の倒産からの信託財産の隔離機能を確保。

→信託財産に生じた損失について受益者による立証を容易にし、受託者がその地位を濫用して忠実義務違反行為をすることを未然に防止。

実務上は、信託目的を達成するために、受託者がなすべき仕事（信託事務）・行使すべき権限、そして受託者が遵守すべき義務の内容を、「信託契約」に具体的に定める。

善良なる管理者の注意義務（善管注意義務）とは、管理者の従事する職業や社会的地位に応じて一般的に通常要求される注意義務のことをいう。信託銀行が受託者の場合、職業専門家として特に高いレベルの注意義務が求められる。

　この善管注意義務に関する規定は、強行規定ではないことから、注意義務の水準を委託者と受託者の当事者間の特約において加重または軽減することができる。ただし、信託業法上の善管注意義務に関する規定は、強行規定であり特約による軽減を認めていない（信託業法28条2項）。

参考 信託法

- -

（受託者の注意義務）

第29条　受託者は、信託の本旨に従い、信託事務を処理しなければならない。

2　受託者は、信託事務を処理するに当たっては、善良な管理者の注意をもって、これをしなければならない。ただし、信託行為に別段の定めがあるときは、その定めるところによる注意をもって、これをするものとする。

参考 信託業法

- -

（信託会社の忠実義務等）

第28条　（第1項省略）

2　信託会社は、信託の本旨に従い、善良な管理者の注意をもって、信託業務を行わなければならない。

(b) 忠実義務（信託法30条〜32条）

受託者は、受益者のために忠実に信託事務の処理その他の行為をしなければならない（信託法30条）。

(c) 利益相反行為の制限

また、信託法31条では利益相反行為を制限しており、自己取引となる受託者と信託財産との取引をはじめとする利益相反行為を禁止している。

信託の受託者は、信託目的に従って受益者のために信託財産を管理する者であり、信託財産の所有者となる受託者の地位を利用して、自己または第三者の利益を図ってはならない。具体的には、次の利益相反行為を禁止し、信託財産の利益と自己の利益が相対立することがないようにされている（信託法31条1項）。

◆信託財産の固有財産への帰属、または、固有財産の信託財産への帰属
◆信託財産の他の信託の信託財産への帰属
◆信託財産と第三者との取引で、受託者が相手方である第三者の代理人となる行為
◆信託財産のためにする行為で、受託者またはその利害関係人と受益者との利害が相反することとなるもの

こうした利益相反行為の禁止には、次の例外規定がある（信託法31条2項）。
◆信託行為に当該行為を許容する旨の定めがあるとき
◆受託者が当該行為につき、重要な事実を開示して受益者の承認を得たとき
◆相続その他の包括承継により、信託財産が固有財産に帰属したとき
◆信託目的の達成のために合理的に必要と認められる場合であって、受益者の利益を害しないことが明らかなとき。または、当該行為の影響・目的・態様、実質的な利害関係の状況その他の事情に照らして正当な理由があるとき

(d) 競合行為の制限

信託法32条1項では、競合行為の制限が規定されており、信託事務の処理として行うことができる行為であって、これをしないことが受益者の利益に反する行為については、受託者の固有財産または受託者の利害関係人の計算で行ってはならない。なお、競合行為の制限には、次の例外規定がある（信託法32条2項）。

◆信託行為に当該行為を許容する旨の定めがあるとき
◆受託者が当該行為につき、重要な事実を開示して受益者の承認を得たとき

(e) 自己取引等ができる場合

また、営業信託において、次の事項を満たすことを要件として自己取引等を行うことができる（信託業法29条2項）。

◆自己取引等を行う旨およびその概要を信託契約で定めること、または、自己取引等に関する重要な事実を開示して受益者の同意を得ること
◆受益者の保護に支障を生じない取引であること

参考　信託法

- -

（忠実義務）

第30条　受託者は、受益者のため忠実に信託事務の処理その他の行為をしなければならない。

（利益相反行為の制限）

第31条　受託者は、次に掲げる行為をしてはならない。

一　信託財産に属する財産（当該財産に係る権利を含む。）を固有財産に帰属させ、又は固有財産に属する財産（当該財産に係る権利を含む。）を信託財産に帰属させること。

二　信託財産に属する財産（当該財産に係る権利を含む。）を他の信託

の信託財産に帰属させること。

三　第三者との間において信託財産のためにする行為であって、自己
　　が当該第三者の代理人となって行うもの

四　信託財産に属する財産につき固有財産に属する財産のみをもって
　　履行する責任を負う債務に係る債権を被担保債権とする担保権を設
　　定することその他第三者との間において信託財産のためにする行為
　　であって受託者又はその利害関係人と受益者との利益が相反するこ
　　ととなるもの

2　前項の規定にかかわらず、次のいずれかに該当するときは、同項各
　　号に掲げる行為をすることができる。ただし、第2号に掲げる事由に
　　あっては、同号に該当する場合でも当該行為をすることができない旨
　　の信託行為の定めがあるときは、この限りでない。

一　信託行為に当該行為をすることを許容する旨の定めがあるとき。

二　受託者が当該行為について重要な事実を開示して受益者の承認を
　　得たとき。

三　相続その他の包括承継により信託財産に属する財産に係る権利が
　　固有財産に帰属したとき。

四　受託者が当該行為をすることが信託の目的の達成のために合理的
　　に必要と認められる場合であって、受益者の利益を害しないことが
　　明らかであるとき、又は当該行為の信託財産に与える影響、当該行
　　為の目的及び態様、受託者の受益者との実質的な利害関係の状況そ
　　の他の事情に照らして正当な理由があるとき。

3　受託者は、第1項各号に掲げる行為をしたときは、受益者に対し、
　　当該行為についての重要な事実を通知しなければならない。ただし、
　　信託行為に別段の定めがあるときは、その定めるところによる。

4　第1項及び第2項の規定に違反して第1項第1号又は第2号に掲げ
　　る行為がされた場合には、これらの行為は、無効とする。

5　前項の行為は、受益者の追認により、当該行為の時にさかのぼって

その効力を生ずる。

6　第4項に規定する場合において、受託者が第三者との間において第1項第1号又は第2号の財産について処分その他の行為をしたときは、当該第三者が同項及び第2項の規定に違反して第1項第1号又は第2号に掲げる行為がされたことを知っていたとき又は知らなかったことにつき重大な過失があったときに限り、受益者は、当該処分その他の行為を取り消すことができる。この場合においては、第27条第3項及び第4項の規定を準用する。

7　第1項及び第2項の規定に違反して第1項第3号又は第4号に掲げる行為がされた場合には、当該第三者がこれを知っていたとき又は知らなかったことにつき重大な過失があったときに限り、受益者は、当該行為を取り消すことができる。この場合においては、第27条第3項及び第4項の規定を準用する。

第32条　受託者は、受託者として有する権限に基づいて信託事務の処理としてすることができる行為であってこれをしないことが受益者の利益に反するものについては、これを固有財産又は受託者の利害関係人の計算でしてはならない。

2　前項の規定にかかわらず、次のいずれかに該当するときは、同項に規定する行為を固有財産又は受託者の利害関係人の計算ですることができる。ただし、第2号に掲げる事由にあっては、同号に該当する場合でも当該行為を固有財産又は受託者の利害関係人の計算ですることができない旨の信託行為の定めがあるときは、この限りでない。

一　信託行為に当該行為を固有財産又は受託者の利害関係人の計算ですることを許容する旨の定めがあるとき。

二　受託者が当該行為を固有財産又は受託者の利害関係人の計算ですることについて重要な事実を開示して受益者の承認を得たとき。

3　受託者は、第1項に規定する行為を固有財産又は受託者の利害関係人の計算でした場合には、受益者に対し、当該行為についての重要な

> 事実を通知しなければならない。ただし、信託行為に別段の定めがあるときは、その定めるところによる。
> 4　第1項及び第2項の規定に違反して受託者が第1項に規定する行為をした場合には、受益者は、当該行為は信託財産のためにされたものとみなすことができる。ただし、第三者の権利を害することはできない。
> 5　前項の規定による権利は、当該行為の時から1年を経過したときは、消滅する。

(f)　公平義務（信託法33条）

受益者が複数存在する場合において、信託行為に特段の定めがなければ、受託者は、それぞれの受益者を公平に取り扱わなければならないとされている（信託法33条）。

(g)　分別管理義務（信託法34条）

受託者は、信託財産を固有財産および他の信託の信託財産と分別して管理しなければならない。ただし、分別管理の方法は、強行規定である信託の登記・登録をする義務を除き、信託行為に別段の定めがある場合は、その定めに従うこととされている（信託法34条1項・2項）。

分別管理義務の趣旨は、①信託財産を特定し、信託財産の独立性の効果を与えること、②受託者の忠実義務違反を未然に防止し、また忠実義務違反の立証を容易にすることとされている。

分別管理の方法は、信託法において、信託財産の区分に応じて具体的に定められている（**図表1−4**）。なお、信託の登記・登録は免除できないものの、信託行為をもって一時的に猶予することは認められている。

特約がある場合には、複数の信託財産を合同して運用することができる。合同運用の特約をした場合には、書面に明示しなければならない（兼営法施行規則15条2項2号）。そして、合同運用する場合は、運用団ごとに分別管理が求められる。

図表1－4　分別管理の方法

信託財産		分別管理の方法
1．信託法14条の信託の登記又は登録をすることができる財産（3．を除く）		信託の登記又は登録
2．信託法14条の信託の登記又は登録をすることができない財産（3．を除く）	a．動産（金銭を除く）	外形上区別することができる状態で保管する方法
	b．金銭その他のa．に掲げる財産以外の財産	その計算を明らかにする方法
3．法務省令で定める財産		法務省令で定める方法

　分別管理義務違反により信託財産に損害が生じたときは、受託者は分別管理を行ったとしても損失の発生を免れなかったことを立証しない限り、免責されない（信託法40条4項）。

⒣　**信託事務処理の委託における第三者の選任・監督義務**（信託法35条）

　受託者は、一定の場合には、信託事務処理を第三者に委託することができる（信託法28条）。受託者が信託事務処理を第三者に委託するときは、受託者は信託の目的に照らして適切な者に委託しなくてはならず（信託法35条1項）、また、委託先に対して必要かつ適切な監督を行わなければならない（信託法35条2項）。受託者は、委託先の選任および監督につき責任を負うこととなるが、選任および監督に過失がない場合には、受託者はその責任を負わない。

　また、信託行為によって指名された委託先に委託した場合や委託者または受益者の指名によって委託先に委託した場合は、当該委託先が不適任・不誠実であることや信託事務処理が不誠実であることを知った場合には受益者への通知や委託の解除などの措置は必要となるが、当該委託先の選任・監督について受託者は責任を負わない（信託法35条3項）。

⒤　**信託事務処理の報告・書類設置等義務**（信託法36条、37条）

　委託者または受益者は、受託者に対して信託事務処理の状況や信託財産お

よび負担債務の状況について報告を求めることができ、受託者はこれを報告する義務を負う（信託法35条）。この義務は、特約で免除することはできないものと解されている。

　また、受託者は年1回、一定の時期に、信託財産の貸借対照表・損益計算書その他法務省令で定める書類を作成し、信託行為で別段の定めがあるときを除き、その内容を受益者に報告しなければならない（信託法37条2項・3項）。

　受託者が報告義務に応えるため、書類等の作成・保存義務が規定されている（信託法37条）。受託者は、帳簿その他の書類を作成し、信託事務に関する計算、信託財産および負担債務の状況を明らかにすることが義務付けられ（信託法37条1項）、また、信託についての貸借対照表・損益計算書その他法務省令で定める書類の作成義務も定められており、毎年1回はこれらの書類の作成が求められる（信託法37条2項）。受託者は、帳簿その他の書類、貸借対照表・損益計算書その他法務省令で定める書類、さらに、信託財産の処分にかかる契約書、その他の信託事務処理に関する書類は、原則として作成等の日から10年間保存しなければならない（信託法37条4項〜6項）。

　営業信託の場合には、受託者にはさらに受益者に対して定期的に信託財産状況報告書を交付する義務が課されている（信託業法27条）。そして、その記載内容は、法令等にて詳細に規定されている（信託業法施行規則37条、兼営法施行規則19条）。

(3) 受 益 者

a 受益者の地位

　受益者は、信託行為に基づいて、信託の利益を享受する者のことを指す。

　受益者は、信託設定時点において、必ずしも特定または存在している必要はないが、受益者の定めのない信託（信託法258条以下）でない限り、信託設定後に受益者が特定されることを要する。

　受益者の能力については、信託法上特に規定がなく、権利能力を有する者

は受益者になることができる。

　そのため、亡くなった方は受益者になることはできないが、将来生まれて
くる子供を受益者とすることができる[3]。

　受益権の取得は、信託行為に別段の定めがない限り、信託行為の中で受益
者として指定された者は、その意思表示なくして当然に受益権を取得するこ
とができる（信託法88条）。

　受益者を指定・変更する権利（受益者指定権等）を有する者を定めた信託
においては、受益者指定権等を持つ者は、受託者に対する意思表示によって
受益者を指定・変更することができる（信託法89条）。

　委託者の死亡時に受益権等を取得する旨の定めのある信託（いわゆる「遺
言代用信託」）の場合、信託行為で別段の定めがない限り、委託者は受益者を
変更する権利を有するとされる（信託法90条）。

　また、受益者連続型信託[4]の場合、受益者の死亡により、他の者が新たに
受益権を取得することになるが、信託設定後30年を経過した時以降に新たな
受益者が当該受益権を取得した場合、当該受益者が死亡するまで、または、
当該受益権が消滅するまで効力を有する（信託法91条）。

参考　信託法

- -

（受益者の定めのない信託の要件）

第258条　受益者の定め（受益者を定める方法の定めを含む。以下同じ。）
　のない信託は、第3条第1号又は第2号に掲げる方法によってするこ
　とができる。

　2　受益者の定めのない信託においては、信託の変更によって受益者の

3　本書コラム4「歴史に学ぶ事業承継」（124頁）記載のとおり、まだ生まれていない孫
　を第三受益者とする事業承継信託も可能である。
4　本書コラム4「歴史に学ぶ事業承継」（124頁）記載のとおり、事業承継信託（受益者
　連続型）が認められる。

定めを設けることはできない。

3　受益者の定めのある信託においては、信託の変更によって受益者の定めを廃止することはできない。

4　第3条第2号に掲げる方法によって受益者の定めのない信託をするときは、信託管理人を指定する定めを設けなければならない。この場合においては、信託管理人の権限のうち第145条第2項各号（第6号を除く。）に掲げるものを行使する権限を制限する定めを設けることはできない。

5　第3条第2号に掲げる方法によってされた受益者の定めのない信託において信託管理人を指定する定めがない場合において、遺言執行者の定めがあるときは、当該遺言執行者は、信託管理人を選任しなければならない。この場合において、当該遺言執行者が信託管理人を選任したときは、当該信託管理人について信託行為に前項前段の定めが設けられたものとみなす。

6　第3条第2号に掲げる方法によってされた受益者の定めのない信託において信託管理人を指定する定めがない場合において、遺言執行者の定めがないとき、又は遺言執行者となるべき者として指定された者が信託管理人の選任をせず、若しくはこれをすることができないときは、裁判所は、利害関係人の申立てにより、信託管理人を選任することができる。この場合において、信託管理人の選任の裁判があったときは、当該信託管理人について信託行為に第4項前段の定めが設けられたものとみなす。

7　第123条第6項から第8項までの規定は、前項の申立てについての裁判について準用する。

8　第3条第2号に掲げる方法によってされた受益者の定めのない信託において、信託管理人が欠けた場合であって、信託管理人が就任しない状態が1年間継続したときは、当該信託は、終了する。

（受益者の定めのない信託の存続期間）
第259条　受益者の定めのない信託の存続期間は、20年を超えることができない。

参考　**信託法**

（受益権の取得）

第88条　信託行為の定めにより受益者となるべき者として指定された者（次条第1項に規定する受益者指定権等の行使により受益者又は変更後の受益者として指定された者を含む。）は、当然に受益権を取得する。ただし、信託行為に別段の定めがあるときは、その定めるところによる。

2　省略

（受益者指定権等）

第89条　受益者を指定し、又はこれを変更する権利（以下この条において「受益者指定権等」という。）を有する者の定めのある信託においては、受益者指定権等は、受託者に対する意思表示によって行使する。

2　前項の規定にかかわらず、受益者指定権等は、遺言によって行使することができる。

3　省略

4　省略

5　受益者指定権等は、相続によって承継されない。ただし、信託行為に別段の定めがあるときは、その定めるところによる。

6　省略

（委託者の死亡の時に受益権を取得する旨の定めのある信託等の特例）

第90条　次の各号に掲げる信託においては、当該各号の委託者は、受益者を変更する権利を有する。ただし、信託行為に別段の定めがあるときは、その定めるところによる。

一　委託者の死亡の時に受益者となるべき者として指定された者が受益権を取得する旨の定めのある信託

　二　委託者の死亡の時以後に受益者が信託財産に係る給付を受ける旨の定めのある信託

2　前項第2号の受益者は、同号の委託者が死亡するまでは、受益者としての権利を有しない。ただし、信託行為に別段の定めがあるときは、その定めるところによる。

（受益者の死亡により他の者が新たに受益権を取得する旨の定めのある信託の特例）

第91条　受益者の死亡により、当該受益者の有する受益権が消滅し、他の者が新たな受益権を取得する旨の定め（受益者の死亡により順次他の者が受益権を取得する旨の定めを含む。）のある信託は、当該信託がされた時から30年を経過した時以後に現に存する受益者が当該定めにより受益権を取得した場合であって当該受益者が死亡するまで又は当該受益権が消滅するまでの間、その効力を有する。

b　受益者の権利

　信託法上、受益者は、受託者に対して信託行為に基づいて信託利益の給付を受ける権利（受益債権）を有する。また、受益者は、その権利を保護し、受託者に対する監督的機能を実効性のあるものとするための権利も与えられており、そのうち、次の権利は、信託行為の定めをもってしても、制限することができないものとされている（信託法92条）。

◆裁判所に対する申立権

◆遺言信託における受託者の信託引受にかかる催告権

◆信託財産への強制執行等に対する異議申立権

◆受託者等の権限違反行為の取消権

◆受託者の利益相反行為に対する取消権

◆信託事務処理の状況の報告請求権

◆書類閲覧等請求権

◆受託者等の任務違反行為等に対する損害てん補請求権

◆受託者の信託違反行為の差止請求権等

◆前受託者等の任務違反行為の差止請求権等

◆新受託者への就任の承諾の催告権

◆受益権を放棄する権利

◆受益権取得請求権

◆信託監督人または受益者代理人への就任の承諾の催告権

◆受益証券発行信託における受益権原簿にかかる各請求権（書面交付・閲覧・記載等）

◆限定責任信託における金銭のてん補等請求権

◆会計監査人を設置した信託における損失てん補請求権

| 参考 | 信託法 |

（信託行為の定めによる受益者の権利行使の制限の禁止）

第92条 受益者による次に掲げる権利の行使は、信託行為の定めにより制限することができない。

一　この法律の規定による裁判所に対する申立権

二　第5条第1項の規定による催告権

三　第23条第5項又は第6項の規定による異議を主張する権利

四　第24条第1項の規定による支払の請求権

五　第27条第1項又は第2項（これらの規定を第75条第4項において準用する場合を含む。）の規定による取消権

六　第31条第6項又は第7項の規定による取消権

七　第36条の規定による報告を求める権利

八　第38条第1項又は第6項の規定による閲覧又は謄写の請求権

九　第40条の規定による損失のてん補又は原状の回復の請求権

　十　第41条の規定による損失のてん補又は原状の回復の請求権

　十一　第44条の規定による差止めの請求権

　十二　第45条第1項の規定による支払の請求権

　十三　第59条第5項の規定による差止めの請求権

　十四　第60条第3項又は第5項の規定による差止めの請求権

　十五　第61条第1項の規定による支払の請求権

　十六　第62条第2項の規定による催告権

　十七　第99条第1項の規定による受益権を放棄する権利

　十八　第103条第1項又は第2項の規定による受益権取得請求権

　十九　第131条第2項の規定による催告権

　二十　第138条第2項の規定による催告権

　二十一　第187条第1項の規定による交付又は提供の請求権

　二十二　第190条第2項の規定による閲覧又は謄写の請求権

　二十三　第198条第1項の規定による記載又は記録の請求権

　二十四　第226条第1項の規定による金銭のてん補又は支払の請求権

　二十五　第228条第1項の規定による金銭のてん補又は支払の請求権

　二十六　第254条第1項の規定による損失のてん補の請求権

c　受益権の法的性格

　受益権とは、信託財産に対して有する基本的な権利であって、債権的権利と物権的権利を併有する信託独特の権利とされている。そして、元本償還（信託財産の返還）や収益交付を受ける直接的な権利のほか、各種の監督的権能を包含している。

　信託法上、受益証券を発行することができる信託（「受益証券発行信託」）が認められている（信託法185条1項）。金融商品取引法（以下「金商法」という）では、受益証券が発行される信託の受益権すべてが有価証券（いわゆる「第1項有価証券」）として取り扱われている（金商法2条1項）。

また、受益証券が発行されない信託の受益権も、金商法においては、みなし有価証券として取り扱われている（金商法2条2項）。

　受益権の譲渡は、一身専属的な権利である場合、または信託行為で譲渡禁止と定めている場合を除き、譲渡が可能（信託法93条）であり、基本的には受益者の意思のみで譲渡することが可能である。

　また、受益権を分割して譲渡することが原則として可能であり、量的分割のみならず、優先受益権と劣後受益権といった質的な分割も可能である[5]。

　信託受益権譲渡における第三者対抗要件および受託者の抗弁権は、次のとおり。

① 　受益証券が発行されない場合……民法上の指名債権譲渡の手続に準じて、譲渡人が受託者に通知し、または、受託者が承諾しなければ、受託者その他の第三者に対抗することができない。この通知または承諾は、確定日付のある証書によってしなければ、受託者以外の第三者に対抗できない（信託法94条）。受託者は、受託者への通知または受託者の承諾がされるまでに譲渡人に対して生じた事由をもって譲受人に対抗することができる（信託法95条）。

② 　受益証券が発行される場合……受益証券を交付しなければ受益権譲渡の効力を生じないとされ（信託法194条）、受託者以外の第三者との関係においては、受益証券の占有が対抗要件となる。受託者との関係は、受益権を取得した者の氏名または名称および住所を受益権原簿に記載等しなければ、対抗できない（信託法195条1項）。ただし、無記名受益証券の場合は、この適用はなく、受益証券の占有が対抗要件となる（信託法195条3項）。

　複数の受益者が存在する場合の意思決定は、信託法92条が定める単独受益者権を除いて、すべての受益者の一致によって、これを決定する（信託法105条1項）。ただし、信託行為において別段の定めを置くことができ（信託法105条2項）、信託行為において、受益者集会における多数決による旨を定

5 　本書第4章第2節「デジタル証券と信託の活用」（227頁）記載のとおり、複数の受益権を定めた上で優先劣後構造を規定することが可能である。

めた場合は信託法に定める受益者集会に関する規定（信託法106条以下）に従うことになる。

参考　**信託法**

- -

（受益証券の発行に関する信託行為の定め）

第185条　信託行為においては、この章の定めるところにより、一又は二以上の受益権を表示する証券（以下「受益証券」という。）を発行する旨を定めることができる。

2　前項の規定は、当該信託行為において特定の内容の受益権については受益証券を発行しない旨を定めることを妨げない。

3　第1項の定めのある信託（以下「受益証券発行信託」という。）においては、信託の変更によって前2項の定めを変更することはできない。

4　第1項の定めのない信託においては、信託の変更によって同項又は第2項の定めを設けることはできない。

参考　**金融商品取引法**

- -

（定義）

第2条　この法律において「有価証券」とは、次に掲げるものをいう。

　一～十三　省略

　十四　信託法（平成18年法律第108号）に規定する受益証券発行信託の受益証券

　十五～　省略

2　前項第1号から第15号までに掲げる有価証券、（省略）であつて内閣府令で定めるものに表示されるべき権利（以下この項及び次項におい

て「有価証券表示権利」と総称する。）は、有価証券表示権利について
当該権利を表示する当該有価証券が発行されていない場合において
も、当該権利を当該有価証券とみなし、（省略）、次に掲げる権利は、
証券又は証書に表示されるべき権利以外の権利であつても有価証券と
みなして、この法律の規定を適用する。

一　信託の受益権（前項第10号に規定する投資信託の受益証券に表示さ
　　れるべきもの及び同項第12号から第14号までに掲げる有価証券に表示さ
　　れるべきものを除く。）

二～七　省略

⑷　信託管理人

　信託管理人とは、**受益者が現に存在しない場合**において、受託者の職務執行状況を監督し、受益者の利益を保護するために置かれる者で、信託行為において信託管理人となるべき者を指定する定めを設けることができる（信託法123条）。

　信託行為に定めがないとき、または、指定された者が就任の承諾をしない場合などは、裁判所が利害関係人の請求に基づき選任することができる（信託法123条4項）。

　信託管理人は、その権限を行使する場合、自らの名で一切の裁判上または裁判外の行為をすることができる（信託法125条）。

⑸　信託監督人

　信託監督人とは、**受益者が現に存在する場合**において、受託者の職務執行状況を監視・監督するために置かれる者で、信託行為において信託監督人となるべき者を指定する定めを設けることができる（信託法131条）。

　信託行為に定めがなく、かつ受益者が受託者の監督を適切に行うことができない特別の事情があるとき、または、指定された者が就任の承諾をしない

場合などは、裁判所が利害関係人の請求に基づき選任することができる（信託法131条4項）。

信託監督人は、その権限を行使する場合、自らの名で受託者の監視・監督に関する一切の裁判上または裁判外の行為をすることができる（信託法132条）。

(6) 受益者代理人

受益者代理人とは、受益者の代理人として権利を行使する者で、信託行為において受益者代理人となるべき者を指定する定めを設けることができる（信託法138条）。

受益者代理人が定められている場合には、受益者は、信託法92条が定める単独受益者権および信託行為に定める権利を除き、その権利を行使することができない（信託法139条4項）[6]。

(7) 帰属権利者

帰属権利者とは、信託の清算に際して残余財産の帰属すべき者で、信託行為において帰属権利者を規定することができ、信託行為において帰属権利者が定まらない場合は、委託者またはその相続人その他の一般承継人を帰属権利者として指定したものとみなされる（信託法182条）。

帰属権利者は、信託の終了前は受益者としての権利を有さず、信託が終了した後に受益者としての権利を有することになる（信託法183条6項）。

(8) 受益権販売業者

受益権が金融商品として取引されることは多く、金商法上、受益権は有価証券として取り扱われる（金商法2条1項14号・2項1号）。受益権が発行さ

6　本書コラム1「倒産隔離機能と財産管理機能を活用した保全ソリューション」（74頁）記載のとおり、現存の受益者の利益を保護するために受益者代理人を設置することが可能である。

れる時にその販売勧誘を行う場合は「有価証券の募集・私募の取扱い」として、既に発行された受益権をセカンダリで売買する場合は「有価証券の売買の代理・媒介」として、その他の場面でも「有価証券の引受け」「有価証券の私募・募集」など、金融商品取引業に該当する可能性がある（金商法2条各号）。

金融商品取引業に該当する場合は、原則として金融商品取引業者や登録金融機関でないと取り扱えない。当該者による行為は、金商法に基づく業規制の適用がある。

第2節 信託財産

1 信託財産

　信託財産は、信託法2条3項では「受託者に属する財産であって、信託により管理又は処分をすべき一切の財産をいう」と規定されている。委託者から信託目的に従って信託行為により信託銀行等の受託者に信託された財産その他受託者に属する財産をいうが、信託できる財産の種類には制度上特に制限は設けられておらず、金銭や株式などの有価証券、土地・建物などの金銭的価値のあるものであれば信託することができるとされている。

　積極財産であって金銭に見積もることができ、委託者の財産から分離が可能な独立の財産として確立しているものを信託財産とすることは可能であり、また、担保権や賃借権などが設定されている積極財産を信託財産とすることも可能である。譲渡可能な財産であれば、財産権として確立している必要はないと考えられており、動産、不動産、債権のほか、知的財産権なども含まれる。

　信託法では、信託行為に定めをおくことによって信託前に生じた委託者に対する債権にかかる債務（特定の事業に関して委託者が負う債務）を「信託財産責任負担債務」[1]とすることが可能となったことから（信託法21条1項3号）、信託設定と同時に受託者が債務引受を行うことで委託者に属する積極財産と消極財産（債務）の包括財産としての特定の事業について、実質的に、事業そのものを信託したのと同様の状態を創出することが認められた

（いわゆる「事業信託」）。

　また、信託財産は、受託者に属するものであるが、受託者の固有財産に対する債権者による信託財産に対する強制執行等は制限され（信託法23条）、受託者に破産等の倒産手続が開始した場合であっても、信託財産は受託者の破産財団等に属しない（信託法25条）。

　信託法2条1項では、「この法律において「信託」とは、次条各号に掲げる方法のいずれかにより、特定の者が一定の目的（専らその者の利益を図る目的を除く。同条において同じ。）に従い財産の管理又は処分及びその他の当該目的の達成のために必要な行為をすべきものとすることをいう」と規定している。信託行為の目的物とすることができないものは次のようなものが挙げられる。

◆身分上の権利（親権）、委託者の身体、人格権など（財産ではない）
◆議決権のみ（議決権のみは独立した財産ではない、株式によって表章される権利と一体をなすもの）

　なお、議決権を統一的に行使することを目的として株式を信託するような「議決権信託」については、第2章第1節「議決権コントロールのための信託」にて考察している。

　また、担保権のみを信託財産とする「担保権信託（セキュリティ・トラスト）」は認められている[2]。

---

[1]　信託法2条9項にて、「信託財産責任負担債務」とは受託者が信託財産に属する財産をもって履行する責任を負う債務と規定されている。なお、信託法2条12項にて、受託者が当該信託のすべての信託財産責任負担債務について信託財産に属する財産のみをもってその履行の責任を負う信託を「限定責任信託」と規定している。
[2]　セキュリティ・トラストについては、本書コラム5「M&Aにおける信託ソリューション」（199頁）参照。

> **参考** 信託法

（信託財産責任負担債務の範囲）

第21条 次に掲げる権利に係る債務は、信託財産責任負担債務となる。

一、二 省略

三 信託前に生じた委託者に対する債権であって、当該債権に係る債務を信託財産責任負担債務とする旨の信託行為の定めがあるもの

四〜 省略

2 信託の公示

信託法上、登記または登録制度のある財産は、信託財産であることを第三者に対抗するためには、登記・登録をしなければならず（信託法14条）、これを信託の公示という。

信託の公示は、第三者対抗要件であることから、信託行為で一時的に省略することは有効であるも、分別管理義務が免除されるものではない。なお、登記または登録すべき財産に当たらない金銭や動産などの財産は、信託の公示がなくとも、信託財産であることを善意の第三者に対抗できると解されている。

> **参考** 信託法

（信託財産に属する財産の対抗要件）

第14条 登記又は登録をしなければ権利の得喪及び変更を第三者に対抗することができない財産については、信託の登記又は登録をしなければ、当該財産が信託財産に属することを第三者に対抗することができ

ない。

　財産権の公示方法は財産権の種類によって異なり、例えば、不動産は不動産登記法において、信託の登記手続や効果について規定されている。その他、公示制度のある財産として、船舶・建設機械、鉱業権・漁業権、知的財産権（著作権、出版権、特許権、実用新案権、意匠権、商標権）などが挙げられる。

◆不動産（不動産登記法98条）
　所有権移転登記と同時に、信託の登記を申請しなければならないと定められている。

◆船舶および建設機械（船舶登記令35条、建設機械登記令16条）
　信託の登記は、不動産登記法が準用される。

◆鉱業権・漁業権（鉱業登録令66条、漁業登録令49条）
　信託の登録は、受託者だけで申請できると定められている。

◆知的財産権
　著作権の信託の登録は、著作権法施行令35条にて定められているほか、それぞれの法令で信託の登録が規定されている。

◆有価証券
　有価証券は、現物の場合は一般の動産と同様に取り扱うが、以下の例外がある。
　株券等発行会社を除く株式会社の場合、当該会社が発行する株式、新株予約権、社債が信託財産であると、株式会社その他第三者に対応するには、株主名簿、新株予約権原簿、社債原簿にそれぞれ記載または記録しなければならない（会社法154条の２、272条の２、695条の２）。
　振替社債等は、受託者がその振替口座簿中に信託の受託者である旨および信託財産の金額の記載または記録を受けなければ第三者に対抗できないことが規定されている（社債等振替法68条３項５号、75条ほか）。

3　信託財産の性質

　信託財産は、受託者の名義とされ、信託の目的に従って管理・処分される財産として、受託者の財産（固有財産）から独立されたものとされる。信託法2条8項では、「「固有財産」とは、受託者に属する財産であって、信託財産に属する財産でない一切の財産をいう」と規定されている。

　信託財産の独立性については、信託法上、以下の規定が設けられている。

◆受託者の相続財産に属さない（信託法74条）
◆信託財産に対する強制執行等の禁止（信託法23条）
◆信託財産に属する債権との相殺禁止（信託法22条）
◆信託財産と固有財産または他の信託財産との混同がない（信託法20条）

　また、受託者は、信託行為により信託財産の名義人になって占有を継続するが、信託財産に属する財産の占有について、委託者の占有の瑕疵も承継する（信託法15条）。占有の瑕疵とは、善意・無過失・平穏・公然・継続でないことをいい、委託者の占有について瑕疵があった場合には、受託者は自己の占有のみを主張することはできない。

第3節 信託の目的

1 信託目的

　信託目的は、委託者が信託によって達成しようとする目的であり、受託者が信託事務を遂行する上での指針となるものである。そのため、受託者の行動指針として明確にされている必要がある。また、信託は受益者のための制度であることから、信託法2条1項では、専ら受託者の利益を図る目的であってはならないとされている。

　信託目的は、基本的には自由に設定することができるが、強行法規（民法91条）や公序良俗（民法90条）に反することを目的とすることはできない。特に、信託は次の3つの類型を禁止している。

　◆脱法信託（信託法9条）

　◆訴訟信託（信託法10条）

　◆債権者詐害信託（信託法11条）

a 脱法信託

　脱法信託とは、法令により、ある財産権を享有することができない者が受益者となることによって、その権利を有する場合と同じ利益を得る信託のことをいう。信託法9条では、財産権の帰属と利益の帰属が異なることを利用して脱法を図ることに信託が活用されることを禁止している。

　例えば、外資規制等で株式を取得することが法令上禁じられている者が、信託を通じて間接的に信託名義で取得し、信託株式の議決権行使を当該者が

受託者に指図することは許されない。

　では、委託者が当該株式の議決権行使に一切関与できないアレンジをした場合は、禁止の対象となるか。信託財産を保有することと、これを信託受益権の形で保有することの違いは、信託財産の種類、信託目的、信託受益権の内容等によって異なる。脱法信託の禁止がどこまで及ぶのかは、信託目的や信託の機能を活用して創出した受益権の効果等から個別に判断することになろう[1]。

b　訴訟信託

　訴訟信託とは、受託者に訴訟行為をさせることを主たる目的とする信託をいう。この訴訟行為には、判例によれば、破産手続の開始申立てや強制執行が含まれる。信託法10条では、「信託は、訴訟行為をさせることを主たる目的とすることができない」と訴訟信託を禁止している。なお、信託の主たる目的が訴訟行為でない信託の場合、受託者が信託財産の管理上必要に応じて訴訟行為を行うことは可能である。

　担保権信託（セキュリティ・トラスト）[2]は、担保物の所有権は信託の対象としないまま、担保権のみを信託財産とし、受託者が担保権者となり受益者たる被担保債権者（レンダー）のために一元的に担保権の管理・行使を行うことを目的とする信託である。シンジケートローンの流動性を高める等の観点で数多く活用されているが、受託者が担保権者である以上、必要に応じて担保権を実行することになる。担保権の実行を受託者の任務として信託を設定することが訴訟信託の禁止に抵触するのであればセキュリティ・トラストは利用できないが、信託法はその活用を認めており、信託法55条において、担保権者である受託者は、信託事務として、担保権の実行の申立て、売却代金の配当や弁済金の交付を受けることができると明文化されている。

　なお、2005年に法務省民事局参事官室によって作成・公表された「信託法改正要綱試案　補足説明」[3] 6頁において、セキュリティ・トラストが受託者

1　有吉尚哉「議決権コントロールのための信託」本書第2章第1節82頁参照。
2　本書コラム5「M&Aにおける信託ソリューション」（199頁）参照。

が訴訟行為を行うことを主たる目的としているとして、信託法10条の訴訟信託の禁止に抵触するとされると、こうしたスキームが利用できなくなるとの指摘に対し、法制審議会信託部会においては、「訴訟行為を行わせることを主たる目的とするような信託であっても、正当な理由があるものについては、同条における「主たる目的」の解釈、脱法行為性、反公序良俗性にかんがみた個別判断により、同条の適用を排除することができるとの見解が示された」としている。

| 参考 | 信託法 |

（受託者による担保権の実行）

第55条 担保権が信託財産である信託において、信託行為において受益者が当該担保権によって担保される債権に係る債権者とされている場合には、担保権者である受託者は、信託事務として、当該担保権の実行の申立てをし、売却代金の配当又は弁済金の交付を受けることができる。

---

c 債権者詐害信託

債権者詐害信託とは、債務者が債権者を害することを目的として設定する信託をいう。信託法11条では、民法上の詐害行為取消権（民法424条）が信託設定の場面においても適用されることを規定し、委託者がその債権者を害することを知って信託した場合には、受託者は信託の利益を得る立場にないとして、受託者が善意の場合であっても債権者に取消権を認め、受託者を被告とする詐害行為取消請求が肯定される場合があることを認めている。

なお、現存する受益者が、受益者として指定されたことを知ったとき、または、受益権を譲り受けたときにおいて、債権者を害することを知らなかっ

---

3 https://www.moj.go.jp/content/000011802.pdf

たときは取消権を行使することができない。この債権者取消権は、裁判上で行使することが要求され、裁判外では行使できない。

　ただし、委託者が財産隠匿目的で自己信託を悪用することを懸念し、信託法23条2項では、自己信託設定前から委託者に債権を有していた者は、委託者がその債権者を害することを知って信託したときは、詐害信託を取り消すまでもなく、委託者に対する債権の回収のために、信託財産に対して強制執行、仮差押え、担保権の実行などができるとしている。

参考　信託法

- -

（信託財産に属する財産に対する強制執行等の制限等）

第23条　信託財産責任負担債務に係る債権（信託財産に属する財産について生じた権利を含む。次項において同じ。）に基づく場合を除き、信託財産に属する財産に対しては、強制執行、仮差押え、仮処分若しくは担保権の実行若しくは競売（担保権の実行としてのものを除く。以下同じ。）又は国税滞納処分（その例による処分を含む。以下同じ。）をすることができない。

2　第3条第3号に掲げる方法によって信託がされた場合において、委託者がその債権者を害することを知って当該信託をしたときは、前項の規定にかかわらず、信託財産責任負担債務に係る債権を有する債権者のほか、当該委託者（受託者であるものに限る。）に対する債権で信託前に生じたものを有する者は、信託財産に属する財産に対し、強制執行、仮差押え、仮処分若しくは担保権の実行若しくは競売又は国税滞納処分をすることができる。

3〜6　省略

2　信託目的の変更

　信託の変更とは、信託行為に定められた信託の目的、信託財産の管理方法、受益者に対する給付内容などを事後的に変更することをいう。信託法では、信託の変更は、委託者、受託者および受益者の合意によってできると規定されている（信託法149条）。

　なお、信託の併合や信託の分割も、委託者、受託者および受益者の合意によってできると規定されている（信託法2条10項、151条〜162条）。

3　信託目的の達成・信託の終了

　信託法163条では、信託目的が達成したとき、または達成できなくなったときに信託が終了すると規定されている。

　その他、信託の終了事由として次のものが規定されている。

- ◆信託目的が達成したとき、または、達成できなくなったとき
- ◆受託者が受益権の全部を固有財産で有する状態が1年間継続したとき
- ◆受託者が欠けた場合、または新受託者が就任しない状態が1年間継続したとき
- ◆信託財産が費用等の償還等に不足している場合における規定により、受託者が信託を終了させたとき
- ◆信託の併合がされたとき
- ◆特別の事情または公益の確保のため、信託の終了を命ずる裁判があったとき
- ◆信託財産についての破産手続開始の決定があったとき
- ◆委託者が破産手続開始・再生手続開始・更生手続開始の決定を受けた場合において、破産法・民事再生法・会社更生法等の規定により信託契約の解除がされたとき
- ◆信託行為において定めた事由が生じたとき

なお、信託法においては、信託行為において別段の定めがある場合を除き、委託者および受益者は、いつでも、その合意により、信託を終了することができることが規定されている（信託法164条１項・３項）。ただし、受託者に不利な時期に信託を終了した場合には、委託者および受益者は、受託者の損害を賠償しなければならない（信託法164条２項）。

| 参考 | 信託法 |

（脱法信託の禁止）

第９条　法令によりある財産権を享有することができない者は、その権利を有するのと同一の利益を受益者として享受することができない。

（訴訟信託の禁止）

第10条　信託は、訴訟行為をさせることを主たる目的としてすることができない。

（詐害信託の取消し等）

第11条　委託者がその債権者を害することを知って信託をした場合には、受託者が債権者を害することを知っていたか否かにかかわらず、債権者は、受託者を被告として、民法（明治29年法律第89号）第424条第３項に規定する詐害行為取消請求をすることができる。ただし、受益者が現に存する場合においては、当該受益者（当該受益者の中に受益権を譲り受けた者がある場合にあっては、当該受益者及びその前に受益権を譲り渡した全ての者）の全部が、受益者としての指定（信託行為の定めにより又は第89条第１項に規定する受益者指定権等の行使により受益者又は変更後の受益者として指定されることをいう。以下同じ。）を受けたことを知った時（受益権を譲り受けた者にあっては、受益権を譲り受けた時）において債権者を害することを知っていたときに限る。

２～８　省略

（信託の終了事由）

第163条 信託は、次条の規定によるほか、次に掲げる場合に終了する。

一　信託の目的を達成したとき、又は信託の目的を達成することができなくなったとき。

二　受託者が受益権の全部を固有財産で有する状態が1年間継続したとき。

三　受託者が欠けた場合であって、新受託者が就任しない状態が1年間継続したとき。

四　受託者が第52条（第53条第2項及び第54条第4項において準用する場合を含む。）の規定により信託を終了させたとき。

五　信託の併合がされたとき。

六　第165条又は第166条の規定により信託の終了を命ずる裁判があったとき。

七　信託財産についての破産手続開始の決定があったとき。

八　委託者が破産手続開始の決定、再生手続開始の決定又は更生手続開始の決定を受けた場合において、破産法第53条第1項、民事再生法第49条第1項又は会社更生法第61条第1項（金融機関等の更生手続の特例等に関する法律第41条第1項及び第206条第1項において準用する場合を含む。）の規定による信託契約の解除がされたとき。

九　信託行為において定めた事由が生じたとき。

第4節　信託の機能

　信託は多様な場面で利用される法制度であるが、信託の主な機能として、「財産管理機能」「転換機能」「倒産隔離機能」が挙げられる（**図表1－5**）。これらの機能を活用し、信託は様々なニーズに対応する仕組みとして利用される。

1　財産管理機能

　信託には財産管理機能があり、信託を利用することで、委託者や受益者に代わって財産の管理・処分に長けた者を受託者として信託財産の効率的な管理・処分をゆだねることができる。受託者は、信託目的の範囲内でこれを行う義務を負う（信託法2条5項）。

　商事信託では、兼営法や信託業法の規制の適用を受ける信託銀行等が受託者となることが通常であり、規制当局の監督が及んでいる受託者が受益者保護のための体制等を整える等して信託財産の管理・処分を行っている。

2　転換機能

　信託により、委託者が保有していた財産の所有権が受託者に移転し、同時に受益者が受益権を取得することになる。委託者の信託財産の所有権が受益者の信託受益権に転換するものであり、信託目的に応じてその財産の権利者の属性・数、財産権の性状・運用単位等を別のものに転換することができる。

図表1-5　信託の主な機能

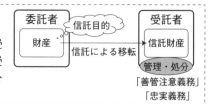

財産管理機能

信託された財産は委託者の手を離れ、受託者が専属的に信託目的達成のために受託者自身の名義で信託財産の管理・処分を行う。

転換機能

委託者の財産は、信託されることにより受益権という権利となり、その財産の属性や数、財産権の性状などと異なる方法で譲渡が可能。
例①量的分割（分割した各受益権の内容（質）は一緒）
　②質的分割（リスクとリターンの作り込み（優先・劣後構造））

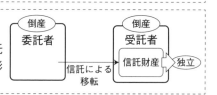

倒産隔離機能

「信託財産の独立性」があるので、信託財産は、委託者や受託者が倒産しても影響を受けない。

　この転換機能により、例えば、効率的な運用を行うために多数の者が信託した金銭をまとめたり、投資しやすくするために大きな信託財産を小口化したり、流通しやすくするために不動産などの信託財産を受益権化することが可能となる。

　具体的には、「資産流動化の信託」では、信託することで、不動産や金銭信託を信託受益権に転換する。もともとの資産を信託受益権にすることで、例えば、「不動産の流動化」の場合は、不動産を信託した信託受益権を取得した受益者（投資家）は、信託受益権を売買することで、不動産売買と同じ経済効果を得ることができるようになる。また、信託受益権を分割し小口化

した信託受益権を取得することで小さな資金でも運用することができるようになる。「金銭債権の流動化」では、例えば、金融機関が住宅ローンなどの複数の金銭債権をまとめて信託して、多数の投資家が購入しやすいような価額となるように受益権を小口化して販売することができるようになる。

また、海外で発行・流通している有価証券を裏付けとして日本国内で上場される有価証券（JDR：Japanese Depositary Receipt（日本型預託証券））の形とする「受益証券発行信託」なども転換機能を活用している。「受益証券発行信託」を用いた金融商品には、JDRのほかにも、金などの貴金属を信託財産とした商品現物型ETFや、ETN（指数連動証券）やETF（上場投資信託）を信託財産とする有価証券信託受益証券などがある。転換機能により、もともとの資産よりも流動性や換金性を高め、売買しやすくするメリットがある。

3 倒産隔離機能

信託銀行等の受託者に信託財産を拠出すると、当該財産の名義人は委託者の名義から受託者の名義に変更される。当該信託財産は、信託の関係当事者の倒産手続の影響が及ぶことはなく、「倒産隔離機能」がある。万が一、委託者が倒産しても、委託者の債権者が信託財産を差し押さえることはできないと信託法23条で規定されており、委託者の倒産の影響を受けない。また、信託財産は、固有財産と分別管理されており、また受託者の相続財産にはならず、さらに受託者の債権者による強制執行が信託法25条で禁じられているため、受託者の倒産の影響も受けることはない。

この「倒産隔離機能」を活用した商品には、顧客分別金信託などの保全目的の信託や、資産流動化などの資金調達目的の信託がある。資産流動化では、委託者（オリジネーター）の倒産から隔離されていないと、投資家が企業等の倒産リスクを負うため投資が実行されないことから、信託の倒産隔離機能は重要となる[1]。

1　本書コラム1「倒産隔離機能と財産管理機能を活用した保全ソリューション」（74頁）参照。

4 信託の「方程式」

　上記1〜3の「財産管理機能」「転換機能」「倒産隔離機能」以外にも、信託には、「自動操縦機能」「意思凍結機能」「権利付与機能」「ビークル機能」などがあるとされる。

　「信託を利用してどのようなことが行われるか」という観点から、信託の基本的な機能を「方程式」として分類すると、次の5つにまとめることができる（**図表1−6**）。こうした、信託の「方程式」を組み合わせて活用することにより、様々な課題やニーズに応えることが可能である。また、**図表1−7**は、信託機能を活用した信託ソリューションの一例である。

　◆まもる　　　　（倒産隔離、財産管理、中立性）

　◆うつす　　　　（売買や担保取得・管理を容易にする）

　◆たばねる　　　（集団投資、まとめて売買）

　◆わける　　　　（複層化、小口化）

　◆かたがわる　　（事務アウトソース、立替払い、債務引受）

図表1−6　信託の「方程式」

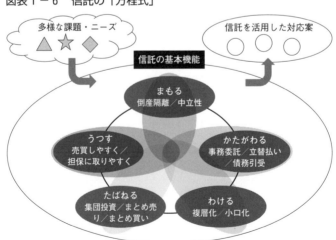

図表1－7　信託機能を活用した信託ソリューションの例

資産流動化業務	✔債権を中心としたアセットファイナンスのアレンジメント・受託業務 ―割賦債権・リース料債権・カード債権・売掛債権・電子記録債権・プロジェクトファイナンス等
資本政策ソリューション	✔インサイダー情報を遮断した保有株式の処分、自己株式取得、議決権コントロール等 ―CGコードに伴う政策保有株式の売却、資本提携解消に伴う株式処分などを信託を通じて実施 ―信託を通じて自己株式を取得 ―企業統合・提携等における株式取得・議決権コントロール ✔個人（オーナー）の資産承継・事業承継対策としての信託活用
エスクロー・保全業務	✔取引の安全性へのニーズを受けた保証金・一時金・前受金等の各種保全 ―M&A等の瑕疵担保保証金・不動産取引等の売買代金 ―信用力低下に伴う商流等の決済資金保全
アウトソーシング	✔担保管理事務・支払事務等のアウトソーシング ―M&Aに付随した調達体制再編時の担保事務効率化 ―有担保シンジケートローン案件の事務効率化等

第5節　信託の担い手

　本章第1節で信託の当事者について確認した。本節では、信託の担い手（受託者）の違いについて概説する。

　信託は、「信託銀行などの兼営信託金融機関」「信託会社」や「信託契約代理店」で契約し、利用することができる。それら受託者等を業態の違いからまとめると次のようになる（図表1−8）。

1　信託銀行の併営業務

　信託銀行は、銀行法により設立され、兼営法により信託業務兼営の認可を得ている。預金や貸付などの「銀行業務」を行うことに加え、「信託業務」を行っている。また、それ以外に、「併営業務」を行うことができる（兼営法1条1項）。

　「併営業務」は、次の内容のものであり、その業務の一環として、例えば、不動産仲介、不動産鑑定評価、証券代行、遺言の保管や遺言執行・遺産整理などを行っている。

◆信託契約代理業
◆信託受益権売買等業務
◆財産の管理（受託する信託財産と同じ種類の財産につき、信託財産の管理と同じ方法により管理を行うものに限る）
◆財産に関する遺言の執行
◆会計の検査

図表 1 - 8　受託者の主な業態による一般的な違い

	信託銀行（兼営信託金融機関）注1	運用型信託会社	管理型信託会社	信託契約代理店
設立根拠法	設立｜銀行法 信託業務の認可｜兼営法	信託業法	信託業法	信託業法
免許・認可・登録	銀行免許 信託業務の認可	信託会社免許	信託会社登録	信託契約代理店登録
組織形態	銀行等の金融機関注2	株式会社	株式会社	法人・個人 注6
最低資本金の額	20億円	1億円	5,000万円	―
営業保証金の額	2,500万円	2,500万円	1,000万円	―
主な取扱業務	信託業務 併営業務 銀行業務	信託業務	管理型信託業務	信託契約の締結の代理または媒介
免許・認可・登録を受けた先数	56機関注3	11社注4	18社注5	354店注7

注1：基本的に銀行の場合を想定して記載。銀行以外の金融機関の場合は別。
注2：信託銀行、都市銀行、地方銀行、第二地方銀行、信用金庫連合会、系統金融機関、その他。
注3：2021年6月28日時点の金融庁が公表している兼営信託金融機関認可先の全機関数（https://www.fsa.go.jp/menkyo/menkyoj/kenei.pdf）（金融庁所管計18機関、東北財務局所管1機関、関東財務局所管計11機関、東海財務局所管計4機関、北陸財務局所管計2機関、近畿財務局所管計6機関、中国財務局所管計3機関、四国財務局所管計4機関、福岡財務支局所管計3機関、九州財務局所管計2機関、沖縄総合事務局所管計2機関）。
注4：2021年10月7日時点の金融庁が公表している運用型信託会社免許先の全社数（https://www.fsa.go.jp/menkyo/menkyoj/sintaku01.pdf）（関東財務局所管計11社）。
注5：2021年10月7日時点の金融庁が公表している管理型信託会社登録先の全社数（https://www.fsa.go.jp/menkyo/menkyoj/sintaku01.pdf）（関東財務局所管計12社、近畿財務局所管計4社、東海財務局所管計2社）。
注6：地方銀行、証券会社、信用金庫、信用組合、県信用農業協同連合会などが多い。複数の信託銀行、信託会社等の代理店となるケースも多い。信用金庫は信金中央金庫等の代理店。

注7：2021年9月末時点の金融庁が公表している信託契約代理店登録先の全店数（https://www.fsa.go.jp/menkyo/menkyoj/sintaku_a.pdf）（北海道財務局所管計16店、東北財務局所管計33店、関東財務局所管計131店、東海財務局所管計42店、北陸財務局所管計23店、近畿財務局所管計38店、中国財務局所管計24店、四国財務局所管計17店、福岡財務支局所管計13店、九州財務局所管計15店、沖縄総合事務局所管計2店）。

◆財産の取得、処分または貸借に関する代理または媒介

◆代理事務

・上記の財産の管理に関する代理事務

・財産の整理または清算に関する代理事務

・債権の取立てに関する代理事務

・債務の履行に関する代理事務

　また、信託銀行は、上記のほか、銀行法に基づく付随業務や、担保付社債信託法に基づく担保の受託業務等を営むことができる。

参考　兼営法

（兼営の認可）

第1条　銀行その他の金融機関（政令で定めるものに限る。以下「金融機関」という。）は、他の法律の規定にかかわらず、内閣総理大臣の認可を受けて、信託業法（平成16年法律第154号）第2条第1項に規定する信託業及び次に掲げる業務（政令で定めるものを除く。以下「信託業務」という。）を営むことができる。

一　信託業法第2条第8項に規定する信託契約代理業

二　信託受益権売買等業務（信託受益権の売買等（金融商品取引法（昭和23年法律第25号）第65条の5第1項に規定する信託受益権の売買等をいう。）を行う業務をいう。次条第3項及び第4項において同じ。）

三　財産の管理（受託する信託財産と同じ種類の財産について、次項の信託業務の種類及び方法に規定する信託財産の管理の方法と同じ方法により管理を行うものに限る。）

四　財産に関する遺言の執行

五　会計の検査

六　財産の取得、処分又は貸借に関する代理又は媒介

七　次に掲げる事項に関する代理事務

　イ　第3号に掲げる財産の管理

　ロ　財産の整理又は清算

　ハ　債権の取立て

　ニ　債務の履行

2　金融機関は、内閣府令で定めるところにより、信託業務の種類及び方法を定めて、前項の認可を受けなければならない。

3　内閣総理大臣は、第1項の認可の申請があったときは、次に掲げる基準に適合するかどうかを審査しなければならない。

一　申請者が、信託業務を健全に遂行するに足りる財産的基礎を有し、かつ、信託業務を的確に遂行することができること。

二　申請者による信託業務の遂行が金融秩序を乱すおそれがないものであること。

参考 | **信託協会への加盟会社（受託者）**

- -

　一般社団法人信託協会への加盟会社は、社員・準社員78社（信託業務を営む信託銀行、都市銀行、地方銀行、信託会社等）（2021年8月1日現在）であり、最近では2019年1社、2020年1社、2021年3社（10月21日現在）が準社員に新たに加入している。

◆社員（4社）

| 三井住友トラスト・ホールディングス株式会社 | 三菱UFJ信託銀行株式会社 |

みずほ信託銀行株式会社	株式会社りそな銀行

◆準社員（76社）

ステート・ストリート信託銀行株式会社	野村信託銀行株式会社
農中信託銀行株式会社	新生信託銀行株式会社
日証金信託銀行株式会社	日本マスタートラスト信託銀行株式会社
株式会社日本カストディ銀行	オリックス銀行株式会社
株式会社SMBC信託銀行	株式会社三井住友銀行
株式会社琉球銀行	株式会社沖縄銀行
株式会社静岡銀行	株式会社常陽銀行
株式会社八十二銀行	株式会社中国銀行
株式会社広島銀行	株式会社百十四銀行
株式会社伊予銀行	株式会社福岡銀行
株式会社群馬銀行	株式会社西日本シティ銀行
株式会社阿波銀行	スルガ銀行株式会社
株式会社佐賀銀行	株式会社山口銀行
株式会社肥後銀行	株式会社東邦銀行
株式会社四国銀行	株式会社千葉銀行
株式会社南都銀行	株式会社きらぼし銀行
株式会社京都銀行	株式会社北國銀行
株式会社鹿児島銀行	株式会社武蔵野銀行
株式会社大垣共立銀行	株式会社北陸銀行
株式会社足利銀行	株式会社第四北越銀行
株式会社横浜銀行	株式会社滋賀銀行
株式会社関西みらい銀行	株式会社名古屋銀行
株式会社整理回収機構	神奈川県信用農業協同組合連合会

信金中央金庫	株式会社あおぞら銀行
株式会社埼玉りそな銀行	大阪府信用農業協同組合連合会
三菱HCキャピタル信託株式会社	Sanne Group Japan信託株式会社
株式会社朝日信託	楽天信託株式会社
ロンバー・オディエ信託株式会社	スターツ信託株式会社
株式会社FPG信託	SBIクリアリング信託株式会社
株式会社エイブル信託	ジェイバリュー信託株式会社
LGTウェルスマネジメント信託株式会社	株式会社山田エスクロー信託
サーバントラスト信託株式会社	ファースト信託株式会社
ほがらか信託株式会社	SMFL信託株式会社
大東みらい信託株式会社	プルデンシャル信託株式会社
株式会社エスクロー・エージェント・ジャパン信託	すみれ地域信託株式会社
積水ハウス信託株式会社	ハートワン信託株式会社
留学安心信託株式会社	コタエル信託株式会社
株式会社パソナ知財信託	株式会社貝沼信託不動産

2 運用型信託会社と管理型信託会社

　信託会社は、信託業法により内閣総理大臣の免許または登録を受けた「運用型信託会社」または「管理型信託会社」の2種類に分かれる。

　「管理型信託会社」は、信託業法により、①委託者等のみからの指図により信託財産の管理・処分を行うこと、②信託財産につき保存行為または財産の性質を変えない範囲内の利用行為もしくは改良行為のみを行うこと、のいずれかに該当する信託の引受けのみに制限されている。

　免許・登録を受けている信託会社の数は、2021年10月7日現在で合計29社ある。うち、「運用型信託会社」は関東財務局所管の計11社、「管理型信託会

社」は関東財務局所管の12社、近畿財務局所管の4社、東海財務局所管の2社の計18社である。

「運用型信託会社」の11社は次のとおりである。

株式会社朝日信託	三菱HCキャピタル信託株式会社
Sanne Group Japan信託株式会社	楽天信託株式会社
ロンバー・オディエ信託株式会社	スターツ信託株式会社
株式会社FPG信託	株式会社エイブル信託
ジェイバリュー信託株式会社	SBIクリアリング信託株式会社
LGTウェルスマネジメント信託株式会社	

「管理型信託会社」の18社は次のとおりである。

関東財務局所管（12社）

SMFL信託株式会社	株式会社山田エスクロー信託
ほがらか信託株式会社	大東みらい信託株式会社
株式会社エスクロー・エージェント・ジャパン信託	プルデンシャル信託株式会社
積水ハウス信託株式会社	ハートワン信託株式会社
マネックスSP信託株式会社	留学安心信託株式会社
コタエル信託株式会社	株式会社パソナ知財信託

近畿財務局所管（4社）

きりう不動産信託株式会社	ファースト信託株式会社
共同信託株式会社	サーバントラスト信託株式会社

東海財務局所管（2社）

すみれ地域信託株式会社	株式会社貝沼信託不動産

なお、上記「管理型信託会社」のうち数社は、信託協会に加入していない。

信託協会に準社員加入した信託会社が退会した事例は、ジャパン・デジタ

ル・コンテンツ信託（加入期間2005年〜2009年）、ライツ信託（同2007年〜2011年）、イートラスト信託（同2008年〜2009年）、富嶽信託（同2013年〜2014年）、しあわせパートナーズ信託（同2018年〜2018年）の５例である。

3　外資系信託銀行の信託協会への加入

　1985年、1986年にはモルガン信託銀行などの外資系信託銀行が我が国で開業し、信託協会に準社員加入した。1986年には９社が加入したが、2005年、2006年に４社が退会、最近では2019年にもう１社が退会している。

　９社は、モルガン信託銀行、日本バンカース・トラスト信託銀行、チェース・マンハッタン信託銀行、マニュファクチュラース・ハノバー信託銀行、ケミカル信託銀行、シティトラスト信託銀行、スイス・ユニオン信託銀行、クレディ・スイス信託銀行、バークレイズ信託銀行である。なお、1999年にビー・エヌ・ピー信託銀行が加入し外資系信託銀行は一時期最大10社となった。

　現在でも外資系信託銀行として加入を継続しているのはステート・ストリート信託銀行（加入当時のマニュファクチュラース・ハノバー信託銀行から商号変更）のみである。なお、その他４社は日系信託銀行との合併・子会社化等により外資系信託銀行の区分から外れている。

4　地方銀行の信託協会への加入

　地方銀行の信託業務への参入が続いている。信託協会への準社員加入は、最近では2018年にきらぼし銀行、京都銀行、北國銀行、2019年に鹿児島銀行、武蔵野銀行、大垣共立銀行、北陸銀行、足利銀行、第四北越銀行、横浜銀行、2020年に滋賀銀行、埼玉りそな銀行、2021年に関西みらい銀行、名古屋銀行がある。

　なお、古くは1972年の琉球銀行、沖縄銀行が始まりであり、次いで1993年の静岡銀行、常陽銀行、八十二銀行、中国銀行、広島銀行が続いた。

　地方銀行は、本体で信託免許を取得し信託業務に参入するケースが増加し

ているが、信託業務代理店として信託業務の取扱いを増やすケースも増加傾向にある。これは、伝統的事業モデルの転換が迫られていることと、人生100年時代の高齢化社会で相続関連業務・資産承継ニーズが高まっていることを受けた動きであり、信託銀行もそうした動きに対応して地方銀行との連携を積極的に推進している[1]。

なお、信託協会は、1919年2月に信託会社協会として発足、1923年1月に信託法・信託業法施行とともに名称を「信託協会」と改称、その後の何度かの改称を経て、2011年10月に公益法人制度改革に伴い、一般社団法人に移行し、「一般社団法人信託協会」と改称し現在に至っている。

参考 **信託業法**

（定義）

第2条 この法律において「信託業」とは、信託の引受け（他の取引に係る費用に充てるべき金銭の預託を受けるものその他他の取引に付随して行われるものであって、その内容等を勘案し、委託者及び受益者の保護のため支障を生ずることがないと認められるものとして政令で定めるものを除く。以下同じ。）を行う営業をいう。

2 この法律において「信託会社」とは、第3条の内閣総理大臣の免許又は第7条第1項の内閣総理大臣の登録を受けた者をいう。

3 この法律において「管理型信託業」とは、次の各号のいずれかに該当する信託のみの引受けを行う営業をいう。

一 委託者又は委託者から指図の権限の委託を受けた者（委託者又は委託者から指図の権限の委託を受けた者が株式の所有関係又は人的関係において受託者と密接な関係を有する者として政令で定める者以外の者

---

1 本書参考資料 新聞記事8「生前贈与、地銀向け拡充 みずほ信託、代理店に認定」（257頁）、本書参考資料 新聞記事9「みずほ信託、代理店約1700体制 商品販売で地銀連携推進」（258頁）参照。

である場合に限る。）のみの指図により信託財産の管理又は処分（当
該信託の目的の達成のために必要な行為を含む。以下同じ。）が行われ
る信託

二　信託財産につき保存行為又は財産の性質を変えない範囲内の利用
行為若しくは改良行為のみが行われる信託

4　この法律において「管理型信託会社」とは、第7条第1項の内閣総
理大臣の登録を受けた者をいう。

第6節　信託の種類・分類

　信託は主に次の4つの目的で利用されている[1]。

◆「ためる・ふやす（資産運用）」　　◆「まもる（資産管理）」

◆「つなぐ・ゆずる（資産承継）」　　◆「やくだてる（社会貢献）」

　これまでみてきたように、信託は信託目的に従って受託者が専門家として財産の管理・処分を行う。この信託目的は、委託者の意思で財産管理のため、家族のため、社会貢献するためなど自由に設定することができる。

1　信託の種類

　信託には大きく「個人のための信託」「法人のための信託」「公益・福祉のための信託」の3つに分類できる。信託の主な種類は次のとおり。

a　個人のための信託

　資産承継・相続のための信託、資産形成・資産運用のための信託など。

　　財産承継信託／事業承継信託／遺言代用信託／暦年贈与型信託／教育資金贈与信託／結婚・子育て支援信託／家族信託／認知症サポート信託／生命保険信託／遺言信託／金銭信託／投資信託／財産形成信託／不動産の信託／不動産業務

b　法人のための信託

　企業の資金調達・資産運用・各種コーポレートアクションの手段、従業員

1　信託協会（https://www.shintaku-kyokai.or.jp/trust/purpose/）。

のための年金や財産形成など。

　　顧客分別金信託／自己株式取得信託／有価証券取得・管理・処分・運用
　　信託／分別管理信託／証券代行業務／担保権信託（セキュリティ・トラ
　　スト）／取引保全（エスクロー）信託／年金業務／年金信託／株式給付
　　信託／資産流動化信託／特定金銭信託／ファンドトラスト／受益証券発
　　行信託／不動産業務／不動産流動化／土地信託

c　公益・福祉のための信託

　　公益信託／特定贈与信託／特定寄附信託／後見制度支援信託

　信託銀行などが扱う信託商品も、一般の投資と同様、「実績配当が原則」
である。信託商品であっても、利益が出ない、あるいは信託財産が減少する
可能性がある。

　一部の金銭信託の中には、「元本補てん契約」が付され、元本が保証され
ている商品がある。元本補てん契約は、運用方法を特定しない金銭信託に
限って付与可能であり、運用方法を特定した金銭信託には付けることはでき
ない。また、信託銀行等（信託兼営金融機関）のみが元本補てん契約を付け
ることができ、信託会社は付けることができない。金銭信託（合同運用指定
金銭信託（一般口））、（一部の）顧客分別金信託、教育資金贈与信託、遺言代
用信託、後見制度支援信託などで元本補てん契約が付されている。そうした
元本が保証されている信託商品は、「預金保険制度」によって、万が一受託
者が破綻した場合にも、預金保険機構により、1,000万円までは保護される。

2　信託の分類

　信託は、その目的、設定方法、受託財産の種類、信託終了時の信託財産の
返還方法や運用方法等、様々な観点から分類することができる。

　大別すると、受託財産が金銭である「金銭の信託」と、「金銭以外の信託
（ものの信託）」がある。「金銭の信託」は、信託終了時に信託財産を金銭に
換価して交付する「金銭信託」と、金銭に換価しないで交付する「金銭信託

以外の金銭の信託（金外信託）」に分かれる。

　また、「金銭の信託」は運用指図の仕方、運用方法により分類することができる。運用指図の仕方による分類には、運用の目的物を具体的に特定する

図表1−9　信託の分類

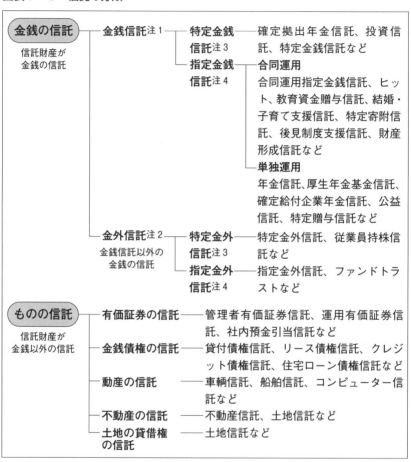

注1：信託終了時に信託財産の交付を金銭で行う信託。
注2：信託終了時に信託財産を現状有姿のまま交付する信託。
注3：特定は運用方法が特定された信託。
注4：指定は運用方法が指定された信託。
出所：信託協会ホームページ

特定（「特定金銭信託」）、運用の目的物の種類を大まかに指示する指定（「指定金銭信託」）があり、運用方法による分類には、信託された財産を合同して運用する「合同運用」と単独で運用する「単独運用」とがある（**図表1－9**）。

「金銭の信託」の例には、委託者が金銭の運用方法を受託者に対して個別具体的な指示を行う特定金銭信託、個人投資家等から集めた資金をプールし、それをファンドとして専門家が投資家に代わって証券・金融市場に投資を行い、その利益を投資家が受け取る投資信託、適格退職年金信託、厚生年金基金信託等の年金信託、社会全般の利益を目的とした公益信託、などがある。

「金銭以外の信託」の代表的なものとして、信託の引受けに際して信託財産として有価証券を受け入れる「有価証券の信託」、金銭債権を受け入れる「金銭債権の信託」などがある。

日本における信託の歴史
（信託法と信託業法）

1 信託法等の制定の経緯

　現在の信託制度は、英国に生まれ、米国で発展した信託の制度が日本にやってきたのは明治時代後半といわれ、この頃、日本でも数多くの信託会社が設立された。1922年に「信託法」と「信託業法」が制定され、信託制度が確立した。

　法律に「信託」という言葉が初めて登場したのは、1900年。日本興業銀行法に「地方債券、社債券及株券ニ関スル信託ノ業務」と記されたのが最初である。1905年には担保附社債信託法が制定され、有力銀行が営業免許を受けて、担保付社債信託業務を開始した。このように、日本では、最初に事業会社を対象とする信託制度が導入され、個人の財産の管理・運用を専門に取り扱う信託会社は、1906年に設立された東京信託株式会社だといわれている。その後、信託会社も数多く設立され、1921年末には488社を数えた。当時は、信託法制の整備がなかった等から、業務内容も様々で、資力や信用力が不十分な信託会社も多かったという。

　そこで、信託制度の健全な発展を図るために、1922年に「信託法」「信託業法」が制定され、日本の信託制度が確立された。これにより、信託制度は本格的な発展期を迎えたが、第二次世界大戦の戦時体制のもとで、金融機関や信託会社の統合が進められた。1943年には、「普通銀行等ノ貯蓄銀行業務又ハ信託業務ノ兼営等ニ関スル法律（現在の兼営法）」が制定され、信託会社

と銀行との間の合併や、信託会社の統合が進み、戦争が終わった時には専業の信託会社は7社となった。

戦後、政府およびGHQ（連合国軍総司令部）の方針もあり、1948年には信託会社が「銀行法」による銀行に転換。兼営法によって信託業務を兼営する信託銀行となった。

戦後の経済復興のため、1952年には「貸付信託法」が制定され、信託銀行による貸付信託の取扱いが始まった。こうした中、信託の仕組みを利用した新しい信託の取扱いが開始された。1962年には適格退職年金信託、1966年には厚生年金基金信託、1972年には財産形成信託、1975年には特定贈与信託、1977年には公益信託の取扱いが開始された。

最近では、2001年4月の資産流動化法の改正により、金融機関や企業の財務体質の改善や資金調達の方法として、貸付債権、売掛債権、不動産を流動化する「資産流動化信託（金銭債権の信託、不動産の信託）」の活用が推進された。また、2001年からは「確定拠出年金信託」、2002年からは「確定給付企業年金信託」といった、新たな年金制度の取扱いが開始された。

2　法改正と現在の信託

「信託法」は、1922年の制定時以来、80年以上にわたって実質的な改正がなかったが、戦後、信託銀行による商事信託（貸付信託、年金信託など）を中心に発展を遂げてきたことを受け、2006年12月に「信託法改正」が行われ、制度の合理化や規律の整備、多様な信託の利用形態に対応するための制度の整備などが改正された。

2004年12月には、「改正信託業法」が施行された。もともと信託業の担い手は信託兼営金融機関のみだったが、一般の事業会社も信託業の担い手になり、様々な信託機能を活用したいというニーズの高まりを受けたものだった。この法改正によって、知的財産権等を含む財産権一般の受託が可能となるとともに、信託業の担い手に金融機関以外の事業会社の参入などが可能となった。「信託契約代理店制度」と「信託受益権販売業者制度」も新設され

た。

　信託法は2006年12月に改正され、2007年9月に施行された。改正で変わった主なポイントは、①受託者の義務等の内容を適切な要件のもとで合理化（忠実義務に関する規定、自己執行義務に関する規定の合理化）、②受益者の権利行使の実効性・機動性を高めるための規律の整備（受益者が複数の信託における意思決定方法の合理化、信託監督人・受益者代理人制度の創設、帳簿等の作成、保存等に関する規律の整備、受託者の行為の差止請求権の創設）、③多様な信託の利用形態に対応するための制度の整備（信託の併合・分割の制度の創設、新しい類型の信託―受益証券発行信託、限定責任信託、自己信託、目的信託、担保権の信託、遺言代用信託、受益者連続型の信託に関する規定の整備・制度創設）である。

3　信託関連法制

　主な信託に関連する法律は、「信託法」「信託業法」「兼営法」「銀行法」「金融商品取引法」である。各法律の主な内容は、次のとおりである。

a　信託法
・信託に関する基本的なルールを定めた法律
・信託法上の義務は、信託銀行等だけでなく、民事信託の受託者である個人も含むすべての受託者に適用

b　信託業法
・信託業を営む信託会社等に対する監督や、信託契約代理店の監督などを定めた法律
・兼営法により信託銀行等の兼営金融機関についても一部を準用・適用
・2004年の改正で、信託業の担い手が事業会社等に拡大、信託財産の拡大、信託契約代理店制度が新設等された
・2006年の改正で、投資性の強い信託契約（特定信託契約）に対して金融商品取引法の適用開始

c　金融機関の信託業務の兼営等に関する法律（兼営法）

・銀行などの金融機関が信託業務を行うための兼営の監督などを定めた法律

・信託銀行等の兼営金融機関にも信託業法の一部を準用・適用

・信託業に加えて、証券代行業務、遺言関連業務および不動産業務などの併営業務の取扱いを規定

d　銀行法

・銀行の免許や業務、監督などを定めた法律

・信託銀行もこの法律に基づいて設立（兼営法に基づき信託業務の兼営の認可）

e　金融商品取引法

・2006年に証券取引法を全面改正して制定

・株式、公社債、信託受益権などの有価証券の売買などに関して販売等する際の規制等のルールを規定

・信託銀行等が投資性の強い信託（特定信託契約）を取り扱う際に、金商法に規定されている販売・勧誘ルールを同様に適用

・投資信託、貸付信託および特定目的信託に加えて、受益証券発行信託の受益証券も金商法上の有価証券とされ、その他の信託受益権についてもみなし有価証券化

・信託受益権の「販売またはその代理もしくは媒介」は信託受益権販売業として信託業法により規制されていたが、信託受益権のみなし有価証券化により、金融商品取引業として金商法による規制を適用

・信託受益権のみなし有価証券化により、信託の受託者のみがその「発行者」となる場合、信託契約の締結の代理または媒介は、有価証券の募集（私募）の取扱いと位置付けられ、第二種金融商品取引業の登録を義務化

コラム ① 倒産隔離機能と財産管理機能を活用した
保全ソリューション

　信託は、財産の保護・安全確保に適した機能を備えている。より具体
的には、信託には次の倒産隔離機能と財産管理機能があり、信託銀行で
は、そうした信託機能を活用し、お客さまの大切な財産を、お客さまの
個別のニーズに合わせて保全する信託ソリューションを提供している。

1　倒産隔離機能（信託した財産を安全に管理）

　お客さまが信託した財産は、信託銀行名義で管理することになるが、
信託財産は信託銀行自身の財産等とは分別して、受益者とされたお客さ
まやお客さまのお取引先のために管理される。そのため、信託財産は、
受託者の固有財産と独立して管理される財産となり、受託者である信託
銀行の倒産の影響を受けないものとされている。

　また、受益者が委託者であるお客さまの取引先となるような他益信託
において、委託者であるお客さまが当該信託財産を取り戻すことができ
ない等の措置が取られているときは、委託者が倒産したとしても、その
倒産が信託財産および受益権に影響を与えないようにすることも可能で
ある。

　このように受託者および委託者の倒産からの隔離された信託財産を創
出することができる信託の機能を倒産隔離機能という。この倒産隔離機
能を活用することにより、信託銀行やお客さまの倒産の影響を受けずに
財産保全することを可能とする信託ソリューションをご利用いただくこ
とができるのである。

2　財産管理機能（専門家が財産を管理）

　信託法、信託業法上の義務（善管注意義務・忠実義務・分別管理義務

等）が課せられた信託銀行等の専門家は、豊富な知識と経験をもって、信託行為で定められた信託目的および受益者の利益のために、信託財産をしっかりと管理すべきこととなっており、これを信託の財産管理機能という。

　この機能により、信託財産を適正に保全することが可能となり、そこに信託を利用するメリットがあるといえる。

　みずほ信託銀行では、上記のような信託の機能を活用し、事業活動上の資金・財産を保全する信託ソリューションをワンストップで提供している。提供する信託商品としては、「取引保全（エスクロー）信託」「前受金分別管理信託」「顧客分別金信託」「顧客区分管理信託」「入居一時金分別管理信託」など多様なものがある。

　お客さまが、こうした信託商品をご利用いただく動機としては、自主的に取引の安全・信用の向上を企図して取り組むケースと各種法令で信託保全が求められているケースに分かれる。

　前者に関していえば、コストをかけてでも取引の安全・信用の向上を図ることで、自社の顧客に対して他社と取引するよりも安心感を与えることにつながることから、各事業者の工夫により多様な取り組みが行われている。

　資金・財産保全目的の信託の黎明期には、語学学校などの授業料について前受金分別管理信託［図表１］が利用された。その他、比較的新しい取り組みとしては、家賃収納代行サービスにおける賃料等を分別管理するための信託、デジタルトランスフォーメーション（DX）を推進させる取り組みであるクラウドを活用した月極駐車場管理システムサービスにおける収納代行賃料を分別管理するための信託、生前にご自身の葬儀費用を葬儀会社に預けることでご家族に負担をかけないことを目的に前払いされた葬儀費用を分別管理するための信託などがある。いったんはサービス提供業者に入金（収納）されることから、サービス提供業者の財産と混同しないように分別管理され、サービス提供業者が倒産して

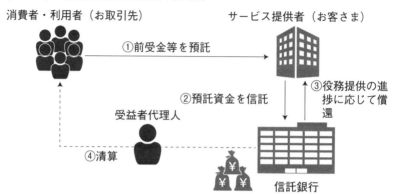

[図表1] 前受金分別管理信託の概略図

消費者・利用者（お取引先）　サービス提供者（お客さま）

①前受金等を預託

②預託資金を信託

③役務提供の進捗に応じて償還

受益者代理人

④清算

信託銀行

出所：みずほ信託銀行ホームページ

も、消費者・利用者（お取引先）が保護されるものとし、そうした消費者・利用者保護の姿勢をアピールして、他社との差別化を図るために、委託者であるサービス提供会社から信託の概要が開示される。

　後者には、顧客分別金信託、顧客区分管理信託、入居一時金保全信託などがある。

　顧客分別金信託は、投資家が株式等を購入する際に金融商品取引業者（証券会社等）に預託した金銭（証拠金）を信託銀行に分別管理する金融商品取引法に基づく信託であり、信託の要件は、金融商品取引法施行令、金融商品取引業等に関する内閣府令等の各種法令に規定されている。顧客分別金信託により、証券会社が倒産や廃業しても、投資家が預けた金銭のうち、投資家に返却すべき額に相当する金銭は分別管理していた信託銀行から受益者代理人を通じて投資家に返却されることになる。

　上記のような資金・財産保全目的の信託においては、信託行為または法令上受益者代理人を設ける必要があるものとされることが多く、そうした場合は、通常、弁護士等の専門家が受益者代理人になることが多い。顧客分別金信託では金融商品取引業者（証券会社等）の内部管理責

任者等が受益者代理人（甲）となり、日本投資者保護基金が受益者代理人（乙）となる。通常時は、受益者代理人（甲）が信託財産の一部払出しの際に承認を与え、万が一、金融商品取引業者（証券会社等）が破綻したときは受益者代理人（乙）が受益権を行使する仕組みとなっている。

なお、顧客分別金信託の受益者代理人（乙）となる日本投資者保護基金は、金融商品取引法に基づき認可された法人であり、金融庁・財務省の規制・監督を受けている。会員証券会社の会費で運営されており、証券会社が破綻等により投資家に金銭等を返還できない場合に、上限1,000万円まで補償することでプロ投資家を除く一般投資家の保護を実行している。投資家は、証券会社による分別管理と日本投資者保護基金による補償制度により保護されていることになる。信託銀行は信託に拠出された金銭を分別管理するが、分別管理されるべき金銭がすべて分別管理されていることを保証するものではなく、証券会社による分別管理が制度にのっとり行われることが前提となっている。

こうした法令において信託保全が保全方法として規定された信託も、当初は法定されていなかったケースがある。投資家保護のニーズの高まりを受けて信託保全が規定された一例に、外国為替証拠金（FX）取引の顧客区分管理信託がある。健全なFX取扱業者の中には、FX取引を拡大させるために自主的に信託保全を法的義務に先駆けて導入し顧客保護の姿勢をアピールしたが、みずほ信託銀行はそうした健全なFX取扱業者と新たな信託保全スキームを開発した。また、CFD（差金決済；Contract For Difference）取引における証拠金保全が導入された際、商品取引所法を所管していた経済産業省、農林水産省に対して金融商品取引法における証拠金保全の仕組みを説明した。

監督官庁、サービス提供者、信託銀行が一体となり信託を活用して各種取引における投資家・利用者保護を図ってきており、今後も、世の中の動きに合わせて各種取引において信託を活用した財産保全の仕組みを提供していくことになろう。

最後に、エスクロー信託［図表2］について若干の言及をする。我が国におけるエスクロー信託は、2005年にみずほ信託銀行が受託した案件が最初の取り組みであろう[1]。投資ファンドが「ハゲタカファンド」と呼ばれる時代背景において、米国系PEファンドから、日本企業に対して投資先企業を売却するにあたり米国系PEファンドが負う瑕疵担保補償の最大補償見合金を信託受託者として預かって欲しいと相談を受けたことがエスクロー信託の開発のきっかけである。投資ファンドは買収企業である日本企業に対して少しでも安心して取引に臨んでもらいたいと考え、信託を利用したエスクローサービスについて相談してきたのである。こうした相談を受け、当時の日本ではエスクローサービスが提供されていなかったことから、欧米で利用されていたエスクローを参考に、日本の信託法に基づくエスクロー信託の開発に至った。

　エスクロー信託開発当時は、外資系PEファンドが保有する企業を日本企業に売却する際に、PEファンドが負う瑕疵担保補償の補償見合金

［図表2］　エスクロー信託の概略図

出所：みずほ信託銀行ホームページ

---

[1]　本書参考資料 新聞記事4「取引完了まで買収資金・株 保管　みずほ信託M&A支援　決済リスク回避」(253頁) 参照。

を保全（ケースにより事情が異なるが、当初多かった条件は、金額：売買代金の1割、期間：1年間、である）することが多かった。最近は日本企業の後継者問題もありオーナーによるPEファンドへの売却事例が出てきており、オーナーが企業売却する際にPEファンドに対してオーナーが負う瑕疵担保補償の補償見合金を保全するものとして利用されるようになっている。

　エスクロー信託の利用は、M&Aの瑕疵担保補償の見合金の保全にとどまらず、不動産売買や多額の資金移動（数億円から）など、安全を期したい取引等で利用されている。例えば、感染症の流行から不織布マスクを大量に自治体が購入するにあたり、規模の小さい納入業者とこれまでの取引量の数倍のボリュームとなる取引の代金決済に懸念が生じないよう、商流の取引安全性を高めるためにエスクロー信託が利用された。スポーツビジネスにおいても、プロスポーツの連盟組織が加盟チームから預託を受ける権利金を保全するために信託が利用され、一定期間経過後加盟チームに預託を受けた権利金を返還する仕組みにおいて信託機能を活用いただいた。今後も、多様な商取引において資金・財産保全目的で利用されることが見込まれる。

　　　　（石井孝史／みずほ信託銀行　ストラクチャードプロダクツ営業部）

第 2 章

議決権行使にかかる
信託の活用

第1節　議決権コントロールのための信託

有吉尚哉
（西村あさひ法律事務所）

　M&Aなど株主の変動が伴う取引に際して、法令上の要請または当事者間の交渉上の要請などの事情により、当事者が保有することとなる株式（議決権）の一部を「凍結」[1]したり、さらには議決権を「凍結」したまま徐々に処分したりすることのニーズが生じることがある。そのような場面において、信託を用いて議決権などの株式に係る権利・権限をコントロールすることにより、当事者のニーズにかなったスキームを組成できる可能性がある。本節では議決権をコントロールすることを目的とした信託を設定する場合の法的論点および信託契約上、考慮すべき要素を考察する。

1　議決権コントロールのニーズと信託の機能

（1）　想定事例

　当事者が保有することとなる株式の議決権をコントロールするニーズが生じる場面の例として、次のような事例が想定される。

◆**事例①**

　A銀行とB銀行が合併をすることを予定している。A銀行はα社[2]の議決権の4％に相当する株式を、B銀行はα社の議決権の3％に相当す

1　本節では、株式の実質的保有者が個別の議決権の行使内容について判断権・決定権を有しない状態となることを議決権の「凍結」と称する。

る株式を、それぞれ保有しており、そのまま合併を行うと、合併後の新C銀行はa社の議決権の７％を保有することになる。一方で、取引関係への影響や、株価への影響などの事情から、合併までにA銀行またはB銀行がa社の株式を処分することは難しい状況にある。

◆**事例②**

　β社株式の20％を保有するE社は、そのすべてを一括して売却することを企図している。β社株式を５％保有しており、かねてよりβ社株式の追加取得を模索していたD社は、E社よりβ社株式を買い受けようとしている。もっとも、D社がE社の保有するβ社株式のすべてを取得すると、β社の筆頭株主となるところ、β社はこれに反発しており、D社としてもβ社との関係性を損なってまでβ社の筆頭株主となることは本意ではないと考えている。

(2)　対応すべき課題と信託の機能

　規制法による許認可・登録等の対象となっている事業を営む企業について

2　銀行法16条の２第１項１号～６号、11号、13号、15号および16号に掲げる会社（同項13号に掲げる会社にあっては、同項に定める特別事業再生会社を除く）、特例持株会社（同条６項１号）ならびに特例対象会社（銀行法16条の４第８項）には該当しないことを前提とする。

3　例えば、銀行またはその子会社は、一定の類型に該当する会社を除き、国内の会社の議決権について、合算して総議決権の５％を超える議決権を取得し、または保有してはならない（銀行法16条の４第１項）。また、保険会社またはその子会社は、一定の類型に該当する会社を除き、国内の会社の議決権について、合算して総議決権の10％を超える議決権を取得し、または保有してはならない（保険業法107条１項）。銀行および保険会社については、私的独占の禁止及び公正取引の確保に関する法律（以下「独占禁止法」という）においても、あらかじめ公正取引委員会の認可を受けた場合その他一定の場合を除き、他の国内の会社の議決権をその総議決権の５％（銀行）または10％（保険会社）を超えて有することとなる場合には、その議決権を取得し、または保有してはならないとされている（同法11条１項）。

は、規制上、他の会社の一定割合以上の議決権の保有が禁止されている場合がある[3]。このような企業が何らかの取引によりまとまった規模で株式を取得する場合、規制との関係で、取得した株式の一部を保有していない状況として取り扱われるようにするニーズが生じ得る（**事例①**参照）。

　また、実務上、対象会社の株式についてまとまった規模で取得できる機会が生じる一方で、業務・資本提携の交渉状況など当事者の関係に関わる事情から、取得・保有する議決権の一部を行使できないようにするニーズが生じる場合があり得る（**事例②**参照）。

　ここで、信託には、多様な機能が認められている[4]。その中には、権利転換機能や財産管理・活用機能があり、これらの機能を活用することにより、上記のように取得・保有する株式の議決権の一部を「凍結」したり、（時間をかけて）株式を処分したりするためのアレンジをあらかじめ確定させることが可能となる。

　権利転換機能とは、信託された財産を委託者から受託者に移転するとともに、委託者の所有権を受益者の受益権に転換する機能である。この機能により、株式を受益権に転換し、株式の直接的な権限行使を受託者にゆだねた上で、株式に係る権利・権限の一部を受益権の形で委託者に留保すること[5]が可能となる。また、財産管理・活用機能とは、財産の管理・処分等に長けた者を受託者として信託を設定することにより、効果的に財産を活用する機能である。この機能により、議決権行使・株式の処分を受託者にゆだね、委託者はこれらの権限を有しない状態とすることが可能となる。

4　信託の一般的な機能については西村あさひ法律事務所編『ファイナンス法大全（下）［全訂版］』601〜606頁（商事法務、2017年）参照。

5　株式は受託者に帰属し、議決権などの権限も受託者が行使することになるが、信託契約において、委託者を受益者とした上で、受託者が受益者の指図に従って株式に係る権限を行使することを定めたり、株式に係る配当を受益者に分配することを定めたりすることにより、株式に係る権利・権限を実質的に委託者（受益者）に帰属させることが可能となる。

(3) 信託の活用

事例①および**事例②**においては、α社（**事例①**）またはβ社（**事例②**）の株式を信託銀行を受託者とする信託に帰属させた上で、新C銀行（**事例①**）またはD社（**事例②**）が受益権を保有することにより、当事者のニーズを達成できる可能性がある。

まず、**事例①**については、A銀行・B銀行が保有しているα社の株式のうち、議決権の2％以上に相当する株式を信託銀行に信託し、新C銀行の指図によらない形で信託銀行がα社の株式の議決権を行使することとした上で、信託財産から一定期間にわたって少量ずつα社の株式を売却していくことが考えられる（**図表2−1**参照）。

図表2−1　事例①への信託の利用可能性

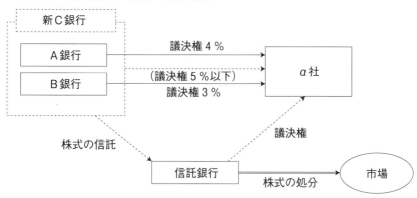

次に、**事例②**については、D社が取得したβ社の株式の一部を信託銀行に信託し、信託期間中は信託財産に属するβ社の株式の議決権を一律で行使しないものとした上で、D社による株式保有についてβ社の承諾が得られた場合には、信託を終了し、信託財産に属するβ社の株式をD社に交付することが考えられる（**図表2−2**参照）。

この点、**事例①**のように信託を利用することによって、規制上、議決権を保有しないものとして取り扱おうとする場合に、どのような条件を満たせば

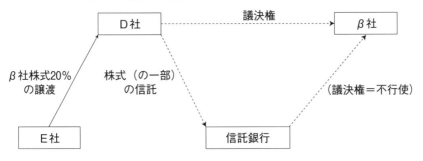

図表2-2　事例②への信託の利用可能性

そのような取扱いが可能となるか（どの程度、株式からの「遮断」が求められるか）については、法令上、具体的な要件が定められているものではない。そのため、実務的には規制を所管する当局と調整を行った上で、スキームや信託契約の内容を固めていくことが必要となる。他方、**事例②**のように当事者間の事情から信託を用いて議決権の「凍結」を行おうとする場合に、求められる条件は、関係当事者の意向によることになる。

2　スキーム組成上の法的論点

　以上のとおり、議決権などの株式に係る権利・権限をコントロールすることを目的とした信託を設定することにより、当事者の取引上の課題に対応できる可能性がある。もっとも、そのような株式を信託財産とする信託のスキームを適法かつ有効に組成するためには、多様な法的論点を検討する必要が生じる。以下、スキーム組成上の主な法的論点を概観する。

(1)　脱法信託の禁止

　信託法上、法令によりある財産権を享有することができない者は、その権利を有するのと同一の利益を受益者として享受することができないとされている（脱法信託の禁止：信託法9条）。脱法信託の例として、外国人等の議決権比率が制限されている航空運送事業者（航空法）、NTT（日本電信電話株式

会社等に関する法律）、放送会社・通信事業会社（放送法・電波法）等の株式について、法令上の制限を潜脱する目的で設定される信託が挙げられている[6]。

　脱法信託に該当した場合の私法上の効果については、信託自体が無効になるという見解[7]と（特定の者が法令に違反してある財産権を享有する行為をした場合において、当該行為の私法上の効力までもが否定されるものでないときには）信託の私法上の効力までもが否定されるものではないという見解[8]に分かれている。後者の見解に関しては、信託に基づく受益権の享受が信託法9条と抵触する限度で否定されることになり、このように受益権を制限することによって、信託本来の目的が達成できなくなるのであれば信託そのものの効力が失われると説明されている[9]。このように脱法信託に該当した場合の効果については、通説的な見解が確立していない状況にあるが、いずれにしても脱法信託に該当することにより信託に関する私法上の効力が否定または制限されることになり、当事者の目的を達成することは難しくなってしまう。

　この点、規制上のニーズから信託を用いて議決権をコントロールしようとする場合において、そのようなスキームが実質的に規制に違反するものと評価されない限りは、脱法信託にも該当しないものと考えられる。他方、信託を用いたスキームが規制違反と評価される場合には、脱法信託として私法上の効力についても否定または制限されることになり得ると考えられる[10]。その観点からも、規制対応の目的で信託を用いようとする場合には、実務上、どのようなスキーム・条件であれば規制違反と評価されないかについて、規

6　道垣内弘人編著『条解信託法』59頁〔大村敦志〕（弘文堂、2017年）、新井誠編『キーワードで読む信託法』40頁〔堀口司也〕（有斐閣、2007年）。このほか、脱法信託の例としては、特許権の享有に関して日本国民が内国民待遇を受けていない国の国民が、日本において特許権の権利者となることを認めない特許法25条との関係で、そのような国の国民は、特許権を信託財産とする信託の受益者として当該信託の利益を享受することができないことが挙げられている（寺本昌広『逐条解説 新しい信託法［補訂版］』54頁（商事法務、2008年））。

7　新井誠『信託法［第4版］』179頁（有斐閣、2014年）。

8　寺本・前掲注6・54頁。

9　道垣内編著・前掲注6・60頁〔大村〕。

制を所管する当局との調整を含む慎重な検討が必要といえる。

(2)　信託銀行の議決権保有規制

前掲注3で述べたとおり、銀行には銀行法および独占禁止法により議決権保有規制が適用されることになる。ここで、信託の受託者が信託銀行である場合には、受託者に対しても銀行法および独占禁止法に基づく議決権保有規制が適用されることになる。そのため、受託者が信託財産として株式を保有すると、議決権保有規制の適用関係が論点となり得る。

もっとも、銀行法上、信託財産である株式に係る議決権については、一定の例外[11]を除き、議決権保有規制との関係で銀行が保有する議決権から除外される（銀行法16条の4第9項、2条11項、銀行法施行規則1条の3第1項2号）。この点、議決権コントロールのための信託のスキームにおいて、受託者が信託財産として保有する株式の議決権については、基本的に議決権保有規制との関係で銀行から保有する議決権から除外されることが想定される。そのため、受託者が信託銀行の場合であっても、通常、このような信託を受託することにより受託者が銀行法上の議決権保有規制に抵触することはないと考えられる。

また、独占禁止法に基づく銀行の議決権保有規制についても、「金銭又は

10　信託法9条の対象範囲について、同条は脱法的な信託一般を対象とするのではなく、同条が規律対象とするのは権利能力の制限に関する規定の回避にとどまるとした上で、脱法的行為のうち同条の適用対象とならないものについては、常に有効であることを意味するものではなく、脱法行為一般に関する法適用の原則に従って処理されることになるとする見解がある（道垣内編著・前掲注6・58頁〔大村〕）。これに対して、同条の対象は権利能力の問題に限られないことを論じる見解もある（道垣内弘人『信託法（現代民法別巻）』49頁（有斐閣、2017年））。仮に前者の見解が採用されたとしても、同条の対象とならない脱法的な信託については、公序良俗違反（民法90条）などの一般原則により効力が否定される可能性があり、私法上の効力が否定または制限され得ることに変わりはないものと考えられる。

11　金融機関の信託業務の兼営等に関する法律6条の規定により元本の補塡または利益の補足の契約をしている金銭信託に係る信託財産である株式については、受託者である信託銀行が保有する議決権と評価されることになる（銀行法施行規則1条の3第1項2号参照）。

有価証券の信託に係る信託財産として株式を取得し、又は所有することにより議決権を取得し、又は保有する場合」が対象から除外されており（独占禁止法11条1項3号）、議決権コントロールのための信託のスキームにおいて信託銀行である受託者が信託財産として株式を保有することもこれに該当することになる。もっとも、同号の場合において、受託者以外の委託者または受益者が議決権を行使することができる場合および議決権の行使について委託者または受益者が受託者に指図を行うことができる場合を除き、5％を超えて議決権を有することとなった日から1年を超えて議決権を保有しようとするときは、公正取引委員会の認可を受けなければならないとされている（同条2項）。そのため、具体的な状況によっては、かかる認可を受けてスキームを実施することの可否について検討することが必要となる[12]。

(3) 証券投資信託類似行為の禁止

証券投資信託（投資信託及び投資法人に関する法律（以下「投信法」という）2条4項）および受益権を分割して複数の者に取得させることを目的としない場合を除き、信託財産を主として一定の種類の有価証券に対する投資として運用することを目的とする信託契約を締結してはならない（証券投資信託類似行為の禁止：投信法7条）。議決権コントロールのための信託においては、有価証券である株式が信託財産となるところ、投信法7条の適用関係が論点となり得る。

12　この独占禁止法の規制について、次の①および②のいずれにも当たるものは、原則として、期限を付さずに認可することとされている（2002年11月12日付で公正取引委員会が公表した「独占禁止法第11条の規定による銀行又は保険会社の議決権の保有等の認可についての考え方」（2019年10月15日最終改正）第2・2）。
　①　株式発行会社の総株主の議決権に占める信託財産として所有等する株式を除く株式に係る保有等する議決権の割合が5％以下であること。
　②　信託財産として所有等した株式に係る議決権について、銀行勘定に係るものとは別個に行使し、かつ、これを担保するための社内体制の整備がされていること。
　ただし、認可の期間が1年を超える場合（認可に期限を付さない場合を含む）には、申請会社の毎年12月末日時点における議決権の分別行使に係る社内体制整備状況を速やかに公正取引委員会に報告することが求められている。

この点、受益者が単独となる場合（すなわち、受益権が分割されない場合）には、投信法7条に抵触することはない。他方、スキーム上、複数の者に受益権を取得させるような場合には、信託財産を主として有価証券に対する投資として運用することを目的とする信託契約と評価されないようにスキームを組成することが必要となる[13]。

⑷ 議決権行使に関する包括代理権の禁止・議決権信託に関わる議論

　会社法上、株主は代理人によって議決権を行使することが認められているが、代理権の授与は株主総会ごとにしなければならない（会社法310条2項）。そこで、信託のスキームにおいて、受託者が受益者のために信託財産に帰属する株式の議決権を行使することと、会社法310条2項の関係が論点となり得る。

　もっとも、株式は、信託財産として受託者に帰属することになり、受託者は、委託者または受益者の代理人として議決権を行使するのではなく、発行会社の株主として議決権を行使するものであって、直接的に会社法310条2項に抵触する状況が生じるわけではないと考えられる。その上で、信託のスキームが実質的に会社法310条2項に抵触するものと評価されて、その効力が否定されることとならないかが論点となる。

　ここで、関連する議論として、江頭憲治郎『株式会社法［第8版］』353頁（有斐閣、2021年）は、「議決権を統一的に行使するため株主が株式を一人の

13　一般的には、株式の管理・処分を目的として委託者が株式を信託し、信託期間中に信託財産において他の有価証券を取得することが想定されていない信託契約については、「信託財産を主として有価証券に対する投資として運用すること」を目的とするものではなく、投信法7条に抵触するものではないと考えられる。他方で、下記3⑴で述べる【信託勘定購入型】のスキームでは、当事者が金銭を信託した上で、信託財産によって株式を購入することになり、形式的に「信託財産を主として有価証券に対する投資として運用すること」に該当するようにも思われることから、このようなスキームにおいて受益権が分割される場合には、特に投信法7条との関係を慎重に検討することが必要となる。

受託者に対し信託するもの」を「議決権信託」とした上で、「議決権信託は、会社法310条2項の脱法行為のようにも見えるが、会社法310条2項は現経営陣が議決権行使の代理権限を会社支配の手段として濫用する等の危険性に鑑み必要以上に厳しい規制を置いたものなので、同規定の効力を議決権信託にまで当然に及ぼすべき理由はなく、同信託は一応有効と認めてよい」と論じ、「弱小株主の議決権を不当に制限する等の目的で用いられる場合には、会社法310条2項の精神に照らし無効となる場合がある」としつつ議決権信託が原則として有効となるという見解を示している[14]。また、従業員持株制度のもとにおける株式を対象とする信託契約の有効性が争われた大阪高決昭58.10.27（判時1106号139頁）では、裁判所が信託契約は無効であるとして委託者側の請求を認容しているが、信託契約を無効と判示した理由としては、①委託者兼受益者たる従業員は株式を取得する際に信託契約の締結を強制され、株主として契約を締結するかどうかを選択する自由がないこと、②信託契約の解除が認められていないこと、③株式信託制度が発行会社の関与のもとに創設されていることなどが挙げられている。

　これらの考え方は、本節で論じている議決権コントロールのための信託に対しても妥当すると考えられる。したがって、(a)株主自身の意思によらずに議決権などの株式に係る権利・権限が制限されることになる場合、(b)信託契約の締結が強制される場合、(c)株式の発行会社の意向によってスキームが組成されたり、議決権行使の内容に発行会社が関与したりする場合においては、株主の権利を不当に制限するものでないかといった観点から信託の効力について特に慎重な検討が求められると考えられる。この点、議決権コントロールのための信託については、通常は、一定の目的を達成するために、株

14　森田果「議決権拘束契約・議決権信託の効力」浜田道代＝岩原紳作編『会社法の争点』103頁（有斐閣、2009年）においても、同様の見解が述べられた上で、「議決権信託が広く活用されている米国においても、たとえば10年という信託期間の上限が会社法上定められていたり、信託契約の内容の開示が要求されていたりする場合があり、あまりに強度かつ永続的な拘束であったり、少数派株主を不当に圧迫していたりするような議決権拘束契約・議決権信託については、その有効性に対して疑義が投げかけられる可能性がある」と指摘されている。

主（となる者）が自ら自発的に議決権などの株式に係る権利・権限を制限することとなる信託を設定することが想定されるものであり、特別な事情がない限り、上記の点が深刻な論点にはなりにくいものと考えられる[15]。

(5) 公開買付規制・大量保有報告規制の適用関係

信託のスキームにおいて上場会社等の株式を対象とする場合には、委託者、受託者それぞれが株式を取得・保有することについて、受益者としての間接的な取得・保有も含めて、金融商品取引法（以下「金商法」という）上の公開買付規制（同法27条の２以下）および大量保有報告規制（同法27条の23以下）の適用関係を検討することが必要となる[16]。

その際、それぞれが独自に保有すると評価される議決権に加えて、受託者が委託者の特別関係者（金商法27条の２第７項）あるいは共同保有者（同法27

15　株式を信託財産とする信託において、特に信託の経済的利益の帰属主体とならない者が議決権行使の指図を行うことについては、エンプティ・ボーティングが論点として指摘されることがある（ただし、典型的には、本節で論じるような議決権コントロールのための信託ではなく、株式の保有者が議決権の保有は維持しつつ、経済的利益を切り離すことを目的として信託を利用しようとする場面で論じられる）。エンプティ・ボーティングとは、何らかの取引によって株主権について経済的利益と議決権を分離することによる、何らの経済的利益を伴わない議決権ないしその行使のことをいい（野崎彰ほか「金融・資本市場の観点から重要と考えられる論点─会社法制関係─」旬刊商事法務1906号36頁。なお、エンプティ・ボーティングに関する議論の状況については、白井正和「エンプティ・ボーティングをめぐる議論の状況とそこから得られる示唆」法律時報86巻３号12頁以下参照）、このような場面では、実質的に議決権を行使する者が会社の企業価値を向上させるインセンティブを持たず、会社法が期待しているような適正な議決権行使がなされない可能性が生じることになる。もっとも、会社法上、エンプティ・ボーティングを禁止したり、そのような状況での議決権行使を否定する明文の規定は設けられておらず、信託の経済的利益を収受しない者が信託財産である株式の議決権行使の指図をすることをもって、直ちに議決権行使の有効性が否定されるものではないと考えられる。この点、白井正和「信託を用いた株式の議決権と経済的な持分の分離」信託法研究39号90頁は、そのような信託において、実際に企業価値を下落させるような議決権行使がなされた場合に、特別の利害関係を有する者の議決権行使によって著しく不当な決議がされたことを理由とする、株主総会決議取消しの訴え（会社法831条）を認めることで対処する可能性を論じている。

16　信託財産として株式を保有する場合の公開買付規制および大量保有報告規制の適用関係については、拙稿「信託と金融商品取引法」新井誠ほか編『信託法制の展望』108〜109頁（日本評論社、2011年）参照。

条の23第5項）に該当する可能性についても留意が必要となる。

(6) 受託者の善管注意義務

　受託者は善管注意義務を負うところ（信託法29条2項、信託業法28条2項）、信託財産である株式についての権利行使・処分も善良な管理者の注意をもって執り行うことが必要となる。

　基本的には、受託者が信託契約の定めに従って議決権行使その他の信託事務を執り行う限り、善管注意義務の違反とはならないと考えられる。その際、仮に受益者にとって経済的に不利益な結果となる場合であっても、信託の目的と整合しているのであれば、原則として受託者が責任を負うものではないと考えられる。

3　信託契約の内容に関する主な検討事項

　次に、議決権をコントロールすることを目的とした信託を設定する場合に、当事者のニーズを達成するため、スキームおよび信託契約上、検討することが必要となる主な事項を解説する。以下では元の株式の保有者をX、取引後に株式を（実質的に）取得することになる当事者をY、信託を引き受ける信託銀行をZとして解説を行う（**図表2-3**参照)[17]。

図表2-3　議決権コントロールのための信託

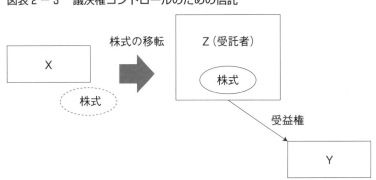

(1)　信託設定の方法・時期

　株式の移転と信託の設定のタイミングとして、株式を取得した上で信託を設定する方法（【取得先行型】）と、先に信託を設定した上で株式の移転を行う方法（【信託先行型】）があり得る。

　【取得先行型】のスキームでは、Yへの株式の移転が生じた後、YがZに株式を信託し、受益権を取得することになる。

　これに対して、【信託先行型】のスキームは、さらに【受益権移転型】と【信託勘定購入型】のスキームの2つの方法が想定できる。このうち、【受益権移転型】は、あらかじめXがZに株式を信託し、受益権を取得した上で、その受益権をYに移転する方法である。他方、【信託勘定購入型】は、あらかじめYがZに金銭信託をすることにより信託を設定し、受益権を取得した上で、Zが信託勘定によりXから株式を購入することによってスキームを組成するものである。

　特に規制対応との関係では、一時的にYが株式を保有する状態となることが許容されるかが論点となり、一時的にでもYが株式を直接保有する状態となることが認められない場合には、【信託先行型】のスキームでの対応を検討することが必要となる。

(2)　議決権行使方法

　信託財産に属する株式の議決権をどのように行使するか検討することが必要となる。

　まず、委託者（兼受益者）たるYの指図に従ってZが議決権を行使する【委託者指図型】のスキームがあり得る。この点、全面的にYの裁量によって指図を行うことができるとすると、Yから議決権を「遮断」することができないものと考えられる。もっとも、特定の種類の議案に限って指図を認めるなど議決権行使に関するYの指図権を一定の範囲に限って制限することに

17　なお、以下の記述については、前記1で記述した**事例①**および**事例②**がそのまま当てはまらない内容もある。

より、議決権をコントロールするという当事者のニーズを達成できる場合も
あり得よう。

　これに対して、Yから議決権を「遮断」するために、受託者であるZが自
らの裁量によって議決権を行使する【受託者裁量型】のスキームも考えられ
る。この場合、Zは善管注意義務をもって議決権を行使することが必要とな
る。そして、全面的にZが議決権行使の裁量を有することになると、その責
任の範囲も広いものとなり、実務上、Zは信託を受託しにくくなると考えら
れる。そこで、例えば、受託者が機関投資家として保有している株式に関す
る議決権行使基準を適用して議決権行使をすることや、投資運用業者などに
議決権行使の判断をゆだねること[18]によって、信託事務に関する受託者の裁
量の範囲を限定することにより、それに伴う責任も限定することが考えられ
る[19]。

　また、Yから議決権を「遮断」する別の方法として、信託財産に属する株
式の議決権は一律不行使とする【議決権不行使型】のスキームを採用するこ
とも検討されよう。

(3)　配当金の取扱い

　通常、Zが受領する株式の配当金は受益権の収益配当としてYに交付する
ことが想定される。

　もっとも、スキームの目的として、Yを議決権だけでなく株式の経済的な
利益からも「遮断」することが求められる場合には、Zが受領する株式の配
当金について、受益権の収益配当としての交付を行わず、信託に留保するこ
とが考えられる[20]。この場合、留保された配当金を最終的にどのように処理

18　誰が担い手となるかが論点となるものの、関係当事者からの中立性、独立性を有する
　者からなる第三者委員会的な機関を設置して、議決権行使の判断を行う仕組みも考えら
　れよう。
19　なお、議決権の行使内容や行使基準に関して、発行会社が関与することについては、
　前記2(4)で述べたとおり、慎重な検討が必要になる。
20　受益者に税務負担が生じる場合には、その限度で受益権の収益配当を行うなど、部分
　的に株式の配当金を信託に留保するようなスキームもあり得よう。

するか検討が必要となる[21]。

(4) 株式の処分の有無・トリガー・処分方法

当事者のニーズによっては、一定の場合に、信託財産に属する株式をYに交付するのではなく、市場で売却するなど換価処分をすることも考えられる。このような場合には、トリガー事由を定めた上で、その事由の発生によりZが株式の売却活動を行う【株式処分型】のスキームを採用すべきことになる。

この場合、どのような事由を売却活動を開始するためのトリガー事由とするか、また、トリガー事由が発生した場合に株式をどのように処分するかといったことがスキーム上の検討事項となる。

(5) 株式の交付の可否・トリガー

一定のトリガー事由を満たしたことにより、議決権を「遮断」する必要がなくなる場合には、受益権の償還として株式をYに交付し、信託を終了させることになる。

株式の交付がなされると議決権の「遮断」はできなくなるところ、当事者のニーズや規制上の要請を達成するために、どのような事由を株式交付のトリガー事由とするか、トリガー事由の発生の有無をどのように判定するかなどの点について慎重な検討が必要となる。

(6) 信託期間・終了時の取扱い

信託期間の長さをどのように設定するかについても論点となる。併せて、信託期間の満了その他の事由により株式交付のトリガー事由を満たすことなく信託が終了した場合、株式をYに交付するか、それとも換価処分した上で

---

21 配当金の取扱いについては、信託設定時点で委託者から受益者その他の第三者への贈与があったと評価されることにならないかなど、税務上の影響も考慮することが必要となる。

処分金をYに交付するか、信託終了時の株式の処理方法についても検討が必要となる。

　この点、議決権の「遮断」が強く求められる場合には、Yへの交付を許容するトリガー事由が発生することなく信託が終了した場合に、株式をYに交付することは適切ではなく、信託内で株式を換価処分した上で、処分金をYに交付することが考えられる。そのような場合、Yとしては信託が存続している間にトリガー事由が発生する可能性を高めるため、信託期間を長くすることを求めることが想定される一方で、一般に、信託銀行としてのビジネス上、Zとしては過度に長期間の信託を受託しにくいと考えられる。そのため、一定程度、長期間の信託の設定を当事者が求める場合には、信託期間の長さが当事者と信託銀行の間での交渉事項となる。

コラム ②　議決権コントロール信託―議決権「凍結」スキーム―

　議決権をコントロールすることを目的とした信託（「議決権コントロール信託」）は、経済的利益の帰属主体と議決権の行使主体を分離させるファミリービジネスにおける事業承継信託がイメージしやすいが、本コラムは本章第１節の議決権「凍結」スキームを中心テーマとする。

　議決権「凍結」スキームとは、株式への投資者による議決権行使を制限すべきとの要請がある場合、当該投資者を委託者兼受益者とし受託者に当該株式を保有させる信託スキームであって、受託者が当該株式の議決権の行使主体となり、当該投資者の意思によらずに、その議決権の行使・不行使を決めるものである。

　この議決権「凍結」スキームには、「法の要請に基づく」ものと「当事者同士の要請に基づく」ものに大別される。前者は、金融商品取引法に基づくTOB規制、銀行法・私的独占の禁止及び公正取引の確保に関する法律（以下「独占禁止法」という）の議決権保有規制や会社法の相互保有規制などにおいて法令に基づき一定量を超えた議決権の行使／取得／保有が制限されている場合であり、後者は、経営統合交渉中などにおいて当該経営統合の交渉を円滑に進めるために当事者同士の取決めによって議決権行使を制限することが要請される場合である［図表１］。

　このような要請に対して、信託を用いることで経済的利益の帰属主体と議決権の行使主体を分離させ、信託された株式に係る経済的利益の帰属主体を投資家（委託者兼受益者）としたまま、当該株式およびその議決権を信託銀行（受託者）に保有させ、投資者の議決権行使を凍結させることがソリューションとなり得る。

　みずほ信託銀行では、これまで、「法の要請に基づく」事例と「当事者同士の要請に基づく」事例のどちらの議決権「凍結」スキームも受託している。

[図表 I] 議決権の行使／取得／保有が制限される状況例

◆**法令の要請**による制限

法律（例）	所管官庁	制限・基準（例）
金融商品取引法	金融庁	◆TOB規制（3分の1ルール）—3分の1を超える場合、規制の対象
銀行法	金融庁	◆議決権保有制限（5％ルール）—5％超の場合、規制の対象
独占禁止法	公正取引委員会	◆議決権保有制限（5％ルール）—銀行（5％超）、保険会社（10％超）の場合、規制の対象
独占禁止法	公正取引委員会	◆企業結合規制—企業結合審査等の対象（企業結合集団に属する会社等が保有する株式に係る議決権を合計した割合が50％超または20％超かつ同割合の順位が単独1位、兼任役員が双方に代表権を有する等の場合） ◆事業支配力が過度に集中することとなる会社の場合等、規制の対象（会社グループ＜会社＋子会社（50％超）＋実質子会社（25％超50％以下で同割合の順位が単独1位）＞において事業支配力が過度に集中する場合等）
外為法 外国為替及び外国貿易法	財務省 経済産業省	◆外国投資家による対内直接投資等—審査付事前届出の対象等（非上場株式の取得、発行済株式総数の1％を超える上場株式取得等の場合）
会社法	法務省	◆相互保有規制—25％以上の場合、規制の対象
放送法／電波法	総務省	◆外国人株主制限（外資規制）—20％以上の場合、規制の対象
航空法	国土交通省	◆外国人株主制限（外資規制）—3分の1以上の場合、規制の対象
貨物利用運送事	国土交通省	◆外国人株式制限（外資規制）—3分の1以

業法		上の場合、規制の対象
日本電信電話株式会社等に関する法律	総務省	◆外国人株式制限（外資規制）—3分の1以上の場合、規制の対象

◆**当事者同士の協議**による制限[1]

・経営統合等の交渉を円滑に進める目的で、当事者同士の取決めにより、議決権を一定割合制限

　信託に拠出された株式は、委託者名義から受託者名義に変更となり、それに伴い議決権や配当受領権は受託者に移転する。

　通常の有価証券の信託スキームでは、もともとの株主（委託者兼受益者）が議決権行使指図し、受託者が信託株式の株主として発行会社に行使することとなる［図表2］。

　これに対し、議決権「凍結」スキームでは、株式を信託することで当該株式を委託者から受託者に移転させるとともに、信託契約上、委託者が受託者による議決権行使について指図権を有しないこととする。そして、受託者は議決権を行使しないこととするか、その裁量により行使することとして、委託者の意思から影響を受けずに、議決権の行使・不行使が決定されるようにする。これにより、当該株式に係る議決権の数は、委託者の議決権保有割合の算定にあたってその分子に算入されないこととなる。

　このような議決権「凍結」スキームは様々な事例において有用であり、本章第1節の設例をみてわかるようにそれぞれがユニークである。

　こうしたディールはすべて、当初から信託活用を前提に検討されたものではない。ある取引の実施を検討する過程において、クリアしなければならない法規制に直面した場合や、取引をそのまま実現しようとする

---

[1]　再生先企業に対して銀行団が企業再建ファンド信託を活用することもある。銀行から拠出された金銭で第三者割当増資を引き受けるものであり、この場合はエージェントの指図に従い、信託銀行が議決権行使等の株主権を行使する。

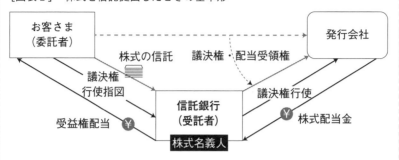

[図表2] 株式を信託拠出したときの基本形

と過大な違約金が発生したり、ディールブレイクしかねない当事者間の交渉上の課題が判明した場合に、1つの解決策として検討されるものである。すなわち、議決権「凍結」は、ビジネス上の取引を企図する企業が、上記のような様々な法規制上またはビジネス上の課題に経営マターとして対応した場合における、「いざ」というときのソリューションとなるものである。

　活用するには、監督官庁や相手方、リーガルアドバイザーやメインスキームのアレンジャー、アドバイザーなどと短期間で際（きわ）を見極め、ギリギリの線で着地させるために多様でベストな関係者をチームアップすることが成否に直結しよう。

　もっとも、このような「議決権コントロール信託」のスキームも、当然のことながら、その信託目的が正当なものでなければならない。

　この点、「議決権コントロール信託」をあらゆる場面で活用することを認めた場合、信託を用いて経済的利益の帰属主体と議決権の行使主体を分離させるという性質を利用した脱法行為や法の趣旨の潜脱を目的としたスキームにつながりかねない。そのため、信託により経済的利益の帰属主体と議決権の行使主体を分離させることで、形式面でのみ法の要請や当事者の要請にかなう形を整え、その実態においては脱法行為や法の趣旨の潜脱につながるような「議決権コントロール信託」の組成は厳

に回避すべきである。例えば、法令上の制限数量を超える議決権を保有していないようにみせかけるために信託スキームを活用し、タイミングを見計らって信託契約を解約することで制限を超える株式の交付を受けるような一時的な活用はできない。法令上の取得制限を超える場合、信託の活用時点で議決権を放棄しつつ、一定期間内に超過分を売却して委託者に株式が戻らない仕組み等を構築することになろう。

　このように信託目的の正当性を確保することが非常に重要であることから、金融庁や公正取引委員会などの監督官庁との対話や法学者や弁護士からそれぞれ複数のオピニオンを取得等して検討し、信託銀行（受託者）に対する世の中の信認や理解をベースに、信託銀行の経営レベルでのビジネスジャッジを経て取り組む事例も存在する。

　昨今、信託を活用することで法へ抵触していないことを明確にする目的で「議決権コントロール信託」のご相談をいただくケースがある。また、世の中の動きをみると、地域金融機関同士の経営統合のケースや、放送法・電波法や外為法における外資規制への抵触懸念が指摘されるケースの増加、日本を取り巻く地政学の変化等も踏まえた対内直接投資に関する規制の改正や経済安全保障の新制度導入が検討されている。「議決権コントロール信託」がすべての課題を解決するものではないが、信託銀行が第三者として議決権「凍結」スキームを提供すること等が、状況によってはソリューションとなる可能性がある。引き続き、フィデューシャリー・デューティを果たしつつ、ステークホルダーの皆さまのご理解を得ながら、信託ソリューションを提供できれば幸いである。

（石井孝史／みずほ信託銀行　ストラクチャードプロダクツ営業部）

第2節　事業承継における信託の活用

石綿　学／大石篤史／山川佳子
（森・濱田松本法律事務所）

　昨今、我が国において、企業の株式を大量に保有する創業株主などの個人株主がいかにして次世代へその株式や事業を承継させていくかという点が重要な課題となっている。創業株主などにおいて、生前に適切な手立てを計画的に講じておかなければ、死後、株式の分散が生じ、親族間の関係性によっては議決権行使がスムーズに行えないなど、企業運営に支障が生じることもある。そのような事態を未然に防止する手段として種類株式等を用いる方法も存するが、種類株式等では達成できない創業株主などのニーズも存する。この点、信託を用いることにより、より柔軟に創業株主などのニーズに対応し、世代交代後の企業経営の円滑化や企業価値の向上を図ることが可能となる場合もある。そこで、本節においては、事業承継の文脈において、どのように信託を用いることができるかについて検討を行う。なお、本節においては、上場、非上場を問わず、株式会社を対象とする。

1　信託を利用した事業承継の事例

　本節においては、①創業株主が株式を保有し、1人の後継者に承継させるケース（以下「**ケース①**」という）および②創業家一族において株式を分散して保有しているケース（以下「**ケース②**」という）という2つのケースを題材として取り上げ、検討を行う。それぞれのケースの内容は、以下のとおりである。

◆ケース①　創業株主が株式を保有し、1人の後継者に承継させるケース

〈事例〉

・X社（上場企業）の創業者であり、代表取締役であるAは、X社の発行済株式の35％を保有している［**図A**］。

・Aには、妻B、子C・Dがいる。

・Cには妻E、子Fがいる。

[図A]

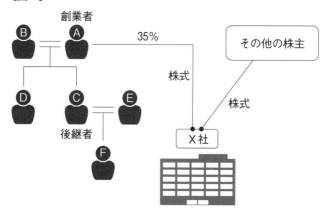

〈事業承継に関するAの要望〉

(1)　Aは、X社の企業価値を向上させるという観点から、Cを後継者とすることを検討しており、将来的には、X社の株式および経営権をCに承継させたいと考えている。Aとしては、X社の株価が長期的に上昇することが予想される中で、なるべく課税額を抑えることができる方法で承継を行いたいと考えている。

(2)　一方で、Aは、まだしばらくは経営権を保有しておきたい（直ちにCに承継させたくない）と考えている。

(3)　Aは、CおよびCの直系卑属のみにX社株式を承継させたいと考えており、万が一Cが亡くなった場合には、FのみにX社の株式が承継

されるようにしたい（Eには相続させたくない）と考えている。

〈考えられるスキーム〉

・Aが、自己が保有するX社株式を信託銀行に信託譲渡［図B］。

・当該信託の当初受益者はAとしつつ、タイミングをみて受益権をCに売却または贈与する。

・Aが信託銀行の議決権行使につき指図権を有する。Aの死亡後は、Cが指図権を有する。

・信託は、受益者連続型信託[1]とし、Cが死亡した場合には、Fが受益権を取得するものとする[2]、[3]。

［図B］

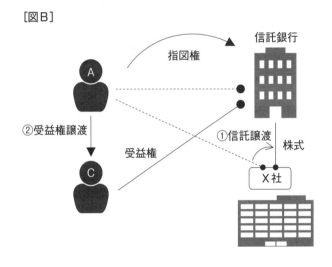

1 　受益者の死亡により、当該受益者の有する受益権が消滅し、他の者が新たな受益権を取得する旨の定め（受益者の死亡により順次他の者が受益権を取得する旨の定めを含む）のある信託をいう（信託法91条）。

2 　Aの意思を尊重するという観点からは、信託契約において、A死亡後にCが信託を終了させることができないようにする（具体的には、Cの解除権を認めない、後順位の受益者Fの承諾があるときに限りCによる解除を認める等）ことが考えられる。

3 　仮に、Fがまだ幼く、議決権行使を適切に指図できないような場合には、信託契約上、受益者代理人や第三者がFに対して議決権行使に関する助言を提供する仕組みを定めたり、議決権行使の指図権者を別途置くことが考えられる。

〈Aの上記の要望をどのように実現するか〉

	信託	（比較）遺言
(1)	（売買の場合）受益権を譲渡したタイミングでAに譲渡所得課税 （贈与の場合）受益権をCに贈与したタイミングでCに贈与税 （＝株価上昇前に課税額を確定できる）	相続発生時にCに相続税が課される（＝相続時には株価が上昇している可能性がある）
(2)	受益権をCに譲渡または贈与したタイミングで、Cに経済的権利（受益権の内容として配当等を収受できる権利）のみが移転。議決権については、指図権により、Aが引き続きコントロールする。	経済的権利と議決権の切り離しはできない。
(3)	受益者連続型信託を用いることにより、F（やそれ以降の後継者）を指定可能。	後継ぎ遺贈（第二次以降の受贈者をも指定した遺贈）の有効性には疑義がある。

◆ケース②　創業家一族において株式を分散して保有しているケース

〈事例〉

・Y社（上場企業）の創業家一族は一定程度のY社株式を保有しているが、相続が繰り返されたことにより、その株式は創業家一族間で分散している状態である［図A］。

・創業家一族間で株式が分散していることから、創業家一族において意思結集に時間がかかり、統一的な議決権行使がなされていないため、Y社に対する影響力が弱まっている。

〈事業承継に関する創業家一族の要望〉

(1)　Y社の経営陣に対して正当な影響力を行使することにより、Y社の企業価値向上を図るべく、創業家一族が保有する株式を集約し、かつ

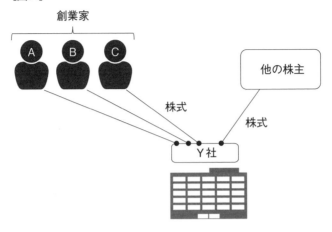

[図A]

創業家

A B C

他の株主

株式

株式

Y社

迅速に統一的な議決権行使をすることができる態勢を整えたい。

(2) 配当その他の経済的利益は各創業家メンバーが受け取るようにしたい。他方、Y社株式には多額の含み益が存在するため、譲渡所得課税が生じないようにしたい。

〈考えられるスキーム〉

・創業家一族が保有している株式を信託銀行に信託し、委託者兼受益者となる［図B］。

・受託者に対する議決権行使の指図権については、創業家一族の代表者が保有する。また、創業家一族から選出される複数の者により構成されるアドバイザリーボード（第三者を交えることも考えられる）が指図権を行使することも考えられる。

[図B]

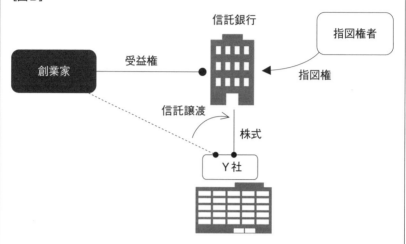

〈創業家一族の上記の要望をどのように実現するか〉

	信託	（比較）他の手法
(1)	代表者またはアドバイザリーボードによる迅速かつ統一的な議決権行使が可能。 指図権に基づき受託者が議決権を行使するため、決定した方針と異なる議決権行使がなされる心配がない。	【創業家一族の１人に株式を集約】 統一的な議決権行使は可能。 【株主間契約】 議決権行使の方針を定めた契約上の義務に違反して議決権行使がなされたとしても、会社法上、かかる議決権行使は有効となるのが原則である。その場合、実効的な救済手段が存しない可能性がある。
(2)	受益権の内容として、信託した持株数に応じた経済的利益を受ける権利を規定することができる。 原則として譲渡所得課税も生じないと考えられる（ただし、後記２(5)も参照）。	【創業家一族の１人に株式を集約】 譲渡所得課税が生じる。また、配当その他の経済的利益を全員が受け取れない。 【株主間契約】 配当その他の経済的利益は全員が受け取れる。譲渡所得課税も生じない。

2　事業承継と信託に係る論点

(1)　遺　留　分

a　論　　点

　兄弟姉妹以外の相続人は、遺留分として、相続財産に対し一定の割合で権利を有している（民法1042条1項）。例えば、**ケース①**において、将来、Aが死亡した場合、Bには1／4（＝1／2×1／2）、Dには1／8（＝1／4×1／2）の遺留分が存在する。**ケース①**においてAがCに対し受益権を贈与する場合には、当該贈与はBやDの遺留分を侵害する可能性があり、仮にこれらの者とCが対立関係にあった場合には、遺留分を侵害したという主張を受ける可能性がある。このように、事業承継の文脈においては、遺留分対策を講じる必要があるか、講じるとしてどのように対応するかを検討する必要がある。

b　遺留分制度の概要──2019年の相続法改正

　遺留分制度については、2019年に民法の改正があったため、その点について簡単に触れる。改正前は、遺留分を侵害された者は、「遺留分減殺請求」（旧民法1031条）をすることにより、遺留分減殺請求の対象物の全部または一部を自己に帰属させることができる効力が認められていた（物権的効果）。したがって、**ケース①**において、Cが信託受益権についてDから遺留分減殺請求を受けた場合、価額弁償（旧民法1041条）をしない限り、信託受益権の全部または一部がDに帰属する事態が生じ得た。これは事業承継にとって大きな弊害となり得たが、この点につき、2019年7月1日に施行された改正民法においては、遺留分が侵害された場合には、「遺留分侵害額請求」として金銭債権が生じるのみとなった（民法1046条）。したがって、仮に請求が認められたとしても、金銭請求にとどまり、信託受益権が準共有となる事態は直ちには生じない。もっとも、Cに十分な資力がなければ、結局のところ、受益権を代物弁済せざるを得ない場合も想定され、事業承継に支障が生じることとなるから、遺留分対策はなお必要となる場合が多いと考えられる。

c 受益者連続型信託の一部が公序良俗無効とされた裁判例（東京地判平30. 9 .12金融法務事情2104号78頁）

近時、受益者連続型信託の一部を公序良俗に反し無効とする裁判例が現れた。事案は大要以下のとおりである。すなわち、被相続人Hを委託者、次男Yを受託者とし、以下の受益者連続型信託契約が締結された。信託財産は、Hの所有する全不動産（収益不動産および非収益不動産）と現金300万円である。当該信託の当初受益者はHであり、H死亡後の第1順位の受益者を長男X（受益権の割合6分の1）、次男Y（同6分の4）、次女C（同6分の1）、第2順位の受益者を次男Yの子らとしていた。受益者が複数の場合には、受益者は、他の受益者に対し、最新の固定資産税評価額により計算した価額により受益権の取得請求が可能とされていた。Hが死亡した後に、長男Xが、次男Yに対し、遺留分減殺請求を行った。裁判所は、諸般の事情を考慮し、非収益不動産が信託に含まれたのは、外形上、Xに対して遺留分割合に相当する割合の受益権を与えることにより、これらの不動産に対する遺留分減殺請求を回避する目的であったと認定し、信託のうち、非収益不動産を目的財産に含めた部分は、遺留分制度を潜脱する意図で信託制度を利用したものであって、公序良俗に反し、無効（一部無効）であると判断した。

本判決は、上記のような特殊事情のもとに、信託において外形上遺留分割合に相当する割合の受益権が与えられていたとしても、遺留分制度を潜脱する意図で信託制度が利用された場合には、信託が無効となり得ることを示したものと考えられる。これに対し、**ケース①**のように、上場株式が信託財産の場合、継続的に配当が交付されることが通常であり、本判決で問題となった非収益不動産とは異なることなどから、本判決の射程は原則として及ばないものと考えられる。

d 遺留分対策

具体的な遺留分対策として、まず、(a)非後継者には遺留分放棄をさせる（民法1049条）ことが考えられる。この点、遺留分の放棄については家庭裁判所の許可が必要となるところ、実務上、非後継者に一定の財産交付が求めら

れるのが通例であり、一定のキャッシュアウトが生じることとなる。また、(b)X社株式以外に他の十分な財産が存在する場合には、非後継者にそれを承継させることが考えられる。ただし、遺留分の侵害の有無は、相続時の価額で決定されるため（最一小判昭51.3.18民集30巻2号111頁・金融法務事情795号39頁）、事前にどの程度の金額を承継させれば遺留分侵害とならないかについて予見することは困難となる場合もある[4]。

(2) 会 社 法

ケース①やケース②は、会社法上許容されるのであろうか。

この点、議決権行使の目的をもってする株式の信託は、原則として有効であると考えられているが[5]、信託契約を締結するかどうかを選択する自由が事実上存しない場合や、対象会社の役員がその地位を保全することを目的として長期間にわたって株式の受託者となる場合など、委託者あるいは受益者の議決権行使に関する権利を不当に制限していると評価されるような例外的な場合には、会社法の精神に反し、当該信託契約は無効となる可能性がある[6]。このため、委託者および受託者は、信託を行う目的の合理性を確保するとともに、信託によって株主の議決権行使が不当に制限されて対象会社のガバナンスがゆがむ等の弊害が生じないか、といった点に留意しながら信託を設計する必要がある。

上記のほか、代理権の授与は株主総会ごとにしなければならないとする会社法310条2項との関係も問題となる。しかしながら、受託者は、委託者ま

---

4 なお、「特例中小企業者」（上場会社はこれに含まれない）の事業承継については、所定の要件を満たせば、旧代表者、推定相続人および後継者の合意により、大要、贈与等された株式について、その価額を、遺留分を算定するための財産の価額に算入せず（除外合意）、また、贈与等された株式について、遺留分を合意（固定合意）することが可能である（経営承継円滑化法4条1項1号・2号）。

5 森田果「議決権拘束契約・議決権信託の効力」浜田道代＝岩原紳作編『会社法の争点』102頁（有斐閣、2009年）。

6 信託契約が無効とされた事例として、大阪高決昭58.10.27（判時1106号139頁）、大阪高決昭60.4.16（判タ561号159頁）。

たは受益者の代理人として議決権を行使するのではなく、発行会社の株主として議決権を行使するものであるから、会社法310条2項の文言に抵触するわけではない。実質的にも、同条項の趣旨は、議決権代理行使が会社支配のために濫用されるのを抑制することにある[7]ところ、**ケース①**や**ケース②**においては、対象会社の企業価値向上を目的とし、会社支配のために濫用がなされるものではないことから、基本的に、同条項に抵触するものではないと考えられる。

次に、**ケース①**や**ケース②**においては、株式の議決権行使の決定権者と当該株式に関する経済的利益が帰属する主体が分離するため、エンプティ・ボーティング（株式の経済的価値に利益を有しない者が議決権を行使すること）に該当するのではないかという点も一応問題となり得る。しかしながら、そもそも現在の会社法上、エンプティ・ボーティングを規制する規定は存在しない。また、エンプティ・ボーティングの問題は、株主において、株価下落リスクを負わない状態で議決権を行使することが可能となることにより、企業価値の向上とは無関係に、私的利益の追求を目的として議決権が行使される結果、会社の企業価値が損なわれたり、他の株主の利益が侵害されたりするおそれがあることにある[8]。これに対し、**ケース①**や**ケース②**においては、対象会社の企業価値（ひいては株主利益）の向上を目的として信託が行われている限り、エンプティ・ボーティングという観点で特段問題にはならないという整理が可能であるように思われる。

(3) 金融商品取引法その他の規制

a 公開買付規制

信託財産が上場株式の場合、公開買付規制（金融商品取引法（以下「金商法」という）27条の2第1項）の適用があるかが問題となる。**ケース①**および

---

7 岩原紳作編『会社法コンメンタール(7)』182頁〔山田泰弘〕（商事法務、2013年）。

8 野崎彰ほか「金融・資本市場の観点から重要と考えられる論点―会社法制関係―」旬刊商事法務1906号36頁、森田・前掲注5・103頁。

ケース②いずれの場合においても、㋐信託譲渡時、㋑受益権の売買時、㋒信託終了時の残余財産給付において問題となり得るため、それぞれについて検討する必要がある。

まず、㋐信託譲渡時については、現物出資による株式の取得も公開買付規制の対象となる「買付け等」（買付けその他の有償の譲受け）に該当するものとされていることからすれば[9]、信託譲渡も「買付け等」に該当し、公開買付規制の対象となるのが原則であると考えられる。もっとも、**ケース①**や**ケース②**において、受託者が信託業者であり、かつ、議決権行使権限・指図権・投資権限を有しない場合に該当する場合には、公開買付規制の対象とならないと考えられる[10、11]。

次に、㋑受益権の売買時について、立案担当者によれば、「株券を信託したうえで、その信託受益権を譲渡するような場合において、当該信託が終了した際に信託受益権の譲受人が当該株券を取得するのであれば、信託受益権の譲渡契約には、信託受益権の譲渡のみならず、株券の譲渡まで実質的に含まれているものと考えられる」と解されている[12]。したがって、そのような建付けとなっている信託の受益権の譲渡は、株券の「有償の譲受け」に該当する可能性が存する。そのため実務上は、形式的基準による特別関係者（金商法27条の2第1項柱書ただし書）への譲渡などの公開買付規制の適用除外事由を利用することを検討することとなろう。

9　金融庁「証券取引法等の一部を改正する法律の一部の施行に伴う関係政令の整備等に関する政令案に対するパブリックコメントの結果について」（2004年11月12日）。

10　信託業者が信託財産として所有する株券等は、当該信託業者が議決権行使権限・指図権や投資権限を有しない場合には、株券等所有割合の分子に加算されないこととなる（発行者以外の者による株券等の公開買付けの開示に関する内閣府令7条1項1号）。この場合には信託譲渡の対象となる株式の数にかかわらず、信託譲渡後の株券等所有割合が3分の1を超えないこととなる。

11　なお、**ケース②**の場合には、委託者以外の者（アドバイザリーボード等）が議決権行使の指図を行うことが想定されているが、「買付け等」の主体は指図権者ではなく信託銀行であるため、委託者以外の者が議決権行使の指図を行うことのみをもって、公開買付規制の対象とはならないと解するのが合理的であるように思われる。

12　池田唯一ほか編著『新しい公開買付制度と大量保有報告制度』50頁（商事法務、2007年）。

最後に、㈨信託終了時の残余財産給付について、立案担当者によれば、組合における残余財産の分配に関しては、組合に対する出資によって取得した地位に対して行われるものであることから、有償性が認められるとの見解が示されている[13]。これと同様に考えれば、受託者から受益者に対する株式の給付には有償性が認められることとなる。これに対し、組合の解散に伴う残余の組合財産の分配としての株券等の取得が自らの意思に基づくものではない場合には、規制の対象とすることが取得者に酷であることから、「買付け等」に該当しない余地があると解されている[14]。かかる解釈を参考に、信託終了時の残余財産給付についても、受益者の意思に基づかない場合には「買付け等」に該当しないと解することも検討に値しよう。

b　インサイダー取引規制

信託財産が上場株式の場合、㈠信託譲渡時、㈡受益権の売買時、㈨信託終了時の財産交付それぞれについて、インサイダー取引規制の対象となるかが問題となる。

まず、㈠信託譲渡がインサイダー規制の対象となる「売買等」（売買その他の有償の譲渡または譲受け）に該当するかが問題となる。この点、株式会社における現物出資は、株式を対価に株式を譲り受ける行為であるため、「売買等」に該当すると解されている[15]。そのため、X社・Y社株式の信託譲渡も「売買等」に該当するのが原則であると考えられる。もっとも、委託者兼受益者が引き続き指図権を有し、配当も受領でき、他方、受託者は当該上場株式を処分することができず、信託終了後においては委託者兼受益者に償還されるような信託については、実質的に委託者兼受益者が株式等を保有しているのと変わらず、インサイダー取引規制の趣旨である一般投資家との不公平の解消を問題とする意義に乏しいことから、「有償」ではないと整理する

13　三井秀範＝土本一郎編『詳説　公開買付制度・大量保有報告制度Q&A』18頁（商事法務、2011年）。

14　三井＝土本編・前掲注13・18頁。

15　横畠裕介『逐条解説　インサイダー取引規制と罰則』44頁（商事法務研究会、1989年）。

ことも検討に値する。

　次に、(イ)受益権の売買時について、「特定有価証券等」の売買に該当するかが問題となる。この点、一定の受益証券[16]は「特定有価証券等」の定義に含まれているが、それ以外の信託受益権は「特定有価証券等」の定義に含まれていない。したがって、それ以外の信託受益権について、金商法の文言上、インサイダー取引規制の対象である「特定有価証券等」そのものに当然に該当するわけではない。もっとも、例えば、上場株式のみを信託財産とする信託受益権の売買等であって、信託財産に含まれる株式の売買等と実質的に同視することができる場合には、インサイダー取引規制の潜脱とならないかについて慎重な検討を要する。

　最後に、(ウ)信託終了に伴う残余財産給付については、投資タイミングのコントロールという観点から、X社・Y社株式の給付が受益者自らの意思に基づかない場合には、インサイダー取引規制の対象とならないという整理も検討に値する。

　なお、実務的には、仮にインサイダー取引規制の対象とされるおそれがある場合には、クロクロ取引（金商法166条6項7号、167条5項7号）や知る前契約・計画（金商法166条6項12号、有価証券の取引等の規制に関する内閣府令（以下「取引規制府令」という）59条1項14号、金商法167条5項14号、取引規制府令63条1項14号）の適用除外を利用する方向で検討することとなろう。

c　投資信託及び投資法人に関する法律上の規制

　投資信託及び投資法人に関する法律（以下「投信法」という）上、何人も、証券投資信託を除くほか、信託財産を主として有価証券に対する投資として運用することを目的とする信託契約を締結し、または信託宣言によってする信託をしてはならないとされている（投信法7条本文）。

16　自社株投資信託に係る受益証券（金融商品取引法施行令27条の4第1号、33条の2第1号）や、受益証券発行信託の一類型である「有価証券信託受益証券」で、当該上場会社等の特定有価証券を受託有価証券とするもの（金融商品取引法施行令27条の4第5項、33条の2第5項）。

この点、受益証券発行信託以外の信託であって受益権を分割して複数の者に取得させることを目的としないものについては、規制の対象外である（投信法7条ただし書）。**ケース①**のような場合には、受益権が単独の者により保有されていることから、規制の対象外となるものと考えられる。

　また、受益証券発行信託の一類型である「有価証券信託受益権」に関しては、例えば、信託された有価証券の管理を行うことのみを目的としており、当該有価証券の処分等が行われないこと等により、「主として有価証券に対する投資として運用する目的」と認められない場合には、投信法7条に抵触しないとの見解が示されている[17]。**ケース②**につき、信託契約上、株式の処分が禁止されるか、限定的な場合にしか処分が認められていないような場合には、「主として有価証券に対する投資として運用する目的」に該当せず、投信法7条に抵触しないものと考えられる。

（4）　信託期間

　ケース①の受益者連続型信託については、信託法上、存続期間が定められている（信託法91条）。

　他方、受益者連続型信託および受益者の定めのない信託（信託法259条）以外の信託について、信託法上、信託期間に係る規制は存在しないが、民法上、あまりに長期にわたる信託は公序良俗に反し無効とされる懸念もある。特に**ケース②**のような場合には、信託期間が長期でなければその目的を達成することができないことから、信託契約上は信託期間について特段の規定を設けないことが考えられるが、かかる対応が公序良俗に反するかという点は論点となり得る。この点、信託は、信託の目的を達成したとき、または達成することができなくなったときに終了し（信託法163条1項1号）、また、信託行為の当時予見することのできなかった特別の事情により、信託を終了することが信託の目的および信託財産の状況その他の事情に照らして受益者の

17　金融庁「金融商品取引法制に関する政令案・内閣府令案等のパブリックコメントに対する金融庁の考え方」（2007年7月31日）582頁。

利益に適合するに至ったことが明らかであるときには、裁判所の命令により終了することとされている（同法165条）。このように、信託について強制的な終了事由が定められていることにかんがみれば、信託期間についての特段の規定を設けずとも、当然には公序良俗に違反しないと考える余地はあるように思われる。

(5) 課税上の問題

ケース②においては、複数委託者が同時にＹ社株式を信託譲渡することから、委託者が保有する株式の一部（自己保有割合を超える部分）を他の委託者に譲渡したとして、その含み益に譲渡所得課税が生じるのではないかとの懸念が存在する[18]（**図表２－４**上段）。

図表２－４　課税上の問題点

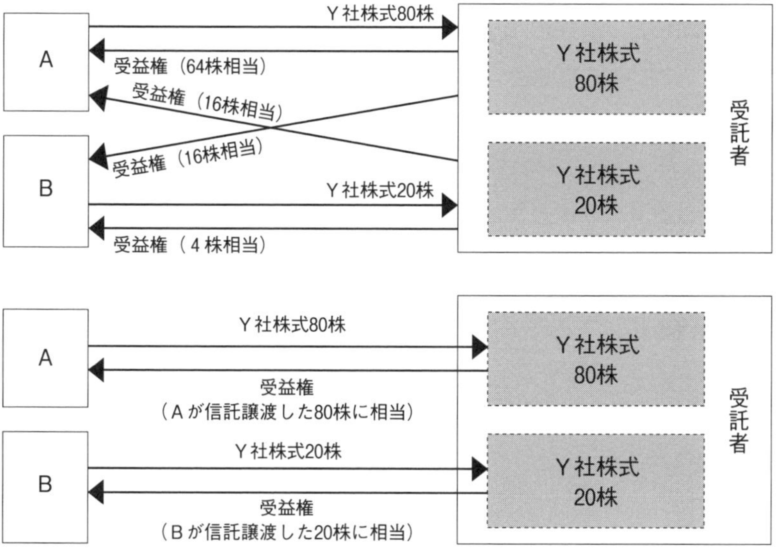

18　民法上の任意組合につき、組合員が現物出資する際に同様の問題を指摘するものとして、東京共同会計事務所編『ビークル［事業体］の会計・税務［第２版］』61頁（中央経済社、2008年）参照。

以上の課税リスクを避けるためには、信託譲渡されたY社株式と取得する受益権の内容との紐付きを明確にする必要がある（**図表2－4下段**）。具体的な方法としては、例えば、(i)信託契約においてAの受益権およびBの受益権にそれぞれ対応するY社株式を特定する、(ii)株券を発行し、株券番号により受益権との紐付けを行う[19]、(iii)受託者である信託銀行のシステム上で株式と受益権を紐付けて管理する、(iv)A・Bがそれぞれ別の信託契約を締結する、(v)A・Bが株式を信託し、それによって取得した受益権を再度信託する、等の方法も検討に値する。

(6)　ファミリーガバナンス

　ケース②においては、ファミリーガバナンスの観点から信託契約の内容を検討する必要がある。例えば、以下のような内容について、信託契約に規定することが考えられる[20]。

・ファミリーガバナンスの内容（家訓・家憲を含む）
・指図権行使に係る意思決定の方法（誰が、どのようなプロセスを経て決定するか等）
・アドバイザリーボードの構成（権限、人選、任期等）
・信託からの離脱のメカニズム（どのような理由で離脱を認めるか、その際の手続等）

3　最後に

　以上、本節においては、事業承継における信託の利用において典型的に問題となる論点を紹介した。もっとも、創業株主や創業家のニーズは多種多様であり、上記の各規制に留意しつつ、それぞれのニーズに基づき信託契約の内容を検討することが肝要である。我が国において、事業承継の文脈で様々

19　ただし、上場会社においてはこの方法を採ることは困難である。
20　なお、ファミリーガバナンスについては、森・濱田松本法律事務所編『変わる事業承継』（日本経済新聞出版、2019年）も参照されたい。

な信託の活用事例が生まれていくことを期待したい。

　昨今、「ファミリービジネス」が注目を集めている。従来、同族企業やオーナー企業と呼ばれていた企業を、ファミリービジネスとして捉え直し、強みや課題に注目する動きが広がっている。欧米では、学術的にも研究が進んでおり、ファミリービジネスを、オーナーシップ（所有）、ビジネス（経営）、ファミリー（一族）の３つの構成要素の集合体として捉えるスリーサークルモデルもその１つである［図表１］。

[図表１]　ファミリービジネスの構成要素

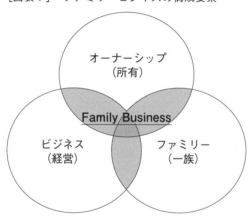

　ファミリービジネスというと非上場の同族経営を想起するが、実際には上場企業にもファミリービジネスは多い。ファミリービジネスについて明確に定義されたものはないが、所有と経営が一致しているという点に着目し、上場企業の上位10株主に社長・会長の苗字が含まれているケース（以下、上場ファミリービジネス）を抽出すると、実に東証１部の約40%が該当する。東証２部やJASDAQ、マザーズになるとさらにその比率は高くなる［図表２］。上場企業であっても、所有と経営が一致しており、ファミリービジネスといえる企業は多いものと考えられる。

[図表2]　上場市場におけるファミリービジネス

上場市場	全体	ファミリービジネス	
	企業数	企業数	比率
東証1部	2,185社	873社	**40%**
東証2部	470社	205社	**44%**
東証JQ・マザーズ	1,009社	596社	**59%**
地方	106社	54社	**51%**
合計	3,770社	1,728社	**46%**

注：上場企業を対象に、SPEEDAの上位10位株主情報（FY20末時点）を抽出し、「代
　　表者（社長）」「会長」の苗字（もしくは氏名）が、有価証券報告書（半期報告
　　書含む）中の大株主情報に含まれる企業をファミリービジネスと機械的に判別
出所：SPEEDAより、みずほ信託銀行作成

　ファミリービジネスは、所有と経営が一致していることから、迅速な
意思決定や、機動力のある経営が強みとされている。実際、上場ファミ
リービジネスと一般企業の株価や効率性を示す指標としてROAやPBRを
比較すると、ファミリービジネスが一般企業を大きく上回っている［図
表3］。

　また、2020年3月頃、新型コロナウイルス感染症の広がりを受け、一
時的に大きく株価が下げた局面があったが、その後の相場回復時には、
いち早くファミリービジネスが株価を戻している。実際、上場ファミ
リービジネスとその他の企業の株価変動率をみると、顕著にファミリー
ビジネスの回復が早く、当時、日経新聞においても「社長が大株主　株
価底堅く」として取り上げられており、ファミリービジネスの持つ強み
が現れている一面といえるだろう（本書参考資料　新聞記事10「社長が大
株主　株価底堅く」（259頁）参照）。

　一方、ファミリービジネスは抱える課題も多い。株主である創業家
ファミリーや経営者間で紛争になる事例は多数報道されており、いわゆ
るお家騒動をきっかけとして企業価値を大きく毀損した企業の例も多

ROAの推移（中央値／時価総額500億円以上）

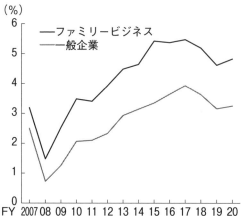

注：ファミリービジネスの定義は前頁同様。ROA分子
　　は親会社株主に帰属する当期利益。
　　FY20末時点で時価総額500億円以上の企業を対象。
出所：SPEEDAより、みずほ信託銀行作成

PBRの推移（中央値／時価総額500億円以上）

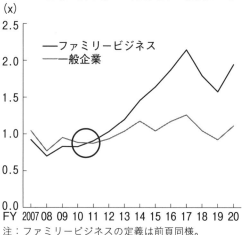

注：ファミリービジネスの定義は前頁同様。
　　FY20末時点で時価総額500億円以上の企業を対象。
出所：SPEEDAより、みずほ信託銀行作成

い。また、ファミリーが大株主であるということは、それだけ株主が持つ財産価値も大きいということであり、大株主の相続時等に発行体企業が自己株式を取得し、企業の財務に負の影響を与える事例もある。

　上場ファミリービジネスは、一般企業にはない特有の強みと課題を抱えている。ファミリービジネスの強みを伸ばしながら、課題を克服するためには、常日頃から意識的にファミリービジネスマネジメントに取り組むことが重要である。本章第2節の「事業承継における信託の活用」にあるように、ファミリービジネスにおける、ファミリーガバナンスには信託の活用が有効である。ファミリービジネスの強みを伸ばし、課題を克服するために、信託が今まで以上に多様に活用されていくことを期待したい。

（八木啓至／みずほ信託銀行　企業戦略開発部）

コラム ④ **歴史に学ぶ事業承継**

　日本には、世界最古の株式会社金剛組（578年創業）[1]を筆頭に、ギネスに世界最古のホテルとして認定されており武田信玄や徳川家康の隠し湯とも伝えられる慶雲館（705年創業）[2]、上場企業で最も創業が古い松井建設（1586年創業）など、創業100年以上存続している会社が33,076社（世界シェア41.3％）あるとの調査結果がある[3]。創業200年以上は1,340社（世界シェア65.0％）にもなる。日本には数多くの長寿企業が存在し、その企業の多くはファミリービジネスといわれている。

　ファミリービジネスは永続的に継続することを目的とし、いかにして次世代へ財産や事業を承継させるかは重要な課題である。本コラムでは、戦国武将を例として事業承継の成功のポイントを考える。

　［図表1］にみるように、上杉謙信、武田信玄、織田信長、豊臣秀吉と名だたる戦国時代の英傑も、自らの死後、後継者に盤石の時代を引き継ぐことに失敗したといえる。

　自らの死後の「争族」を避けるための遺言を残すことができなかったこと、後継者指名が亡くなる直前となり家臣の意思を統一できなかったこと、後継者を指名していたものの、その後継者と一緒に死亡してその次の後継者を指名していなかったこと、などが承継の失敗の一因だろう。そうした失敗を踏まえ、生前に年齢の若い子供を後継者として家臣に認めさせ、また自らの死後に後継者のサポート役となる有力者組織を構築したところまでは良かったが、当該有力者の内の1人の離反を防ぐ

1　https://kongogumi.co.jp/enkaku.html
2　https://www.keiunkan.co.jp/overview/
3　日経BPコンサルティング・周年事業ラボ「2020年版100年企業〈世界編〉」参照。世界で最も100年企業が多いのは日本で3万3,076社。世界の創業100年以上の企業の総数、8万66社の41.3％を占めた。2位は米国1万9,497社（24.4％）、3位はスウェーデン1万3,997社（17.5％）。創業200年の1位は日本1,340社、比率は2,051社中65.0％。2位は米国239社（11.6％）、3位はドイツ201社（9.8％）。

[図表 I] 戦国武将の次世代への承継の成功・不成功の例

1. 後継者を指名しないまま**突然死**「**上杉謙信享年48**」
   - 後継者を巡る 2 年に及ぶ内乱（御館の乱）により隣国の干渉を招き、版図を縮小
   - 景勝は家を守ったものの、最終的には米沢の一大名に→**遺言さえ残さなかった失敗事例**

出所：長野市立博物館所蔵

2. 今際の際に後継者指名を行うも、家臣団の信認を構築できず**滅亡**「**武田信玄享年51**」
   - 勝頼は武田家臣団との信頼関係を最後まで構築できず長篠→天目山で自滅
   →付け焼刃の遺言が機能しなかった失敗事例

出所：長野市立博物館所蔵

3. 41歳で長男に家督を譲り後継者を明示するも内部反乱により**長男共々自害**「**織田信長享年47**」
   - 嫡男信忠は二条城で抗するも衆寡敵せず自刃、清須会議で秀吉が実権掌握
   →次の次＝ 第三受益者 **を決めていなかった失敗事例**

出所：泰巌歴史美術館所蔵

4. 後継者を明示、五大老を設け支援を約させるも、死後離反を招き**滅亡**「**豊臣秀吉享年61**」
   - 家康に後見を託すも、大坂夏の陣で秀頼は自刃、生前設けた枠組は機能せず
   → 議決権行使委員会 **は設けたが「執行を担保できなかった」失敗事例**

出所：長野市立博物館所蔵

5. 62歳で将軍職を譲り大御所として260年に及ぶ天下**承継の礎を構築**「**徳川家康享年73**」
   - 秀忠を後継者として明示し将軍職承継の道筋を確立、自身も長生
   →堅確な承継とガバナンスの枠組を構築、実践した成功事例

出所：長野市立博物館所蔵

出所：みずほ信託銀行ストラクチャードプロダクツ営業部

手立てがなかったことで失敗したケースもある。

　一方、自身が長生きし、後継者への承継を早い段階から実施しながらガバナンス制度を構築、身内を要職に就けてサポートさせることで、自

らの死後起こり得るリスクをヘッジした徳川家康は承継に成功した。

　では、承継が思うようにいかなかった戦国武将たちが、現代において信託を活用したらどうだったであろうか。「事業承継信託（受益者連続型）」「事業承継信託（議決権留保型）」や「議決権行使委員会型事業承継信託」は、ソリューションになり得るだろう。

事業承継信託（受益者連続型）

　事業承継信託（受益者連続型）とは、経営者が生前自らを第一受益者としてその保有する株式について設定する信託であって、自らの後継者を第二受益者として指定するとともに、さらにその後の後継者について数世代の受益者を指定することが可能なものをいう。これを利用する

[図表2]　事業承継信託（受益者連続型）スキーム図

事業承継信託（受益者連続型）
① 社長は自社株式を信託銀行に信託し、第一受益者となる。
　　信託設定時に第二受益者を長男、第三受益者を二男と指定。
② 生前は社長（第一受益者）が受益権保有し、議決権を行使。
③ 相続時には第二受益者である長男が受益権を取得。
④ 第二受益者である長男に相続発生した場合には、第三受益者である二男が受益権を取得。

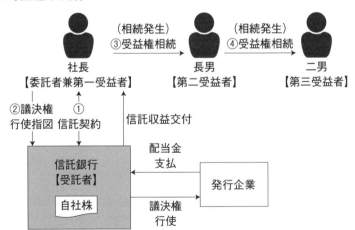

と、自身の相続発生後に承継者となる第二受益者の指定に加え、第二受益者の相続発生後の承継者となる第三受益者を指定することができる[図表2]。また、第三受益者をまだ生まれていない孫とすることもできる。例えば、A社社長は、長男に子がおらず、将来的に長男の妻に株が相続されることを懸念している場合に、一族外への議決権流出防止を図るために事業承継信託（受益者連続型）を設定し、将来、長男に子（社長の孫）が誕生した場合には第三受益者を長男の子に変更することや、長男相続発生時に子がない場合には別の者を第三受益者に指定できることから、次の次の後継者を明確にすることで争族リスクを軽減することが可能となる。

事業承継信託（議決権留保型）

事業承継信託（議決権留保型）とは、経営者がその保有する株式について信託を設定して、その受益者を後継者とするものの、受託者が行う当該株式に係る議決権の行使について、委託者である経営者が指図権を有するものをいう[図表3]。これを利用すると、社長が、生前、その保有する株式に関する受益権を後継者に贈与するものの、議決権は社長（贈与者）に留保することができる。社長は、生前において、経営権を維持しつつ、早い段階で後継者に株式に係る受益権を贈与することができることから、後継者を明確にして争族リスクを軽減することが可能となる。

[図表3] 事業承継信託（議決権留保型）スキーム図

事業承継信託（議決権留保型）
① 社長は自社株を信託銀行に信託設定し、受益者を後継者とする信託契約を締結。
② 後継者は信託設定時に議決権行使指図権限を社長に委任することで社長は議決権を留保。
③ 後継者の中途解約の申し出には社長の同意要。

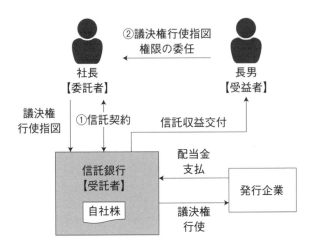

議決権行使委員会型事業承継信託

　議決権行使委員会型事業承継信託とは、経営者がその保有する株式について信託を設定し、第一受益者となるとともに、その死後における第

[図表4]　議決権行使委員会型事業承継信託

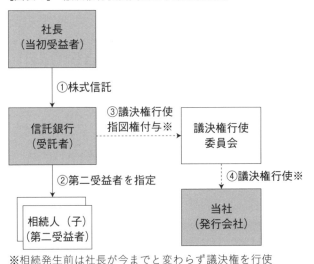

※相続発生前は社長が今までと変わらず議決権を行使

二受益者も指名するものであって、経営者の死後における受託者による議決権行使について、議決権行使委員会の決定に基づく指図に従うものとされているものをいう［図表4］。これを利用すると、社長の相続発生後、第二受益者による議決権行使に不安がある場合に、安心して任せられるメンバーからなる議決権行使委員会に行使させることができる仕組みであり、例えば、第二受益者である子らが若年等の理由から社長の相続発生時に会社経営にタッチしていない親権者等による議決権行使を避けることができる。いつまでも委員会に任せるのではなく、第二受益者が成年し一定の年齢に達すること等を信託終了事由とするのが通常である。この信託を活用することで、相続発生による会社経営の混乱を一定程度回避することが可能となる。

スタートアップ企業等の創業者への保険としての信託

事業承継信託は、多様な場面で有効だと考えている。その例として、スタートアップ企業をA氏とB氏が共同して創業し事業を成長させているケースが挙げられる。仮に、A氏、B氏が大学生・大学院生で起業し、事業が順調に成長し始めた頃、A氏に万が一のことがあった際、A氏に配偶者と子はいるが、子は幼く、配偶者は会社の事業を全く理解していないとき、A氏が持つ株式の議決権行使に不安はないだろうか。

事業承継信託を活用すれば、共同創業者同士、自分に万が一のことがあった際には、経営に関与していない配偶者や幼い我が子が相続した株式の議決権行使を、もう一方の共同創業者に任せる仕組みを作ることができる。創業者の年齢が若いときには、事業を成長させることに注力していることもあり、なかなか事業の承継に気が回らないことではあるが、こうした「議決権たすき掛け型の事業承継信託」が転ばぬ先の杖となる。事業を成長させるためにあらゆる工夫をしている起業家が、万が一のときの保険として議決権行使の指図権を信頼できる方にお渡しする仕組みであり、こうした仕組みを組み入れた事業承継信託の活用は、万

が一のことがあったとしても、事業が継続的に成長する一助となるもの
と期待される[4、5]。

ファミリービジネスの企業価値の向上や未来への承継

　日本には創業100年以上の企業が世界で最も多い。ファミリービジネ
スが3代100年の壁を越えて何代も継続するには、変化に対応するため
の多様な取り組みを行い進化することが重要であることは論を俟たな
い。事業承継のやり方自体も、従来型の事業承継である「権力集中型」
に加えて新しいモデルの「集団統治型」が選択肢の1つに増える等、変
化の時を迎えているといわれている[6]。

　ファミリービジネスの未来への承継に向けて、信託銀行は、①株式の
承継者を次の次まで指定できること、②議決権行使を安心できる者や委
員会に任せることができること等が可能となるようにするため、上記の
ような各種事業承継信託に係るサービスを提供している。それ以外に
も、信託銀行は、その第三者的立場を活かし、次のサービスでファミ
リービジネスの企業価値向上や承継に対して貢献できよう。

　企業が継続する過程においてはいくつもの危機を乗り越える力が必要
であり、そのような危機に直面した場合、ファミリービジネスが進む方
向を指し示す家訓やファミリー憲章等が有効である。キッコーマンの創

4　大学発スタートアップ企業が、大学にライセンスの対価を現金で支払うことが困
　難な場合、ライセンスの対価を現金に代えて株主等で支払うことがある。株主等を
　取得した大学はインサイダー取引規制に留意しながら売却することになるが、その
　際、有価証券処分信託を利用するケースがある。
5　平成18年度文部科学省21世紀型産学官連携手法の構築に係るモデルプログラム成
　果報告書として、2007年3月に東京農工大学産官学連携・知的財産センターが「大
　学等の株式取得等に係る学内規則及びその適切な運用のためのガイドラインの策定
　において」をまとめた。国立大学法人等が寄附およびライセンス対価として株式等
　を取得できるようになったことを受けたものであり、学内規則（案）とガイドライ
　ン（案）を作成した際、みずほ信託銀行がヒアリングを受け、株式等の売却手法の
　検討に寄与した。大学等の寄附の促進や研究成果の活用拡大に貢献していれば幸い
　である。
6　森・濱田松本法律事務所編『変わる事業承継』（日本経済新聞出版、2019年）。

業家の１つである高梨家が1661年に創業し、創業８家が1917年に合併した際に、各々の家に残されていた家訓を基に1926年に成文化した家憲は17条からなり、現在に至るまで承継の基本となっている。同族と経営との関係については、①創業８家のキッコーマンへの入社は１家から１人に限定する、②社長は一番経営能力のある者を選ぶ、③創業家は社長人事には口出ししない、といったルールが存在するが、それらが結果的に、創業家一族の甘えを排除し、組織発展の原動力となった[7]。自社の価値観や理念を書面化しているファミリービジネスは、世界平均の44％に対して日本は18％にとどまるが[8]、ファミリービジネスの価値観を共有しガバナンスを円滑化するためには書面化は有効であり、日本でもファミリービジネスが拠って立つ家訓等の指針を書面化する例が増加している。こうした家訓作りや、親族間のコミュニケーションの場として有効に活用されている家族会議などに、第三者として信託銀行が加わることで議論が深まることがある。

　こうした家訓等の議論を通じて、ファミリービジネスにおける社会的責任が自覚される場合がある。戦国時代に織田信長が楽市楽座を制定し商業が盛んになったのは近江の国であり、近江商人の有名な経営哲学の１つが「三方よし」である。売り手、買い手が満足するだけにとどまらず、社会のためになるべきという理念であるが、ファミリービジネスが地域社会への貢献を行い、事業を継続してきたケースがある。社会貢献、人材育成の理念のもとに私立学校を設立している企業やその創業者がいることは広く知られているし、最近でも高い志を持った創業者のもと、そうしたプロジェクトが進んでいる。また、創業者の名前を冠した財団法人を設立し、地域や人材育成に貢献する事例もある[9]。財団の活

7　森・濱田松本法律事務所編・前掲注６。
8　PwC「ファミリービジネスサーベイ2021　日本分析版」。また、事業承継計画を定め、文書化し、周知しているファミリービジネスは、世界の30％に対して日本は15％にとどまる。COVID-19を受けてこの計画を修正したファミリービジネスは、世界の９％に対して日本は３％。

動資金支援に資する信託プロダクトは、株式の寄附等に関して株式を信託銀行が管理し、議決権行使に関する指図権をオーナーに留保する「社会貢献活動支援信託」や、指図権を信託銀行に移す「財団信託スキーム」などがある。

　2011年の東日本大震災の被災地のファミリービジネスの経営者は、「今まで100年続いたのは、お客さん、取引先、地域など周りの人から助けられてきたから。だから今度は私たちが周りの人たちに恩返しをする」と語ったという[10]。PwCの調査によると、我が国のファミリービジネスの65％は、地域社会への貢献や慈善活動などの社会貢献活動に取り組んでいる[11]。

　また、ファミリービジネスにおけるコーポレート・アイデンティティ（CI）の確立は、企業価値の向上と未来への承継に資するだろう。日本では1970年代からCIの本格的な導入が始まった。CIコンサルティングの父ともいわれる中西元男氏が率いるPAOSは、CI導入・見直しを通じて、「企業経営を変える」「製品のブランド力を高める」「企業フィロソフィーを形にする」「大企業の体質を変える」「ビジュアルで価値向上をはかる」「中小企業を活性化する」といったことに取り組んできた[12]。事業を成長させるため、課題を解決するため、そして、新事業を世の中に出す際の社会的価値を創出させるために、ファミリービジネスがCIに取り

9　例えば、2017年にゴールドウインが設立した公益財団法人ゴールドウイン西田東作スポーツ振興記念財団は、富山で創業したゴールドウインの企業理念「スポーツを通じて、豊かで健やかな暮らしを実現する」を実現するため、スポーツの振興に関する事業の推進を図り、すべての人がスポーツを等しく楽しめる共生社会の実現に寄与することを目的として、「障がい者スポーツの振興」「青少年スポーツの振興」「富山県におけるスポーツの振興」を柱とした助成を公募している。

10　PwC「ファミリービジネスサーベイ2016　日本分析版」20頁（後藤俊夫「ファミリービジネスが100年続くための4つの視点」）。

11　PwC「ファミリービジネスサーベイ2021　日本分析版」。日本のファミリービジネスの65％は、社会的責任を果たす何らかの活動に従事している（世界では74％）。その主流は、ベンチャー・フィランソロピーやインパクト・インベストメント（日本7％、世界25％）ではなく、地域社会への貢献や慈善活動である。

12　中西元男『コーポレート・アイデンティティ戦略』（誠文堂新光社、2010年）。

組むことの有効性は、取り組み事例[13]をみれば疑いがない。CIの導入・見直しは、単なるロゴマークの制改定ではなく、創業の経緯・創業者の哲学や姿勢・それが今に与えている影響・企業としての歴史やDNAなどを調査した上で行うもので、企業の存立理念や経営方針を問い直すことにつながる。信託銀行は、ファミリービジネスにおいてCIの導入・見直しによる企業価値向上を検討する上でもその推進を様々な面でサポートできよう。

信託銀行の価値

　ファミリービジネスの事業成長に、家訓、家族会議、社会貢献の取り組み、CIなどは有効な役割を果たす。信託銀行は、信託プロダクトの提供や次世代を含めたファミリーのサポートを行うことで、ファミリービジネスの企業価値を高め、これを未来に承継させることに貢献する。

　事業承継信託は、相続発生時の創業家と会社の対立、議決権行使における混乱や株主構成の変更等による混乱を回避することを一定程度可能にする。このような信託は、信託期間が長期となることから、受託者である信託銀行が長期のパートナーとして信頼され得るものであることが前提となることはいうまでもない。そして、信託銀行が信頼される第三者として、ファミリー間・世代間の将来に向けた取り組みに立ち会うことが、そうした取り組みを推進するための一助になろう。

　これからも、信託をご利用いただく目的やご家族・会社への想いを未来につないでいくこと、事業承継の円滑化、そして企業のサステナビリティに貢献を続けていく。

　　　　　　（石井孝史／みずほ信託銀行　ストラクチャードプロダクツ営業部）

13　中西・前掲注12。ファミリービジネスの事例は、松屋銀座、ベネッセコーポレーション、INAX、ブリヂストン、AOKI、ドトールコーヒー、フジミツ、下関酒造、アグリックスその他。

第3節 信託による株式の議決権の行使主体と経済的利益の帰属主体の分離
―信託法と会社法との交錯―

藤池智則／髙木いづみ／関口　諒／山内達也
（堀総合法律事務所）

　本章第1節および第2節ならびに第3章第2節および第3節では、テーマは異なるものの、株式の議決権の行使主体と経済的利益の帰属主体が分離（decoupling）するに至る信託[1]が取り上げられ（本節ではこのような信託を便宜上「デカップリング信託」と呼称する）、各々のテーマに応じて、信託法の適用が会社法、金融商品取引法、独占禁止法等の適用と交錯する場面がみられる。そこで、本節では、デカップリング信託について、その社会的有用性を踏まえた上で、主として信託法と会社法の適用関係を整理することを試みる。

1　デカップリング信託の有用性

　デカップリング信託の典型例は、議決権信託である。議決権信託とは、議決権の行使の目的をもってする株式の信託的譲渡をいう[2]。我が国では、議決権のみを株式本体から切り離して譲渡することはできず、議決権のみの信託的譲渡も認められない[3]。しかし、株式の保有者が、委託者兼受益者として、これを受託者に信託的譲渡すれば、株式の経済的利益の帰属者は委託者

1　委託者兼受益者が株式について信託を設定すると、受託者が株式の所有者となりその議決権を行使することとなるが、委託者兼受益者は、受託者の議決権行使に関する指図権がなければ、実質的にみても、議決権の行使主体ではなくなる。

2　四宮和夫『信託法［新版］』133頁（有斐閣、1989年）。

3　鈴木竹雄「議決権信託の効力」同『商法研究Ⅲ会社法(2)』97頁（有斐閣、1971年）。

兼受益者としつつ、議決権の行使主体を受託者とすることが可能となる。これにより、会社の複数の株主権を1箇所に集積して、議決権の統一的行使を実現することが可能となる[4]。議決権信託と同様の目的は、議決権行使に関する債権的合意である議決権拘束契約でも達成し得るが[5]、議決権拘束契約に違反する議決権行使も会社との関係では有効と解されることから、当該合意の実効性を高めるため、議決権信託が行われる場合がある[6]。本章第2節の事業承継信託は、事業承継の場面における議決権信託の活用例といえ、例えば、創業家の株式が受託者に信託され、その創業家メンバーに受益権が与えられ、創業家の代表者等に受託者の議決権行使に関する指図権が与えられることが可能となる。

　デカップリング信託は、議決権信託以外にも、様々な目的で設定され得る。本章第1節で取り上げた議決権コントロールのための信託では、法令上の要請または当事者間の交渉上の要請等に基づき、株式を信託することにより、株式保有者の議決権を切り離してコントロールすることが可能となる。また、第3章第2節で取り上げるスクイーズアウト取引における信託の活用では、受託者が複数の買収者間の合意に沿って議決権行使をすることが想定されている。さらに、第3章第3節で取り上げる企業結合規制における信託の活用では、企業結合規制において問題解消措置を確約するため、当事会社が対象事業に係る株式を信託して受託者に議決権の行使をゆだねる信託スキームが検討されている。その他の例として、持合解消信託（株式流動化信託）[7]等も挙げられる。

　このように株式の議決権の行使主体と経済的利益の帰属主体を分離させる

4　四宮・前掲注2・135頁。

5　議決権拘束契約の一般的な有効性については、かつては議決権の人格権的側面を強調して無効とする見解もみられたが（松田二郎『株式会社の基礎理論―株式関係を中心として』（岩波書店、1942年）664頁以下参照）、通説は有効とする（鈴木竹雄＝竹内昭夫『会社法［第3版］』（有斐閣、1994年）239頁注(4)参照）。

6　森田果「議決権拘束契約・議決権信託の効力」浜田道代＝岩原紳作編『会社法の争点』103頁（有斐閣、2009年）参照。

7　持合解消信託については、後掲注41参照。

ことにより、様々な社会的要請に応じた金融商品や仕組みを作り出すことが可能となる。以下、こうしたデカップリング信託について、信託法および会社法の観点から検討する。

2 信託法の観点からの検討

(1) 受託者の利益享受の禁止（信託法 8 条）

まず、デカップリング信託が、受託者による議決権の行使を通じて、「専ら受託者の利益を図る目的」のものであれば、信託はそもそも不成立となり（信託法 2 条 1 項）、また、信託設定後に、専ら受託者の利益を図る目的のものとなった場合は、同法 8 条違反となるため、達成すべき目的とは観念されず、同法163条 1 号の信託目的の達成不能により信託は終了する[8]。しかし、例えば、議決権信託が、受託者の会社経営に対する影響力を高めることにより、会社の企業価値を向上させて信託財産たる株式の経済的価値を高める目的のものであれば、信託設定後に、委託者と受託者との間で会社経営に関する見解が相違するに至ったとしても、受託者が株式の経済的価値を高めるために議決権行使をしていないと認められるものでない限り、専ら受託者の利益を図るためのものとはいえず、同法 2 条 1 項および 8 条に違反しないと考えられる。

(2) 脱法信託・脱法的信託

次に、デカップリング信託が、法令上享受できない株式・議決権を受益者に享受させようとするものであれば、脱法信託（信託法 9 条）として無効となる可能性がある[9]。また、脱法信託でなくとも、脱法的行為を行うことを目的とする信託は、潜脱する法の目的・趣旨に応じて、公序良俗違反（民法

---

8 道垣内弘人『信託法（現代民法別巻）』47頁（有斐閣、2017年）。
9 信託法 9 条に違反する信託が当然無効となるわけではないが、規制の趣旨や信託目的との関係で、無効となる可能性がある（寺本昌広『逐条解説 新しい信託法［補訂版］』53～54頁（商事法務、2008年））。

90条）として無効となる余地がある[10]。

(3) 信託期間の制限

デカップリング信託のうち、特に議決権信託は、受託者による会社支配への影響力を高めるためのものであるから、信託期間が長期となりがちである。しかし、我が国では、受益者の定めのない信託については、信託期間を20年とする上限があるものの（信託法259条）、それ以外の信託一般については、特段の規制はなく、ただ、受益者連続型信託に関して同法91条が一定の期間制限を定めているにとどまる。すなわち、同条では、受益者の死亡により当該受益者の受益権が消滅し他の者が新たな受益権を取得する受益者連続型信託に関して、信託設定時から30年を経過した時以後に現に存する受益者が信託契約の定めにより受益権を取得した場合であって当該受益者が死亡するまでまたは当該受益権が消滅するまでの間、その効力を有するとしているが、そのほかに信託一般に関する期間制限の規定はない。

a　英米法の永久権禁止則（rule against perpetuity）

この点、英米法上、受益権が受益者に帰属するまでの期間の制限に関しては、永久権禁止則がある。伝統的な永久権禁止則は、ある権利は、その設定時点の生存者の余命に21年を加算した期間の満了までに帰属・取得が確定するよう設定されない限り、無効とするものであり、その趣旨は、財産の市場流通性の確保、世代間の公平な財産利用の促進、富の集中の防止といった点にある[11]。しかし、永久権禁止則は、受益権の確定的帰属が拘束許容期間内に起こらない可能性がある場合でも、その期間内に帰属しないことが確実になるまでは有効なものとして取り扱う「待って見よ」の法理（wait and see rule）によって変容した[12]。さらに、基準の明確性が図られるべきこと、委

10　道垣内弘人編著『条解信託法』58頁〔大村敦志〕（弘文堂、2017年）。

11　木村仁「委託者の意思と信託の変更について」信託法研究33号89頁、93〜95頁。

12　英国のPerpetuities and Accumulations Act 1964。1986年に公表された米国のUniform Statutory Rule Against Perpetuities。

託者の意思をできるかぎり尊重すべきこと、信託の変更・終了を柔軟化することにより受益者を保護することが可能であること等にかんがみ、永久権禁止則は緩和または廃止されつつある[13]。

b 我が国の信託法における信託契約の期間の制限

　我が国の解釈論としては、2007年の新信託法（平成18年法律第108号）施行前の見解ではあるが、四宮和夫教授は、受益権が受益者に帰属するまでの期間が相当期間を超える場合だけでなく、信託財産の処分を禁止して収益だけを受益者に与える信託の存続期間が相当期間を超える場合も、その超過部分の信託は、物資の融通を害し国民経済上の利益に反することとなるため、民法90条により無効となると解する。その一方で、信託の存続期間を永久と定めた場合でも、信託財産の処分を禁止せず、ただその代位物を信託の拘束に服させるにすぎない場合は有効と解する[14]。

　これに対して、新井誠教授は、他益信託については、上記の新信託法により新設された同法91条の30年という考え方を重要なメルクマールとして信託期間を制限すべきとする一方で、自益信託については、自己の所有権行使の一形態というべきものであるから、期間制限は不要とする[15]。

c 近時の裁判例

　長期の議決権信託の有効性に関しては、東京地判平31.1.25（Westlaw Japanデータベース（2019WLJPCA01258009））が参考となる。事案の概要は次

13　英国のPerpetuities and Accumulations Act 2009では、基準の明確性の観点から拘束許容期間は信託設定時から125年間とされ（木村仁「イギリスにおける「2009年永久拘束及び永久蓄積に関する法律」の意義と課題」法と政治62巻1号Ⅱ108～111頁、David Hayton et al, Law of Trusts and Trustees（19th ed.), para11.9）、また、米国では、受託者による信託財産の処分が禁止されなければ、永久権禁止則を適用しないとする州が増加している（木村・前掲注11・92頁、107～108頁）。

14　四宮・前掲注2・152～154頁。能見善久『現代信託法』25頁（有斐閣、2004年）も、信託によって法人代替機能を実現しようとする場合は、存続期間の制限は不合理であるが、投資目的で信託が使われる場合は、受益者による投下資本の回収のため、信託受益権を譲渡できるか、信託が一定期間で終了して受益者が利益配分を受けることができる必要があるとする。

15　新井誠『信託法［第4版］』93頁（有斐閣、2014年）。

のとおりである。

　香港に本店が所在する外国会社A社は日本国内の上場会社であるB社の創業者一族の資産管理会社であり、B社の発行済株式総数の約67.9％を保有している。A社の発行済株式総数のうち約43.5％はX、約9.8％はXの妹Y、約46.3％はXおよびYの父親でB社の創業者であるCが保有していたところ、Yが保有するA社の全株式をXに信託する旨の株式管理処分信託契約（以下「本件信託契約」という）を締結した。その後、Yが本件信託契約の有効性について争うに至ったことから、XがYに対し、本件信託契約が有効であることの確認を求めて提訴した。

　Yは、本件信託契約は、以下の条項が含まれており、Yにとって一方的に著しく不利なものであるとして、公序良俗に反し無効であると主張した。

① 信託期間が30年であって、YはXの承諾なく受託者Xを解任できない。
② Yは本件信託契約を解除できない。
③ Xが信託目的の達成に必要がある場合に利益相反行為をすることができる。
④ Xがその裁量で信託財産であるA社株式の議決権を行使でき、Yに指図権はない。
⑤ Xがその裁量で信託財産であるA社株式を処分できる。
⑥ 信託の変更に関する信託法149条3項が適用されない。

　これに対して、前掲東京地判は、①のうち解任権の制限、②の解除権の制限、③の利益相反取引、および⑥の信託の変更の制限については、当事者間で別段の定めをすることを信託法自体が明文で許容しているとし（同法31条2項1号、58条3項、149条4項、164条3項）、また、①のうち信託期間を30年間とすること自体は同法91条の文言からも同法が予定しており、その期間のみを捉えて不当と評価することもできないとし、さらに、④指図権の不存在および⑤処分権の付与については、信託法においてそのような合意をすることは禁止されていないとして、Yの主張を排斥した。控訴審（東京高判令元.7.10公刊物未登載）も、ほぼ同様の理由で、Yの控訴を棄却し、令和2

年7月14日の最高裁の上告不受理決定をもって上記判決が確定した。

　最高裁は実体的判断を行っていないものの、第1審および控訴審の意義は、本件信託契約は信託法の規定に違反しないことから私的自治の範囲内のものとし、また、信託法91条を参照して30年という信託期間のみを捉えて不当とはいえないとした点にある。ただ、本件信託契約の準拠法は日本法であったものの、A社の設立準拠法は外国法であったことから、我が国の会社法の観点からの判断はなされていない。

(4)　長期間でかつ解約制限付きの議決権信託の有効性

　議決権信託は、議決権を受託者に結集させ、会社経営に対する影響力を高める点に意義があることから、契約期間が短期またはいつでも解約可能なものであれば、実効性が乏しいものとなる。解釈論としては、①我が国の信託法上、信託一般の存続期間について明示的な制限がないこと、②既述のとおり、四宮教授も、一律の存続期間を設定せず、「相当期間」を超過したか否かにより有効性の判断をしていることにかんがみると、信託一般に関して一律の存続期間の制限を課すべきではないと解すべきように思われる。このような解釈は、既述のように、英米法上、永久権禁止則が緩和・撤廃される方向にあることとも整合的であると考えられる。

　この点、新井教授は、既述のように、他益信託の存続期間については、信託法91条を根拠に、30年を1つのメルクマールとする一方で、自益信託については、存続期間の制限を否定する。しかし、同条は30年という期間自体を信託期間として制限しようとしているわけではなく、信託期間が100年ほどになることを想定して規定されていることにかんがみると[16]、30年のメルクマールが適当ではない事例もあり得る[17]。また、自益信託の場合でも、信託

16　寺本・前掲注9・262頁。
17　中田直茂「事業承継と信託」ジュリスト1450号25頁は、事業承継目的の株式管理信託における議決権信託について、通常は無償譲受人たる受益者の利益が著しく害されているとはいえないとする。

設定当時の事情が時の経過に伴い大きく変更したときなど、委託者兼受益者を当該信託に基づき長期に拘束するのが不当となることもあり得る。

したがって、自益信託・他益信託にかかわらず、個別具体的な事案において信託期間が相当期間を超過して受益者の利益を著しく害するものとなった場合に限り、当該超過分の信託を公序良俗に反して無効と解すべきではなかろうか。

このような立場に立つと、上記裁判例は、信託期間が30年であっても、控訴審の口頭弁論終結時点において信託設定後3年ほどしか経過しておらず、受益者の利益を著しく害するものとなったとは認められなかったため[18]、設定当時の当事者の意思を尊重して信託の有効性を認めたものと評価できよう。もっとも、当該信託がその後長期にわたり存続して受益者の利益を著しく害するものとなった場合は無効となる余地があるものと思われる。

では、どのような場合に信託期間が相当期間を超過して受益者の利益を著しく害するものとなったといえるか。この点、長期の信託契約であって契約の解除が制限されているものでも、①裁判所による受託者の解任（信託法58条4項）、②裁判所の命令による信託の変更（同法150条1項）、③裁判所の命令による信託の終了（同法165条1項）の各規定に基づき信託契約を変更または終了させることが可能である。また、受託者の善管注意義務違反等に対しては、④受託者に対する損害賠償請求（同法40条）や⑤受託者の行為の差止請求（同法44条）に基づき受益者の利益を保護することも可能である。したがって、これらの信託法上の手段を考慮しても、なお議決権信託が受益者の利益を著しく害するものとなったときに限り、信託契約は無効になるものと解すべきように思われる。そして、その判断にあたっては、信託財産が株式であることにかんがみると、会社法の観点からの検討も必要となる。

18　控訴審判決は、控訴人が、本件信託契約を締結した2017年5月頃までの間、A社の株主として、株主総会において議決権を行使したり、配当を受けたりしたことはなかったことを認定している。

3 会社法の観点からの検討

(1) 米国における議決権信託に関する議論

議決権信託については、我が国では、米国のように多くの判例がなく、ま
た、会社法上の明文規定もない。そこで、まず、米国における議決権信託の
議論を参照する[19]。

米国では、19世紀後半、議決権信託の有効性を否定する裁判例が多く現れ
ていたが[20]、その後、裁判所の態度が変化し、一定の条件下で議決権信託の
有効性を認めるようになり[21]、現在ではすべての州で議決権信託を認める制
定法が発効しているとされている[22]。

また、こうした制定法において、かつて多くの州で信託期間の上限が設定
され[23]、そのうち多くの州で上限が10年とされていたが[24]、現在では上限の
設定がない州が多い[25]。

さらに、制定法に反する議決権信託についても、可能な限り有効とする傾
向にあり[26]、制定法上の上限期間を超える議決権信託についてその超過する
範囲で無効とする裁判例もある[27]。

もっとも、制定法上の要件ではないが[28]、従前から多くの事件で、目的の
適法性が議決権信託の有効性に影響を与えている[29]。目的の適法性を肯定し

19　米国における議決権信託の議論については、吉本健一「議決権信託に関する若干の法
　　的問題点」阪大法学95号69頁以下、砂田太士「アメリカにおける議決権信託」福岡大学
　　法学論叢37巻1号1頁以下、島本英夫「アメリカ成文法上の議決権信託制度」同志社法
　　學13号1頁以下、菱田政宏「米国会社法における議決権信託」立命館法學（18）70頁以
　　下、松元暢子「米国における議決権信託の利用」トラスト未来フォーラム研究叢書『商
　　事信託法の現代的課題』81頁以下（2021年）等が詳しい。
20　議決権と受益権を切り離すこと自体が公序良俗に反するとされていた（Shepaug
　　Voting Trust case（Bostwick v. Chapman, 60 Conn. 553, 24 A. 32（1890））参照）。
21　Coleman Burke, *Voting Trust Currently Observed,* 24 Minn. L. Rev. 347, 351（1940）
22　5 Fletcher, *Cyclopedia of the Law of Corporations*, §2080.10.（Permanent ed., rev.
　　vol. 2019). *See* Model Business Corporation Act §7.30.
23　18A Am. Juris. 2d *Corporations* §962（2d. rev. vol. 2015）
24　Fletcher, *supra* note 22, §2080.10. 現在も議決権信託の期間を10年とする例として、
　　Cal .Corp. Code §706、N.Y. Bus. Corp. Law §621、Ohio Rev .Code Ann. §1701.49.

た裁判例としては、有価証券の発行による資金調達のために投資家にとって
の魅力を向上させるべく一定期間の会社の事業の安定および継続の確保を目
的とするもの[30]、競合事業者が会社の支配を獲得するのを妨げることを目的
とするもの[31]、多数派株主が会社の経営をコントロールすることを目的とす

---

25 例えば、Del. Code. Ann. Tit 8 §218は1994年に、La. Rev. Stat. Ann. §12:78（15年）
は2015年に、NC. Gen. Stat. § 55-7-30は2018年に期間制限を撤廃した。かつての模範事
業会社法では、議決権信託について発行日から10年を超えない期間有効とされていた
が、かかる制限は2013年の改訂で削除された。その理由について、米国法曹協会は、改
訂前の模範事業会社法における議決権信託に係る10年の期間制限を設けていた際の懸念
が、議決権信託の有効性について緩和的な態度を取る制定法および裁判例が登場したこ
とで妥当しないこととなった状況を反映したとコメントしている（The Corporate
Laws Committee, ABA Section of Business Law, *Changes in the Model Business
Corporation Act - Proposed Amendments to Section*7.30 &7.32 *Removing Automatic* 10
Year Limit, 68 The Business Lawyer, 157, 158-159（2012））。ここでの10年の期間制限
を設けていた際の懸念が具体的に何を指すのかはかかる米国法曹協会のコメントでは明
らかにされていないが、議決権信託の有効性について否定的な見解が指摘していた議決
権信託の弊害が長期にわたって継続することを指すものと考えられる。議決権信託の有
効性について否定的な見解としては、例えば、議決権信託の有効性に関する文献で頻繁
に参照されているBallantine氏の論文では、外部者や少数株主の個人的な利益追求を目
的として、長期にわたって当該外部者や少数株主に会社支配権を固定し、それらの者に
何らの義務も負担させずに制限のない裁量的な権限を付与するものであり、かつ、会社
にとっての利益もないようなスキームの組成に用いられることを問題視している
（Henry W. Ballantine, VOTING TRUSTS, THEIR ABUSES AND REGULATION, 21
Tex. L. Rev. 139, 153（1942））。

26 1 O'Neal & Thompson, *Close Corporations and LLCs: Law and Practice* §4:17（Rev.
3d ed. rev. vol. 2020）

27 Martin v. Graybar Elec. Co., 285 F.2d 619（7th Cir. 1961）一方で、制定法上の議決権
信託の上限期間を遵守していない議決権信託を公序良俗に反するものとして無効とした
例もあるが（Bamford v. Bamford, Inc., 279 Neb. 259, 777 N.W.2d 573（2010））、上記の
とおり2013年の模範事業会社法の改訂で議決権信託に係る10年の期間制限が撤廃されて
いることや2010年以降も制定法上の議決権信託の期間制限を撤廃する州が現れているこ
とを勘案すると、今後もかかる裁判例のような厳格な取扱いがなされるかは定かではな
い。また、かかる裁判例も、議決権信託契約上で10年の期間制限を明示していなくと
も、当該契約に係る契約条項から当該議決権信託が10年以内に終了することが明らかで
あれば議決権信託は有効となる余地があることを認めている。

28 O'Neal & Thompson, *supra* note 26, §4:17.

29 Vance, Annotation, *Validity voting trust or other similar agreement for control of
voting power of corporate stock,* 98 A.L.R. 2d 376§7［a］（1964 & cumulative
supplement）

30 Mackin v. Nicollet Hotel, 25 F.2d 783（8th Cir. 1928）

31 Tompers v. Bank of America, 217 A. D. 691, 217 N.Y. S. 67（1st Dep't. 1926）

るもの[32]などがある。他方、目的の不法性が認められた裁判例としては、議決権信託の当事者である一部の集団に不公正な利得ないし利益を付与することを目的とするもの[33]、不法に会社の事業を妨げ、会社と株主の間の協和的な関係を妨げることを目的とするもの[34]、多数株主の議決権を封じ込める仕組みを用いて、当該仕組みを構築したグループの恒久的な経営支配を目的とするもの[35]などがある。

このように、米国では、議決権信託について、信託期間の制限は撤廃される方向であるが、その目的が不公正な会社支配にあること等の理由により不法なものであれば、無効となる可能性がある。

(2) エンプティ・ボーティングの議論との関係

会社支配の公正性との関係で、議決権信託を含むデカップリング信託について、エンプティ・ボーティング（empty voting）の議論と絡めて検討されることがある[36]。そこで両者の関係をここで整理する。

エンプティ・ボーティングとは、議決権と経済的所有権を分離し、議決権に見合う経済的所有権を有することなく、あるいは、自らに帰属する経済的利益・危険に比例した議決権の数を超えて、議決権を行使することをいう[37]。株主の議決権の正当化根拠は、残余権者である株主が自らの利益を最大化するために会社の企業価値を高めようとするインセンティブがある点に求められてきたが、エンプティ・ボーティングの状況では、上記のインセンティブ構造に揺らぎが生じるとの指摘がある[38]。具体的には、米国で、デリ

32　Gumbiner v. Alden Inn., 389 Ill. 273, 59 N.E.2d 648（1945）

33　*See* the case cited *supra* note 20.

34　Bankers' Fire & Marine Ins. Co. v. Sloss, 229 Ala 26, 155 So 371（1934）

35　Watts v. Des Moines Register and Tribune, 525 F. Supp. 1311（S.D. Iowa1981）

36　白井正和「信託を用いた株式の議決権と経済的な持分の分離」信託法研究39号77頁以下、佐藤勤「現代の議決権信託とその実質的効果であるエンプティ・ボーティング規制」前田重行先生古稀記念『企業法・金融法の新潮流』39頁以下（商事法務、2013年）等。

37　佐藤・前掲注36・42頁、井上聡「共益権と自益権との乖離（Empty Voting）」岩原紳作＝小松岳志編『会社法施行5年　理論と実務の現状と課題』（有斐閣、2011年）13頁。

バティブ取引により保有株式の価値が下がるほうが利益を得られるポジションを取っている者が、発行会社の企業価値が下落するような議決権行使をしたことが問題視された事例が見受けられた[39]。

　しかし、デカップリング信託の場合、議決権の行使主体である受託者は[40]、受益者の利益のために株式の経済的価値を高めるべく職務執行をする義務を負っているので（信託法29条2項、30条）、原則として、典型的なエンプティ・ボーティングの議論は当てはまらないものと思われる[41]。したがって、デカップリング信託の受託者の議決権行使が不公正な場合または受益者の利益を害する場合において個別的な救済が認められれば足りるものと思われる。具体的には、他の株主は、①特別利害関係人の議決権行使による著しく不当な決議の取消し（会社法831条1項3号）[42]や②決議取消事由がある場合における組織再編行為等の差止請求[43]などをすることが考えられる。また、受益者は、既述の信託法上の救済手段を採るほか、次に述べる信託の無効を主張できる場合もあり得る[44]。

38　白井・前掲注36・85頁、日本銀行金融研究所「株主利益の観点からの法規整の枠組みの今日的意義―コーポレート・ガバナンスに関する法律問題研究会」（2012年1月）24頁、武井一浩＝森田多恵子「エンプティ・ボーティング（特集　種類株式と議決権）」証券アナリストジャーナル52巻11号36頁等参照。

39　例えば、2004年のKing社とMylan社の経営統合をめぐる事案では、両者の合併が公表されたところ、当該合併はKing社側に多額のプレミアムを支払うものとしてMylan社の株価は下落していた。そこで、King社の大株主であるヘッジファンド（Perry社）は、Mylan社側の合併承認総会決議を可決させるため、Mylan社株式の9.9％を取得して筆頭株主になった。その一方で、Perry社は、エクイティ・スワップを組成して自らが保有するMylan社株式の株価下落リスクをヘッジし、自らの議決権行使（合併議案への賛成）により、Mylan社の企業価値を毀損してKing社との合併が成立するほうが、Perry社にとって利益が上がる仕組みを構築していた。詳細については、得津晶「株主による議決権行使の在り方に関する会社法上の論点」商事法務研究会「株主による議決権行使の在り方に関する会社法上の論点についての調査研究報告書」（2013年）8～9頁参照。

40　受託者以外の者が議決権行使の指図権者となる場合、指図権者は、信託法上明文規定はないが、受益者のために議決権行使を行うべき信認義務を負うと解すべきであろう（信託法29条2項、30条類推適用。須田力哉「指図を伴う信託事務処理に関する法的考察―不動産信託を例として―」信託法研究34号23～24頁）。

(3) 議決権信託の有効性

議決権信託は、原則として、会社法の各条項に反するものではなく、私的自治の範囲内のものと考えられるが、公序良俗または会社法の精神に反するものは無効と解される[45]。ここで問題となり得る会社法の規定としては、議決権行使に係る贈収賄罪の規定（同法968条1項1号）、自己株式の議決権停止の規定（同法308条2項）、株主総会ごとの代理人の選任の規定（同法310条2項）等が挙げられる[46]。

41　同旨の指摘として、岸本雄次郎「信託を活用した事業承継と会社法上の株主平等原則（上場株式の場合）」新井誠＝大垣尚司編著『民事信託の理論と実務』（日本加除出版、2016年）236頁。また、太田洋「ヘッジファンド・アクティビズムの新潮流―英米における対応とわが国上場企業法制への示唆―」旬刊商事法務1842号28頁も、議決権信託の場合においては、経済的権益の裏付けのある正当な議決権を有する株主が別に存在しており、エクイティ・デリバティブ等によるエンプティ・ボーティングとは状況が異なると指摘する。もっとも、持合解消信託についてはエンプティ・ボーティングに該当するとの指摘がなされたこともある（白井正和「持合解消信託をめぐる会社法上の問題」法学76巻5号494頁）。持合解消信託とは、委託者が持合株式の発行会社に対する議決権は維持しつつ、持合株式の価格変動リスクを免れるため、株式を信託して、議決権の指図権を保持しつつ、受益権を証券会社等に譲渡するものをいう。上記指摘は、受益者たる証券会社等は、信託外でヘッジ取引を行い、対象株式の騰落について経済的利害がないことがあり、その場合、委託者が株主の利益に合致するように議決権の指図権を行使することが期待できず、エンプティ・ボーティングと同様の状況が生じ得るとするものである（上記白井・503頁）。しかし、かかる信託を制限する信託法上・会社法上の根拠はなく、信託銀行は、信託契約上、信託期間を制限するなどして適切に対応しているようである（上記白井・505頁、北山桂「持合解消信託、信託各社は『ガバナンス懸念』をクリアするガイドライン策定へ」金融財政事情2890号31頁参照）。

42　白井・前掲注36・90頁、白井・前掲注41・506頁、佐藤・前掲注36・62頁。

43　総会決議取消請求などを本訴とする組織再編行為等の差止めの仮処分の可否については、岩原紳作編『会社法コンメンタール補巻―平成26年改正』769〜775頁（商事法務、2019年）参照。

44　もっとも、議決権信託が無効になったとしても、会社との関係では、別途株主名簿の名義書換を行わない限り、なお受託者が株主として扱われる（会社法130条、鈴木・前掲注3・110頁参照）。しかし、無効となった議決権信託の創設に会社が関与していた場合は、いわゆる名義書換の不当拒絶の場合に準じて、名義書換を経ることなく、委託者が株主として直接議決権を行使できると解される（鈴木隆元「従業員持株制度と株式信託契約の有効性」岩原紳作ほか編『会社法判例百選［第3版］』71頁（有斐閣、2016年）参照）。

45　大隅健一郎＝今井宏『会社法論（中巻）［第3版］』77頁（有斐閣、1992年）参照。

a　議決権行使に係る贈収賄罪の規定

　まず、会社法968条１項１号が、不正な請託を受けた場合に限り、議決権行使について財産上の利益の収受等をした者に対する罰則を定めていることにかんがみると、一定の利益を得て行う議決権信託は、それが不正行為を行うためのものである場合に限り、会社法968条１項１号の精神に反して無効となり得る[47]。

b　自己株式の議決権停止の規定

　次に、会社が受託者である場合または受託者が会社の指図に基づき議決権を行使する場合は、議決権信託は、公正な会社支配を防止しようとする自己株式の議決権停止の規定（会社法308条２項）の精神に反して無効となる可能性があるものと考えられる[48]。

　では、会社経営者またはこれに近い者（以下「経営者等」という）が受託者となる場合はどうか。

　この場合、経営者等による議決権行使が実質的に会社の議決権行使と同視され、同条項の精神に反するものと解される場合もあり得るように思われる。とりわけ、公開会社では、所有と経営の分離が求められ、取締役の地位は株主たる地位から切断されたものであるから（会社法331条２項）、経営者等が株主であったとしても、経営者等が実質的に会社と一体のものと認めら

46　議決権信託と同様の機能を有する議決権拘束契約についても、本文に挙げた条項が問題とされている（菱田政宏『株主の議決権行使と会社支配』155頁（酒井書店、1960年））。

47　米国では、かつて、議決権と引き換えに金銭その他の対価を提供する議決権買収（vote buying）は違法とされていたが（Restatement（First）of Contract §569 (1932)）、今日では、裁判例および制定法において、vote buyingの禁止は排除される傾向にある（Schreiber v. Carney, 447 A.2d 17（Del. Ch. 1982), Ga. Code Ann. §22-722 cmt. (1998)）。詳細については、今野美綾「議決権買いと法ルール：米国法におけるvote buyingをめぐる判例法理」同志社法學64巻６号1807頁以下、酒井太郎「議決権買収（vote buying）について」川村正幸先生退職記念論文集『会社法・金融法の新展開』171頁以下（中央経済社、2009年）を参照。

48　青竹正一「株主の契約」菅原菊志先生古稀記念論集『現代企業法の理論』（信山社、1998年）19～21頁。議決権拘束契約に関しても、会社が当事者となるものについては、会社法308条２項の規定の精神に反するものとされている（同22頁、菱田・前掲注46・156頁）。

れる場合は、その議決権行使の裁量の有無・程度や期間のいかんによっては、受託者である経営者等の議決権行使が会社の議決権行使と同視される可能性があるように思われる[49]。

これに対して、非公開会社では、議決権も含めて株主ごとの属人的な定めを定款に設けることが可能とされ（会社法109条2項）、株主間での議決権の配分についても私的自治が広く認められていることから、経営者等が株主としての地位に基づき議決権信託を受託した場合は、その有効性が広く認められるべきであろう[50]。

もっとも、非公開会社の場合でも、株主が議決権信託の締結を事実上強制されるようなときは、当該議決権信託が無効となることがあり得る。例え

---

[49] 青竹・前掲注48・20頁は、他の株主あるいは会社との独立性が認められる第三者を受託者とする議決権信託は、従業員持株制度のもとでなされる場合でも、特に目的が違法ということにはならないとする。しかし、公開会社の従業員持株制度においては、株主が受託者であったとしても、その者が経営者等であるときは、会社法308条2項の精神との関係が問題となり得るように思われる。なお、中西敏和「従業員持株信託と受託者の責任」信託法研究15号61頁は、従業員持株信託において、議決権行使を受託者に一任する旨の記載があり、受益者の異議を一切認めない旨の信託契約は違法と解すべきとする。日本証券業協会が作成した「持株制度に関するガイドライン」（2021年1月1日最終改正）Ⅰ．第2章12.も、従業員持株会が取得した株式は、理事長を受託者として信託して、各会員は理事長に議決権行使の指図をすることができるとする規定を規約に設けるべきとしている。

[50] 信託を活用した中小企業の事業承継円滑化に関する研究会「中間整理〜信託を活用した中小企業の事業承継の円滑化に向けて」（2008年9月）8頁が、会社法109条2項を根拠に、非公開会社において、複数の受益者のうちの特定の者に議決権行使の指図権を集中させても、会社法上の問題は生じないとしていることも参考になる。また、松元暢子「信託を用いた事業承継―株式管理信託（議決権信託）の有効性」トラスト未来フォーラム研究叢書『信託その他制度における財産管理承継機能』61頁以下（2021年）は、会社の取締役が議決権行使についての権限を有している場合であっても、それが「取締役の立場に起因して」与えられたものではない場合には、会社法308条2項や同法310条2項の趣旨を理由に議決権信託の有効性を否定する必要はないとする。さらに、議決権拘束契約に関してではあるが、森田果「株主間契約（6・完）」法協121巻1号25頁は、会社や取締役の指図に服するものについて、公開会社であればともかく、非公開会社において株主が取締役の地位を兼ねている場合は、株主としての資格を中心に捉えるべきであり、いわゆる「会社支配」のために利用されているものとはいえないから、濫用の懸念の対象となるものではないとする。会社が締結する議決権拘束契約についてはともかく、株主である取締役が締結するものについては妥当な見解だと思われ、議決権信託の議論においても参考となる。

ば、大阪高決昭58.10.27（高民集36巻3号250頁）は、従業員持株制度における従業員株主から共済会理事に対する株式信託について、①株式の取得において株式信託契約を強制され選択の自由がないこと、②解除が認められておらず自ら議決権行使する途がないこと、③株式信託制度が会社の関与のもとに創設されたことから、当該信託は、株主の議決権行使を阻止するためのものであり、委託者の利益保護に著しく欠け、会社法の精神に照らして無効とした[51]。こうした議決権信託では、従業員株主はその締結を会社に強制され（すなわち、受託者＝共済会理事に議決権行使をゆだねるか否かの選択・自己決定の余地すらない）、従業員株主が自ら議決権を行使したり、議決権行使に自らの意思を反映させる途も完全に閉ざされている。そして、そうした従業員持株制度の創設に会社（経営者等）が関与しており、共済会理事を通じて実質的に会社（経営者等）の意向に沿う議決権行使がなされる構造になっているならば、会社支配の不当性が認められることから[52]、同法308条2項の規定の精神に反するものと思われる。

c　株主総会ごとの代理人の選任の規定

　長期の議決権信託については、株主総会ごとに代理人を選任すべきとする会社法310条2項の規定の精神に反しないかが問題となる。既述のとおり、議決権信託は、会社に対する影響力を高めるものであるため、その実効性の観点から長期となりがちであること、当事者間の合意をできる限り尊重すべきこと、米国でも、現在、議決権信託の期間制限を設けない州が多くなっていることから、長期の議決権信託であっても、直ちに、同条項の精神に照らして無効であると解する必要はないように思われる[53]。

　この点、鈴木竹雄教授は、「①受託者に対し議決権行使の方針があらかじめ指示されているか否か、②信託期間がしかく長期のものでないか否か、③

51　同判決の評釈として、岡田孝介「議決権信託の効力」みずほ信託銀行＝堀総合法律事務所編『詳解信託判例―信託実務の観点から』71～82頁（きんざい、2014年）。同じ共済会に関する別事件（大阪高決昭60.4.16判タ561号159頁）も同旨。
52　加藤貴仁「信託を利用した株主権の分離―大阪高決昭和58年10月27日高民集36巻3号250頁を踏まえて：理論的検討―従業員持株制度を題材にして」法学教室462号112頁。

委託者に信託解約の自由が留保されているか否か、これらの点を総合的に判断して株主の利益保護がはかられていると認められるならば、そのような議決権信託の効力を否定する必要はない」[54]とし、信託期間の長さは1つの考慮要素にすぎないと位置付けている[55]。

　この見解によれば、議決権行使の方針が事前に明らかになっていれば[56]、それを認識して議決権信託を行うという意思決定をした以上、長期間の拘束力が肯定されやすいといえる。

---

[53]　議決権拘束契約に関して、東京高判平12.5.30（判時1750号169頁）は、約18年間の長期にわたる拘束は過度の議決権行使の制限であり、相当の期間＝10年を経過した後は無効とした。10年としたのは米国法の影響によるものとも思われるが（桜沢隆哉「判例研究　取締役選任合意の法的拘束力（東京地判令和1・5・17金判1569号33頁）」京女法学17号40頁注20）、米国法でも近時は期間制限が撤廃される傾向にあり、例えば、模範事業会社法の前掲注25の2013年の改訂で、議決権信託と同様、株主間契約についても、10年の期間制限の規定が削除されている（模範事業会社法§7.32(b)参照）。この裁判例については、契約当事者が明示的に合意した事項を制限すべき根拠は見出し難いとして批判が多く（潘阿憲「判批」ジュリスト1247号158頁、河村尚志「判批」旬刊商事法務1710号83頁、森田章「判批」判時1770号194頁）、長期にすぎるものは、信頼関係破壊に基づく特別解約権の設定（民法683条、651条参照）や事情変更による契約の終了などで対応すれば足りるとする見解が有力である（森田・前掲注50・24〜25頁、田中亘「議決権拘束契約についての一考察―特に履行強制の可否に関して」岩原紳作ほか編『会社・金融・法(上)』232頁（商事法務、2013年））。この点、東京高判令2.1.22（金判1592号8頁）は、一般論として「株主間契約に具体的な定めがないにもかかわらず、有効期間を限定するために、一律に契約の有効期間の定めがあるなどと判断する（米国の州法にならって契約締結後10年間に限り有効であると解釈する等）ことは、必要がないものと解される」と判示している。もっとも、同判決は、個別具体的な事情を検討の上、仮に、取締役選任に関する合意（議決権拘束合意）に何らかの法的効力を付与する意思が契約当事者にあったとしても、当該当事者に相続が発生した場合にはその効力を消滅させる意思であったと認定して、原審である東京地判令元.5.17（金判1569号33頁）と同様、結論としては議決権拘束合意の効力を否定した。

[54]　鈴木・前掲注3・102頁。

[55]　江頭憲治郎教授も、「議決権信託も、弱小株主の議決権を不当に制限する等の目的で用いられる場合には、会社法310条2項の精神に照らし無効になる場合がある。有効・無効は、①委託者・受託者の関係、②議決権行使の基準の明確性、③信託期間等を基準として判断すべきである」として、信託期間の長さは1つの考慮要素と位置付けている（江頭憲治郎『株式会社法［第8版］』353頁（有斐閣、2021年））。

[56]　鈴木教授は、朝日新聞社株式管理信託の信託約款で、議決権の行使につき、「新聞の公器性にかんがみ、朝日新聞の使命と伝統を尊重しつつ、経営を安定・発展させるように行使すべきもの」と定めていることに関して、「抽象的ながらその方針が定められている」と評価している（鈴木・前掲注3・105頁）。

もっとも、信託期間があまりに長期となり、かつ、契約上解除権が留保されていないと、設定時に予見できない事情変更が生じる可能性が高まり、株主の当初の意思決定に基づく拘束力に疑義が生じ得る。また、著しく長期の議決権信託は、不当な会社支配に利用され、受益者の利益を害するおそれがある[57]。加えて、株式の処分等による投下資本の回収が制限されていれば、株式譲渡自由の原則（会社法127条）の趣旨にも反するおそれがある。

　この投下資本の回収の観点については、議決権信託に関するものではないが、従業員持株制度における株式譲渡制限特約の有効性に関する判例が参考になる。最三小判平21．2．17（集民230号117頁）は、日刊新聞を発行する株式会社において、定款で株式の保有資格を原則として現役従業員に限定している持株会制度のもと、従業員が持株会から取得した株式を個人的理由により売却する必要が生じたときは持株会が額面額で買い戻すという合意について、(i)株式の市場性がない中、取得価格も額面額であったこと、(ii)上記合意を認識して自由意思で株式を取得したこと、(iii)当該会社が多額の利益を計上しながら特段の事情もなく一切配当せずに内部留保していたという事情がないこと等を考慮して、当該特約の有効性を肯定している。これを踏まえると、議決権信託の場合でも、長期にわたって株主の投下資本回収の途を閉ざしているなどの事情があるときは、例外的に、会社法127条の精神に反するものとして議決権信託が無効になる余地があるものと思われる。

　このように考えると、長期でかつ解除権が制限された議決権信託の有効性については、(a)受託者が指示された議決権行使方針の定めの有無・内容、(b)期間の経過による信託設定時の基礎事情の変更の有無・程度、(c)契約上・信託法上等の契約解除権・受託者解任権の行使可能性や契約変更命令の可能性

---

[57]　この点、持株会の事案であるが、持株会の代表者（理事長）が会員株主の指示に従わずに議決権を行使し、そのことにつき株式の発行会社側も悪意の場合には、持株会の代表者による権限の逸脱または濫用であるとして当該議決権行使は無効になるとした裁判例がある（東京高判令元．10.17（金判1582号30頁））。この裁判例を踏まえると、議決権信託においても、受託者がその権限を逸脱・濫用して議決権を行使し、そのことにつき発行会社が悪意の場合には、当該議決権行使の有効性が否定される余地もあろう。

の程度、(d)不当な会社支配の危険の有無・程度、(e)株式や受益権の処分等による投下資本回収の機会の有無・程度、(f)株式または受益権の取得のための出捐の有無・程度等の要素を総合考慮して、受益者の利益を著しく害するものか否かという観点から判断されるべきものと考えられる。また、当事者の意思を可及的に尊重する観点から、議決権信託が無効とされる場合でも、設定時に遡って無効とするのではなく、受益者の利益を著しく害するものとなったことが明らかになった時点から無効になると解すべきであろう。

4 総 括

以上の議決権信託の有効性等に関する議論は、基本的には、議決権信託以外のデカップリング信託にも妥当するものと思われる。

そこで、これまでの議論を総括すると、まず、デカップリング信託は、私的自治の原則のもと、原則として有効と解される。

ただ、デカップリング信託の設定時においては、信託法の観点から、専ら受託者のための信託であれば不成立となり、また、脱法信託または脱法的信託は法規制の趣旨に照らして無効となる場合がある。さらに、会社法の観点からは、不正な議決権行使のためのものでない限り、一定の利益を得て行う議決権信託についても議決権行使に係る贈収賄罪の規定（同法968条1項1号）の精神に反することはないが、会社が受託者となる場合や公開会社の経営者等が受託者となる場合であって経営者等が会社と同視されるときは、自己株式の議決権停止の規定（同法308条2項）の精神に反するものとされることがある。

加えて、デカップリング信託の設定後、信託法および会社法の観点から、信託期間が長期にわたり継続し、各種信託法上の手段を講じても、なお受益者の利益が著しく害されるような状況に至ったときは、そのような状況に至った時点から、当該信託が無効となり得るものと思われる。そして、そのような状況に至ったか否かは、上記3(3)cの(a)から(f)までの要素を総合考慮して決すべきものと思われる。

もっとも、議決権信託以外のデカップリング信託の場合は、会社支配に対する影響力の行使を主目的とするものではないため、長期の信託期間は通常想定されず、上記のような状況が生じる可能性は低いように思われる。しかし、その副次的効果として不当な会社支配を及ぼすものと認められる可能性はあるので、特に公開会社においては、受託者が経営者等である場合、受託者の議決権行使の公正性・客観性を担保する仕組みを作るか、受益者の個別指図に基づき議決権を不統一行使すること等を検討すべきであろう[58]。また、脱法信託・脱法的信託とならないよう留意すべきこともあろう[59]。

　最後に、本節では、デカップリング信託、とりわけ議決権信託をめぐる諸論点に関し、米国の議論を紹介した上で、エンプティ・ボーティングの議論も踏まえて、信託法および会社法の観点から議論を整理することを試みたが、紙幅の関係から、各論点の詳細な分析には至らなかった面もある。今後、こうした諸論点についての緻密な分析が各方面でなされることを期して結語としたい。

---

[58]　なお、信託型株式報酬制度においては、導入企業が金銭を信託し、信託を通じて導入企業株式を取得し、当該企業の取締役等が受益権を取得するところ、この信託による当該株式の取得は、当該企業の計算によるものであるため、会社法308条2項等の趣旨から、一般に受託者は議決権を行使しないものとされている（有吉尚哉「コーポレートガバナンスと信託」ジュリスト1520号28～29頁）。

[59]　中山龍太郎＝石﨑泰哲「企業結合規制における信託の活用の可能性」本書197～198頁では、企業結合規制の制約のもとで、可及的早期に取引を実施するため、いったんある事業に係る株式を第三者に信託してクリアランスを得ることについて、競争当局から適法性に関して厳しい見方がされる可能性が示唆されている。

第 3 章

M&Aにおける信託の活用

第1節 公開買付けに関する信託の活用可能性

岡野辰也／西村修一
（長島・大野・常松法律事務所）

　公開買付けの局面においても様々な理由により信託を活用するニーズが生じることがある。例えば、実務上、公開買付規制の適用を受けない取引形態となるように、対象者の一部株主がその保有する株式を信託することにより議決権保有割合を減少させるスキームを利用することが検討されることがあるが、このスキームは信託を用いることにより議決権の一部を凍結する手法であり、第2章第1節[1]において検討された点が問題となる。本節では、上記とは異なり、公開買付けが実施される場面において、大株主が公開買付者との間で応募契約を締結するようなケースでの実務上のニーズに対応するためのいくつかの信託の具体的な活用例を探るとともに、各事例における信託契約の内容とそれに付随する若干の法的な論点について考察する。

1　有吉尚哉「議決権コントロールのための信託」本書82頁以下。

1 大株主が売却することを想定した公開買付けにおける信託の活用例

◆**ケース①　敵対的公開買付けにおいて大株主との間で応募契約を締結する場合**

〈事例〉

・X社は、Y社（上場会社）に対して、公開買付けを行うことを予定している。

・Y社は、X社の公開買付けに反対する可能性が高く、敵対的な公開買付けになることが想定される。

・Y社には、Y社の発行済株式の20％を保有する大株主Z社がいるが、Z社はY社の意向に関係なく保有株式を売却したいと考えている。

・X社は、公開買付けに先立ち、Y社の承諾を得ることなくZ社との間で公開買付応募契約（以下、大株主と公開買付者が締結する公開買付応募契約を「応募契約」といい、応募契約を締結した大株主を「応募株主」という）を締結する予定である［**図A**］。

［図A］

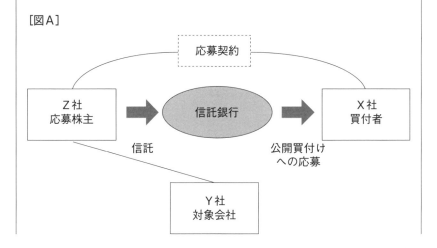

〈信託を活用する必要性〉

・一般的には、応募契約において応募株主がインサイダー取引規制に違反しないことが応募の前提条件となっている。

・公開買付者が公開買付け開始後（公開買付開始公告を行った後）に対象者の重要事実を知ったとしても、適用除外規定によりインサイダー取引規制の問題は生じない[2]。

・他方、応募株主については、公開買付者の場合と異なり、公開買付けの開示後に知ったインサイダー情報に関する明確な適用除外規定はなく、応募株主がインサイダー情報を知って応募する場合にインサイダー取引規制の適用除外となるかについては必ずしも明確ではない[3]。

・この点、友好的な公開買付けにおいては、公開買付期間中に新たなインサイダー情報が発生しないように対応するのが通常であるし、万が一発生した場合には、公開買付者および対象会社が協議の上、公開買付期間中に公表するのが一般的な対応だと思われる。

・他方で、対象会社の賛同が前提となっていない非友好的な公開買付けでは、公開買付けの開始後に対象者が応募株主との協議の中で、イン

2　金融商品取引法（以下「金商法」という）166条6項12号、有価証券の取引等の規制に関する内閣府令（以下「取引規制府令」という）59条1項10号。

3　金融庁＝証券取引等監視委員会「インサイダー取引規制に関するQ&A」（2008年11月18日、最終改訂：2019年7月29日）（以下「インサイダー取引Q&A」という）応用編問3では、重要事実を知ったことと無関係に行われたことが取引の経緯等から明らかな売買等の一例として、「重要事実を知る前」に証券会社に対して当該株式の買付けの注文を行っている場合が挙げられており、重要事実を知る前に公開買付けに対する応募を行っている場合もこれと同様に考えることも可能という見解もある（上島正道＝船越涼介「株式交付および株式報酬とインサイダー取引規制」旬刊商事法務2252号33頁注26）。この見解によれば、公開買付け開始後に直ちに応募手続を取れば、その後応募株主がインサイダー情報を知ってしまった場合でも、インサイダー取引規制の適用を受けないということになるであろう。また、応募株主と公開買付者が締結した応募契約を証券会社に対して提出した上で、当該提出の日付について当該証券会社による確認を受ける等の措置を講じることにより、いわゆる「知る前契約」のインサイダー取引の適用除外（取引規制府令59条1項14号）を利用することも考えられる。この点は各事例の個別事情により判断が異なる場合も考えられるため、本節では上記のような適用除外が利用できないケースを念頭に置いて、信託を活用することを想定している。

サイダー情報を応募株主に対して意図的に伝達することにより、応募株主による応募を阻止するような事態も考えられなくはない。

・このような事例において、応募株主が応募契約を締結するのと同時に、その保有する株式を信託譲渡し、応募株主が信託銀行に対して敵対的な公開買付けへの応募を指図しておくことにより、その後応募株主がインサイダー情報を知ることになったとしても、インサイダー取引規制の問題が発生することを回避できるようにしておくことが考えられる。

◆ケース②　2段階公開買付けを実施する場合

〈事例〉

・Ｙ社には、Ｙ社の発行済株式の35％を保有する大株主Ｚ社がいる。

・Ｘ社は、Ｙ社をＸ社の完全子会社化を目的として、Ｙ社に対する公開買付けを行うことを企図している。

・Ｘ社は、一般株主に対する公開買付けの公開買付価格よりも低い価格の公開買付けに応募することによりＹ社に対して株式を売却することをＹ社との間で合意しているため、Ｘ社は、公開買付価格の異なる2回の公開買付けを実施する予定である［図Ａ］。

〈信託を活用する必要性〉

・本件のように、①専ら大株主からディスカウント価格で株式を取得することを目的とした公開買付け（以下「ディスカウント公開買付け」という）と②一般株主からプレミアムを付した価格で株式を取得することを目的とした公開買付け（以下「プレミアム公開買付け」という）の2段階の公開買付けが行われる（ディスカウント公開買付けとプレミアム公開買付けを別々の期間で実施する[4]）ことがある。

・この場合、いずれの公開買付けを先行させるべきかが問題となるが、実務的には、①まず大株主からの取得を目的としたディスカウント公

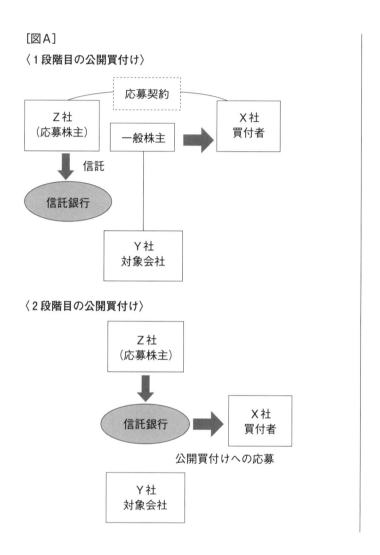

[図A]

〈1段階目の公開買付け〉

〈2段階目の公開買付け〉

公開買付けへの応募

4　金商法上、公開買付価格については均一の条件によらなければならないとされている（公開買付価格の均一性規制。金商法27条の2第3項）ため、公開買付価格が異なる場合には、別々の公開買付けによる必要がある。なお、異なる公開買付価格での複数の公開買付けを同時期に実施することができないかという点も論点ではあるが、実務上は、公開買付期間を重複させずに公開買付けを2回実施するというスキームが採用されており、本節でもそのようなスキームを前提としている。

開買付けを先行して実施し、②その後に一般株主を対象としたプレミアム公開買付けを実施するという順序が一般的である[5]。これは主として、2段階公開買付けに一定期間を要することもあり、理論的には、何らかの事情により1段階目の公開買付けは成立したものの2段階目の公開買付けが成立しないリスクも考えられるところ、①ディスカウント公開買付けが成立し、②プレミアム公開買付けが成立しないリスクは許容できるが、②プレミアム公開買付けが成立し、①ディスカウント公開買付けが成立しないリスクは許容できないためと思われる。

・他方で、例えば、スクイーズアウトを確実に実行することを大前提としている案件で、大株主保有分が35％程度である場合、一般株主からの応募状況次第で、その後のスクイーズアウトの可否が決まることになるため（一般的には、公開買付者の保有分が3分の2以上となるように31％程度の下限を設定することになるため、一般株主の保有分である約65％のうち半分近い応募がないと公開買付けが成立せず、スクイーズアウトができないこととなる）、一般株主から31％程度以上の応募がありスクイーズアウトが確実にできる場合にのみ大株主からも株式を取得するように、②プレミアム公開買付けを先行させたい場合も考えられる。

・この場合、公開買付者として大株主との間に十分な信頼関係が存在しない場合には、応募契約に違反して、プレミアム公開買付けに応募するリスク、あるいは、ディスカウント公開買付けに応募しないリスクが懸念されるケースもある。

・このような事例において、応募株主が応募契約を締結するのと同時に

5　公開買付価格に差を付けて他社株公開買付けを2段階で実施した事例として、スターバックス・コーポレーションの完全子会社によるスターバックスコーヒージャパン株式会社に対する公開買付け、バンダイナムコホールディングスによるウィズに対する公開買付け等、10事例程度あるが、いずれの事例も公開買付け価格が低いほうの公開買付け（上記でいうディスカウント公開買付け）を先に実施している。

（プレミアム公開買付けが実施されるのと同時に、または、その前後に）、その保有する株式を信託譲渡し、応募株主が信託銀行に対してディスカウント公開買付けへの応募を指図しておくことにより、上記のようなリスクを解消することが考えられる[6]。

◆ケース③　大株主が公開買付け後に順次売却等をするニーズがある場合

〈事例〉

・Y社には、Y社の発行済株式の60％を保有する大株主Z社がいる。

・X社は、Y社をX社の完全子会社化を目的として、Y社に対する公開買付けを行うことを企図している。

・Z社は、保有株式を一括して売却せずに数年に分けて順次売却したいという意向を有していたため、X社との間で、①その保有するY社株式の3分の1（20％相当分）をX社による公開買付けに応募し、②公開買付けおよびY社のスクイーズアウトの完了後、2年をかけて残りの3分の2（40％相当分）のY社株式を順次X社に対して売却することを合意している［図A］。

〈信託を活用する必要性〉

・本件のように、大株主が利益の計上期を分散させたい、または、公開

6　KMホールディングスの黒田電気に対する公開買付けの事例は、他社株公開買付けが行われた後に、自社株公開買付けが行われた2段階公開買付けの事例であるが、この事例においては、公開買付者が他社株公開買付けの資金を調達するために外部の金融機関から行った借入れ（ブリッジローン）に係る債務を担保するために、複数の大株主がその保有する株式に質権を設定している。この株式質権設定契約においては、自社株公開買付けに応募することを合意した大株主らが自社株公開買付けに応募しなかった場合等の契約違反があった場合には、質権を実行することが定められており、また、質権が実行されたことによりブリッジレンダーが大株主の株式を取得した場合には、公開買付者が再度他社株公開買付けを行うことを通じてこれらの株式を取得することが合意されている。信託を活用したスキームではないが、応募契約に基づく応募が確実に履行されることを担保するための手法という点では、本節で検討対象とするスキームと共通する部分がある。

[図A]

〈公開買付け＋スクイーズアウト〉

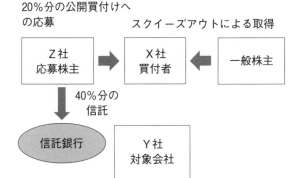

〈スクイーズアウト後の売却〉

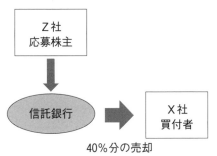

買付け後も一定期間は対象者に対する影響力を行使したい等の理由から、公開買付け時には、保有株式の全部を一度には売却したくないという意向を有しているケースも考えられる。

・この場合、買付者側として完全子会社化を確実にするためには、公開買付けおよびスクイーズアウトの完了後に応募株主が引き続き保有する手残り株を確実に譲り受ける必要がある。

・このような手残り株の譲渡を確実にするための方法として、応募株主が、公開買付けの成立後に手残り株を信託譲渡し、あらかじめ応募株

主が信託銀行に対して手残り株の将来の売却を指図しておくことが考えられる。

◆ケース④　大株主保有分に対して担保設定が行われている場合

〈事例〉

・Y社には、Y社の発行済株式の40％を保有する大株主Z社がいる。

・X社は、Y社をX社の完全子会社化を目的として、Y社に対する公開買付けを行うことを企図している。

・Z社は、金融機関からの借入れを行っており、Z社の保有するY社株式を金融機関に対して担保として提供している。

・Z社は、X社との間で応募契約を締結し、X社の行うY社に対する公開買付けに応募することに同意している［図A］。

〈信託を活用する必要性〉

・上記のように、大株主の保有する株式に担保権が設定されている場合、当該株式を公開買付けに応募するにあたって担保権を解除する必要がある。

［図A］

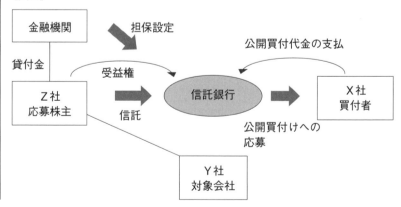

- もっとも、担保権が解除されてしまうと、金融機関の立場からは、大株主が公開買付けに応募することにより得た対価を費消してしまうリスクや対価が入金された大株主の口座に他の債権者が担保設定や差押えを行うリスクが懸念される。
- このようなケースにおいて、公開買付けの公表時に大株主が応募対象株式を信託し、信託受益権に担保を設定する等により、上記のようなリスクを解消することが考えられる。

◆ケース⑤　買付予定数の上限を付す必要がある場合

〈事例〉

- X社とY社は、Z社（上場会社）の株をそれぞれ25％・30％保有し、両社はZ社に関する株主間契約を締結しており、実質的特別関係者[7]の関係にある。
- 今般、Y社は保有する30％のZ株式を譲渡することを検討しており、X社は、Y社と応募契約を締結の上、Y社保有のZ社株式を取得してZ社を子会社化することを目的とする公開買付けを実施する意向を有している。
- X社は、Z社を非公開化する意向はなく、また、必要資金額の観点から公開買付けには買付予定数の上限を付す必要があると考えており、Y社が保有している30％に相当する株式数を上限とした公開買付け（買付け後のX社の株券等所有割合55％）を実施することを検討している。

〈信託を活用する必要性〉

- 公開買付規制上、特別関係者と合算して買付け後の株券等所有割合が３分の２以上となる場合には、部分的買付けは認められず、応募の

---

[7] X社およびY社が１年未満の形式的特別関係者の関係にある場合も同様の問題が生じ得る。

あった株式のすべてを決済しなければならない（全部買付義務）[8]。

・本件において、X社が30%を買付予定数の上限として設定した場合に、公開買付け後のX社の株券等所有割合は55％となるが、（もともとY社保有分は公開買付けで全部売却されることを希望しているものではあるが）公開買付けに他の株主から多数の応募があった場合には、応募株数に応じて按分して売却できない株式が発生する結果、Y社の公開買付け後の株券等所有割合12％以上となる可能性がある[9]。

・その場合、X社とY社の合計の株券等所有割合が3分の2以上となる可能性があるため、このようなケースでは、全部買付義務との関係で、買付予定数の上限を付す部分買付けは認められないと解されている。

・このような事例において、応募株主が応募契約を締結するのと同時に、その保有する株式を信託譲渡し、応募株主が信託銀行に対して、公開買付けへの応募および手残り株が発生した場合の売却の指図をすることにより、公開買付け後の信託銀行が保有することになるZ株式は、X社の特別関係者の保有分には該当しないようにする（その結果、公開買付けに買付予定数の条件を付すことを可能にする）ことが考えられる。

2 信託契約の内容の検討

(1) 株式を処分する条件をどのように定めるか

応募契約が締結されるような事例では、公開買付者の立場からは、応募株主による公開買付けへの応募を確実にしたいという要請がある。その意味で

---

8 金商法27条の13第4項、金融商品取引法施行令14条の2の2。
9 Y社以外の株主は、45％のZ株式を保有していることになるが、例えば、そのうち20％の応募があれば、応募株式の総数は50％分となり、公開買付けで買い付けられるのは30％分であることから、Y社の保有株式のうち売却できるのは30×（30÷50）＝18％となり、Y社の公開買付け後の株券等所有割合が12％となる。

は、信託を利用する場合でも、株式を処分（公開買付けへの応募）の条件を特に設定しないことを希望することになる。

　他方で、実務的には、公開買付者と応募株主が締結する応募契約の中では、一定の例外的な場面では、応募株主がその保有する株式を応募しないことも認められるのが通常であるため、信託を利用する場合でもこのような実務傾向（応募株主側の意向）を考慮すべきケースも出てくるように思われる。

　具体的には、応募株主による応募は、公開買付者による義務違反または表明保証違反がないこと等が前提条件となっているのが一般的である。

前提条件を規定している条項の例

応募株主が本応募を行う義務は、本公開買付けの開始日および本応募を行う日において、下記各号の事項がすべて満たされていることを前提条件とする。ただし、応募株主は、その裁量により、下記の前提条件のいずれも放棄することができる。

(1)　第●条に規定される公開買付者による表明および保証が、重要な点においてすべて真実かつ正確であること。

(2)　公開買付者が本契約上の義務（ただし、軽微なものを除く）に違反していないこと。

(3)　本公開買付けにおける売付けの申込みを禁止し、または制限することを求める司法・行政機関等の判断が存在せず、かつ、これらに関する手続が係属していないこと。

(4)　対象会社に関して、未公表の重要事実および未公表の公開買付け等事実がいずれも存在しないこと、または当該事実を認識していないこと。

(5)　対象会社の取締役会において、本公開買付けに対して賛同の意見を表明するとともに、対象会社の株主に対し、その保有する対象会社株式を本公開買付けに応募することを推奨する旨の意見を表明する旨の意見表明決議が行われ、これが公表され、かつ、かかる表明が変更ま

たは撤回されていないこと。

　また、応募株主が公開買付けに応募することが応募株主の善管注意義務違反になるようなケースでは応募しないことを認める、いわゆるフィデュシャリーアウト（Fiduciary Out）条項が規定されることもある。

フィデュシャリーアウト（Fiduciary Out）を規定している条項の例
第●項の定めにかかわらず、本契約締結日から本公開買付けの公開買付期間の末日までの間に、対象会社株式を対象とする本公開買付け以外の公開買付けその他対象会社株式を対象とする買付け行為が提案または公表された場合、本応募を実行すること（既に本応募を実行している場合には、本応募の撤回をしないことを含む）が応募株主の取締役の善管注意義務または忠実義務に違反するおそれがあると合理的に認められるときには、応募株主は本応募を行わず、または本応募の撤回をすることができる。

　このような事情を踏まえ、信託契約における株式の処分の条件に関する定め方については以下のとおりいくつかの方法が考えられる。

a　大株主は信託契約締結時に信託銀行に対して応募契約の条件に従って公開買付けに応募することを指図する。

b−1　大株主は信託契約締結時に信託銀行に対して特に条件を付さず公開買付けに応募することを指図し、この指図は撤回不可なものとする。

b−2　大株主は信託契約締結時に信託銀行に対して特に条件を付さず公開買付けに応募することを指図し、大株主は、公開買付者による同意書を信託銀行に提出した場合でない限り、かかる指示を撤回することはできないものとする。

　aの方法で指図をすることは、応募契約の条件に忠実な指図ということにはなるが、例えば上記のような応募の前提条件が規定されていた場合、応募

の前提条件が充足しているか否かを判断するためには、公開買付者による表明保証違反や義務違反の有無を確認する必要があり、その確認を信託銀行にゆだねるのは困難なことが多いであろう。

　また、応募契約にフィデュシャリーアウト（Fiduciary Out）条項が規定されている場合も、その条項に従った応募の是非を信託銀行が判断することは難しいことが多いように思われる。「応募契約の対象となっている公開買付けよりも高い公開買付価格の公開買付けが開始された場合には応募しない（信託契約を解除する）」と規定されているような場合であれば、信託銀行としても公開買付価格の高低のみで、応募の是非を判断できる場合もあり得るが、他方で、上記条項例のように、応募株主の取締役の善管注意義務違反（またはそのおそれ）の有無により応募の是非が決まるような内容となっている場合には、信託銀行にその判断を任せるのは難しいように思われる。

　したがって、応募契約における応募の条件が充足しているか否かが機械的に判断できるようなケースでなければ、aのような指図をすることは困難であると思われる。

　この場合には、b－1またはb－2のように、特に応募の条件は付すことなく、応募の指図を行うことが考えられる。

　b－1は、撤回不能な指図を行うというものであり、仮に公開買付者に表明保証違反や義務違反があった場合でも、応募自体は行い、あとは応募株主から公開買付者に対する損害賠償請求の問題として処理することになる。

　b－2は、公開買付者の同意書を取得できた場合には、撤回の余地を残すものであり、応募契約上の前提条件を満たさなかった場合やフィデュシャリーアウト（Fiduciary Out）条項に従って応募義務がなくなる場合には、応募株主は、公開買付者からの同意書を取得した上で、応募撤回の指図をすることになる。もっとも、この場合も、公開買付者が同意書の提出を拒絶した場合には、応募を撤回することはできず、b－1と同様、応募株主から公開買付者に対する損害賠償請求の問題として処理されることになる。

⑵　処分条件とインサイダー取引規制との関係

　ケース①では、インサイダー取引規制の適用を回避する目的での信託譲渡を行うことが想定されている。したがって、インサイダー取引規制の適用を回避することができるように処分条件を定める必要がある。

　この点、インサイダー取引Q&A応用編問1において、上場会社が信託方式により自己株取得を行う場面についての記述であるが、「⑴信託契約……の締結・変更が、当該上場会社により重要事実を知ることなく行われたものであって、⑵①当該上場会社が契約締結後に注文に係る指示を行わない形の契約である場合、又は、②当該上場会社が契約締結後に注文に係る指示を行う場合であっても、指示を行う部署が重要事実から遮断され、かつ、当該部署が重要事実を知っている者から独立して指示を行っているなど、その時点において、重要事実に基づいて指示が行われていないと認められる場合」には、基本的にインサイダー取引規制には違反しないという考え方が示されている。

　これは、信託を活用してインサイダー取引規制を回避しようとする場合には、信託契約を締結する時点において委託者がインサイダー情報を保有していないことが当然の前提になるが、それに加えて、①委託者が株式の売却について指図を行わないこと、あるいは、②売却についての指図がインサイダー情報に基づかずに行われることが必要である。したがって、本節が対象にしているような応募株主が公開買付けの応募対象となる株式を信託譲渡するようなケースにおいても、これらの株式の処分についてどのような指図を行うことにより、インサイダー取引規制を回避することができるかの結論が異なってくることになる。

　上記⑴のとおり、信託契約に基づき信託譲渡した株式の処分についての指図の内容についてもいくつかの異なる方法が考えられることから、それぞれの方法を採った場合に、インサイダー取引規制を回避することができるのかという点について以下検討する。

　まず、上記⑴の**b−1**のような指図を行った場合には、インサイダー情報

を保有していない状態で公開買付けに応募することを指図しており、その後応募株主がインサイダー情報を保有することになったか否かにかかわらず、公開買付けへの応募についての指図を撤回することは想定されていないため、このような指図を行った場合には、インサイダー取引規制を回避することができることには異論はないであろう。

　他方で、上記(1)のaまたはb－2のような指図を行った場合には、一定の例外的な場合には、公開買付けに応募しないことも想定されている。

　もっとも、aのような指図を行う場合には、公開買付けに応募するか否かは信託銀行が応募契約の条件に従って判断をすることを前提としており、仮に応募株主が信託契約の締結後にインサイダー情報を保有することになったとしても、応募株主は公開買付けに応募するか否かの判断に関与することはないため、この場合にもインサイダー取引規制に違反することにはならない。

　これに対して、b－2のような指図を行う場合には、公開買付けに応募するか否かの判断（公開買付けに応募することを内容とする当初の指図を撤回するか否かの判断）に応募株主自身も関与することが想定されており、応募株主がその判断を行う時点においてインサイダー情報を保有している可能性も否定できない。そうすると、信託契約締結後も、応募株主がインサイダー情報に基づき応募株主が公開買付けに応募するか否かを判断する余地が理論的には残されており、b－2のような指図を行うことでインサイダー取引規制を回避できるかは必ずしも明確ではない[10]。したがって、インサイダー取引規

10　もっとも、公開買付けの応募への指図を撤回できるのは応募契約所定の例外的な場合に限定されているため、応募株主としてもインサイダー情報に基づき公開買付けへの応募の是非を自由に判断できるような状況にあるわけではない。したがって、公開買付けの応募への指図の撤回がインサイダー情報に基づくものではないことが客観的に明らかな状況の場合に限り撤回できることを担保するような措置が講じられていれば（例えば、信託銀行に対して公開買付けへの応募の撤回を行うにあたって、応募契約上応募を撤回できる事由についての説明を書面で信託銀行に提出することを義務付ける等）、b－2のような指図を行った場合でもインサイダー取引規制を回避できると考える余地はあるかもしれない。

制を確実に回避することが特に重要なケースでは b - 1 のような指図を行うこと（応募契約上の義務違反等については応募の撤回を許容するのではなく、損害賠償請求の問題として処理すること）を検討することになるであろう。

(3) 処分条件と公開買付規制との関係

a 信託譲渡が公開買付規制の対象となるか

第2章第2節[11]において既出の論点であるが、応募株主が信託銀行に対して行う上場会社株式の信託譲渡が公開買付規制の対象にならないかも問題となる。この点、信託譲渡による株式の取得も原則として公開買付規制にいう「買付け等」に該当するが、受託者が信託銀行であり、かつ、議決権行使権限や投資権限を有しない場合は、公開買付規制に抵触しないという整理が可能である。

ケース①から**④**のいずれにおいても、信託の委託者である応募株主が引き続き議決権の行使について指図権を有することにしても目的を達成することは可能であるため、信託契約においても、応募株主が信託の対象となった株式が売却されるまでの間は応募株主が議決権の行使について指図することができる旨を定めておくことを検討することになるであろう。

他方で、**ケース⑤**においては、応募株主が議決権の行使について指図することができる場合には、公開買付者の買付け後の株券等所有割合に合算する必要があると判断されるケースも考えられるので、信託契約において応募株主に議決権の行使について指図できないような内容の定めをし、公開買付規制の対象となる前提で検討する（具体的には、信託譲渡する株式の議決権数を3分の1以下の範囲とする）ことになるであろう。

b 公開買付価格と異なる売却価格とすることはできるか

ケース③では、大株主が信託譲渡した株式の一部を公開買付けに応募し、公開買付けおよびその後のスクイーズアウトの完了後に、信託された株式の

---

11 石綿学＝大石篤史＝山川佳子「事業承継における信託の活用」本書103頁以下。

うち公開買付けに応募されなかった株式は将来的に公開買付者に譲渡することが想定されている。

　この場合、スクイーズアウト完了後の売却における売却価格を公開買付価格と同じ価格に設定するということであれば、公開買付価格の均一性規制との関係で問題が生じることはない。他方で、スクイーズアウト後の対象会社の業績等に応じて売却価格を変動させたい等の公開買付価格と異なる価格で売却価格を決定したいというニーズがあることも考えられる。

　売却価格が機械的に決定できるような計算式で定められているような場合や算定機関が売却価格を決定するような場合には、そのような売却価格での売却を指図することも信託契約上は可能であると考えられるが、公開買付けの開始時に、将来公開買付価格と異なる価格（特に公開買付価格よりも高い価格）で売却する合意をすることが公開買付価格の均一性に反しないかは論点になる。スクイーズアウトにより対象者の有価証券報告書の提出義務が廃止された後の対象者の株式の買付け等は、公開買付けの対象にならないため、スクイーズアウト後に行われる信託銀行と公開買付者との間の株式譲渡の譲渡価額について、公開買付価格の均一性規制が直接及ぶことはないはずである。もっとも、株主の平等待遇を図るという観点から、買付価格について応募株主を公平に取り扱うという制度趣旨にかんがみれば、公開買付けの時点で大株主が保有する株式を公開買付価格と異なる価格（特に公開買付価格よりも高い価格）で取得する合意をすることは許容されないと考えることになるであろう[12]。

12　なお、**ケース③**では、大株主が公開買付者に譲渡することを想定しているため、この点が問題になるが、大株主が公開買付者とは無関係の第三者に譲渡することを目的にして信託を設定するようなケースでは、公開買付価格の均一性が問題になることはない。**ケース③**とは異なるが、例えば、公開買付者が公開買付けを行った後に、自らの株式を対価として株式交換を行うようなケースにおいて、大株主が株式交換の対価として交付を受けた公開買付者の株式に信託を設定し、一定の期間内に市場で売却するようなことも考えられる。また、**ケース⑤**においても、公開買付け後に手残り株が発生した場合には、市場での売却をしていくことになるであろう。

第2節　スクイーズアウト取引における
信託の活用可能性

谷口達哉／辻岡将基
（TMI総合法律事務所）

　平成26年会社法改正（平成26年法律第90号）やその後の税制改正により、スクイーズアウト（以下「SQO」という）を実行するための選択肢が拡充された。しかしながら、SQO後に残る株主（以下「買収者」という）を複数とする場合には、なおその利便性に欠ける部分が存在する。具体的には、株式売渡請求・株式交換を用いる場合には、SQO直後の株主を1名（およびその完全子会社）としなければならず、また、株式併合・全部取得条項付種類株式を用いる場合には、買収者が合計90％以上の議決権を保有する場合であっても株主総会決議が必要となる上、買収者の保有株式にも無用に端数株式が生じ、そのための処理や課税が生じることとなる。

　本節では、このような不都合を解消するため、信託を活用することにより、買収者が複数である場合においても、①株主総会決議を経ずに円滑にSQOを実施し、または②買収者の保有株式に生じる端数株式を可能な限り少なくすることができないかを検討する[1]。

⋯⋯⋯⋯⋯⋯⋯⋯⋯⋯⋯⋯⋯⋯⋯⋯⋯⋯⋯⋯⋯⋯⋯⋯⋯⋯⋯⋯⋯⋯⋯⋯

1　本節の執筆者である辻岡将基は本研究会のメンバーではないが、共同執筆者として参画するものである。

1 想定事例

◆ケース①

　買収者A・Bは、共同して上場会社を非公開化し、A・Bのみを当該
上場会社の株主としたいと考えている。A・Bは、SQOの実施前、（共
同TOBの実施により／TOBを実施するまでもなく既に）以下の割合の議決
権を有している。

	A	B	買収者合計	少数株主	総計
議決権割合	60%	30%	90%	10%	100%

　A・Bは、SQO後、最終的に上記と同様の割合（2：1）で議決権の
保有を継続することを想定している。

　当該事例において、信託によりA・B保有株式（90%）を1つのエン
ティティに集約することで、株式売渡請求を通じて株主総会決議を経
ず、かつ買収者の保有株式に端数株式を生じさせずに、円滑にSQOを
実施することはできないか。

◆ケース②

　買収者A・B・Cは、共同して上場会社を非公開化し、A・B・Cの
みを当該上場会社の株主としたいと考えている。A・B・Cは、SQO
の実施前、（共同TOBの実施により／TOBを実施するまでもなく既に）以下
の割合の議決権を有している。

	A	B	C	買収者合計	少数株主	総計
議決権割合	45%	18%	9 %	72%	28%	100%

　A・B・Cは、SQO後、最終的に上記と同様の割合（5：2：1）で

議決権の保有を継続することを想定している。少数株主を確実にSQO
しようとする場合、28％以上の株式を１株とする株式併合等を行うこと
となるが、この場合、Ｂ・Ｃ保有株式もいったん端数株式として処理さ
れることとなる（少なくとも株式全体の27％に相当する買収者の保有株式が
端数処理される）。

　当該事例において、信託によりＡ・Ｂ・Ｃ保有株式（72％）を１つの
エンティティに集約することで、買収者の保有株式に生じる端数株式を
可能な限り少なくすることはできないか。

2　想定される信託活用方法

　ケース①およびケース②において、信託を活用する場合に想定されるス
キーム（以下「本スキーム」という）は**図表３－１**のとおりである。

3　検　　討

⑴　信託譲渡と「買付け等」

　信託譲渡に基づく株式の取得が公開買付規制にいう「買付け等」に該当す
る場合、受託者に３分の１超の議決権に係る株式を集約することは原則とし
て公開買付規制に抵触することとなる[2]。このため、信託譲渡に基づく株式
の取得が公開買付規制にいう「買付け等」に該当するか否かが問題となる。

　そもそも公開買付規制にいう「買付け等」とは、「買付けその他の有償の
譲受け」を意味し、「譲受け」とは一般的に法的地位や権利を移転させるこ
とを意味すると考えられている[3]。信託譲渡とは、一般に信託契約に基づく
財産の譲渡および信託の設定に係る行為を意味するが[4]、信託財産が株式で
ある場合には、株主たる地位は受託者に移転することになるため、少なくと

2　金融商品取引法27条の２第１項。
3　法令用語研究会編『法律用語辞典［第３版］』1374頁（有斐閣、2006年）。
4　信託法３条１号参照。

図表３−１ スクイーズアウト取引における信託活用スキーム

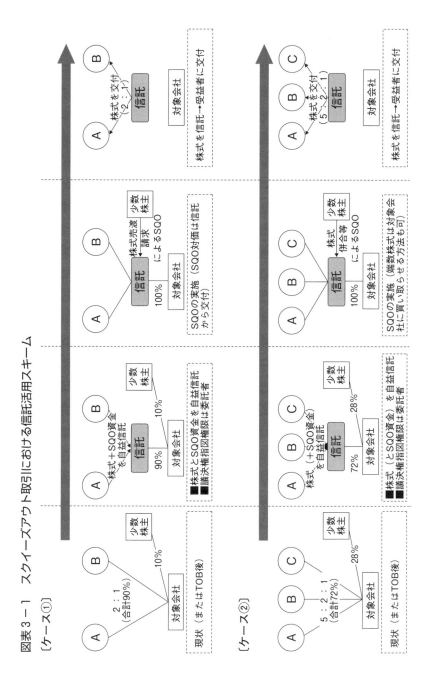

も文言上は信託譲渡に基づく株式の取得が「譲受け」に該当するといわざるを得ないであろう。

また、金融庁が公表したパブリックコメント回答によれば、現物出資による株式の取得も「有償の譲受け」に該当するものとされているところ[5]、そのような見解を前提とする限り、信託譲渡による株式の取得が「有償の譲受け」に該当しないとする理由は見出し難い[6]。

以上を踏まえると、信託譲渡に基づく株式の取得は、基本的には公開買付規制にいう「買付け等」に該当すると考えるのが自然であり、信託譲渡により受託者の議決権所有割合が3分の1超となる場合には、原則として公開買付規制に抵触すると考えるべきであろう[7]。

もっとも、このような考え方を前提としても、以下のような場合には、信託譲渡による株式の取得は公開買付規制に抵触しないこととなる[8]。

① 受託者が委託者の形式的特別関係者（1年超）である場合[9]

5　2004年11月12日付「証券取引法等の一部を改正する法律の一部の施行に伴う関係政令の整備等に関する政令案に対するパブリックコメントの結果について」における「コメントの概要とコメントに対する金融庁の考え方」。

6　公開買付規制における「有償の譲受け」にいう「有償の」の考え方については、宮下央＝谷口達哉「公開買付規制における「買付け等」の該当性」旬刊商事法務2182号20頁を参照されたい。

7　なお、このような考え方を前提とする限り、受益者が信託財産である株式の交付を受ける行為も同様に「買付け等」に該当すると考えるべきであり、本スキームにおいても、交付を受ける株式に係る有価証券報告書提出義務の消滅または中断後に株式の交付を受けざるを得ないこととなる。この点について、買付者の株券等所有割合が変動しない態様の株式の取得については、「買付け等」に該当しないのではないかという論点も存在する（証券法研究会編『金商法大系Ⅰ　公開買付け(1)』72頁（商事法務、2011年））。本スキームの場合、信託財産である株式は、受益者がその交付を受ける前から、受益者が議決権指図権限を有するものとして受益者の株券等所有割合の分子に含まれているため（金融商品取引法27条の2第1項1号、金融商品取引法施行令7条1項2号）、当該株式の交付により株券等所有割合が変動しないものといい得る。しかしながら、金融庁が公表する「株券等の公開買付けに関するQ&A」問13において、コール・オプションの行使による株式の取得が「買付け等」に該当するものとされていることを踏まえれば、買付者の株券等所有割合が変動しない態様の株式の取得が一律に「買付け等」に該当しないという考え方は一般的ではないといえ、少なくとも実務上は、交付を受ける株式に係る有価証券報告書提出義務の消滅または中断後に受益者に対して株式を交付する取扱いとしておくことが穏当であろう。

② 受託者が信託業を営む者（以下「信託業者」という）であり、かつ、議決権行使権限・投資権限を有しない場合[10]

以下では、受託者が上記②に該当することを前提に、本スキームを検討することとする。

(2) 信託受託者と「特別支配株主」

会社法上、株式売渡請求を行うことができるのは、特別支配株主（単独または完全子会社と合算して議決権割合90％以上を有する者1社または1名）に限定されている。本スキームの**ケース①**のような場合、実態としては複数の実質株主がそれぞれ90％未満の議決権を有しているにすぎないにもかかわらず、信託を活用することにより合計で90％以上の議決権を有するエンティティ（受託者）を創設することとなるため、このような受託者が「特別支配

8　本文記載の①②の場合のほか、峯岸健太郎「公開買付規制と信託」旬刊商事法務2254号69頁は、信託譲渡に基づく株式の取得のうち「信託譲渡後も、委託者兼当初受益者が受託者に対して議決権その他権利の行使について指図権（信託財産である株式その他財産について処分する権利を含む）を有し、かつ、受託者が名簿上の株主として受領した配当その他株主であることにより取得した権利については信託契約に基づき受益者に実質的に帰属し、かつ、信託の存続期間中において受託者は、信託財産である株式を処分することができない場合には、信託譲渡により、形式的には、受託者が株主として議決権を行使する場合であっても、実質的には、支配権の移転がなく、委託者兼当初受益者が実質的な株主であると評価することができ、信託譲渡に際して委託者が取得することとなる受益権は、信託財産たる株式に紐づいて意味を成すものであることから、当該受益権を信託譲渡の対価とみる必要はなく、有償性のない（あるいは一定の有償性はあるとしても、規制する必要のない）所有権移転であって、「買付け等」に該当しないと整理することも可能なように思われる」とする。公開買付規制の趣旨を実質的に勘案した上で「買付け等」の該当性を精緻に線引きする考え方に立てば、そのような見解を採用する余地もあると考えられよう。

9　この場合、信託譲渡による株式の取得は「適用除外買付け等」（金融商品取引法27条の2第1項ただし書、発行者以外の者による株券等の公開買付けの開示に関する内閣府令3条1項）に該当することとなる。例えば、創業家の資産管理会社に対して民事信託を行うような場合には、この①に該当するケースがあると思われる。

10　信託業者が信託財産として所有する株券等は、当該信託業者が議決権行使権限や投資権限を有しない場合には、株券等所有割合の分子に加算されないこととなるため（発行者以外の者による株券等の公開買付けの開示に関する内閣府令7条1項1号）、この場合には信託譲渡の対象となる株式の数にかかわらず、信託譲渡後の株券等所有割合が3分の1を超えないこととなる。

株主」に該当するかは検討を要する。

　まず、前提として、議決権指図権限が委託者や受益者に付与されており受託者は形式的にこれを行使するにすぎないとしても、会社法上、最終的に会社に対して議決権行使を対抗することができるのは受託者であって、少なくとも文言上は受託者が90％以上の議決権を有する株主に該当することは疑いないであろう。

　問題は、会社法上、特別支配株主が1社または1名に限定されている趣旨にかんがみて、実質株主が複数である場合には実体として「特別支配株主」とはいえないという評価を受けるか否かである。

　この点について、会社法上、特別支配株主が1社または1名に限定されている趣旨は必ずしも明確ではないが[11]、株式売渡請求における90％要件は略式組織再編における90％要件を参考にされたものであり[12]、略式組織再編における90％要件の趣旨は、存続会社等が議決権の90％以上をコントロールしている場合に株主総会を開催しても決議の結果が明らかであることに求められている[13]。このような立法経緯にかんがみれば、特別支配株主が1社または1名に限定されている背景としては、複数の株主が合算で90％以上を保有しているにすぎない場合、当該株主間の意見の相違等により議決権行使結果が分かれる可能性があることを踏まえ、必ずしも株主総会における決議の結果が明らかとはいえないという点が考慮されたものと考えられる。

　そのような背景にかんがみれば、信託を活用する場合においても、信託契約等において受託者がSQOを実施するために議決権を行使する旨が規定さ

11　立案担当者の解説によれば、「株式等売渡請求制度は、総株主の議決権の10分の9以上を有する特別支配株主が株主総会決議を経ずに機動的にキャッシュ・アウトを行って単独株主となることを認めるためのものであること」にその根拠が求められているが、なぜ立法経緯において単独（1社または1名）であることを前提とされたのかについては明らかとされていない（坂本三郎編著『一問一答　平成26年会社法改正［第2版］』259頁（商事法務、2015年））。

12　法務省民事局参事官室「会社法制の見直しに関する中間試案の補足説明」（2011年12月）40頁。

13　相澤哲編著『立案担当者による新・会社法の解説〈別冊商事法務295号〉』198頁（商事法務、2006年）。

れており、これを委託者や受益者が事後に変更することができないような場合には、議決権行使結果が分かれる可能性はなく、株主総会を開催しても決議の結果が明らかであるという上記趣旨が妥当するといえよう。

したがって、少なくともそのような規定がなされている信託の受託者については、「特別支配株主」に該当するといってよいように思われる。

(3) 株主平等原則との関係

本スキームを用いる場合、各買収者の保有割合によっては、一部の買収者より大きな保有割合を有するにもかかわらずSQOされる株主が存在し得る。例えば、**ケース②**でいえば、Cは9％しか株式を保有しておらず、少数株主は合計で28％保有している想定であるため、少数株主の中にはCよりも保有割合が大きい株主（9％超保有する株主。便宜上、以下「D」という）が存在する可能性がある。

このような場合に、買収者であるCについてはSQOされず、Cよりも保有割合が大きいDがSQOされるという事態は、その結果だけみれば、その有する株式の数に応じた平等な取扱いではないとして、株主平等原則（会社法109条1項）に抵触するようにもみえる。

しかし、前述のとおり、会社法上の株主はあくまで受託者であり、本来、株主平等原則も受託者と少数株主との間の平等性の問題であることや、買収者が単独でSQOを実行する場面においても、当該買収者がSQO後に他の株主（SQO前から存在した株主を含む）に対して株式を譲渡することが禁止されているものではなく、本スキームは実体としてそのようなケースと同様の効果をもたらすにすぎないことにかんがみれば、少なくとも上記のような結果のみをもって株主平等原則に違反するという結論が導かれるものではないと考えられる。

もっとも、通常のSQOと同様、例えば、特定の少数株主を締め出すことを主目的とするような場合に、実質的に株主平等原則に違反するものと評価される余地があるであろうし[14]、上記事例におけるCのように保有割合の低

い株主が買収者として追加された理由に合理性がないような場合には、特定の少数株主を締め出すことを主目的としたのではないかといった疑義が生じやすくなるであろう。

(4) 価格決定申立てによりSQO価格が変更された場合の取扱い

本スキームの**ケース①**のように株式売渡請求によりSQOを実行する場合、その後の価格決定申立てによりSQO価格が増額された場合には、特別支配株主である受託者が当該SQO価格（および年6分の利息）を支払う義務を負う[15]。

このため、受託者としては、そのような場合に備え、受託者が負担する増加費用（SQO価格の増額分、年6分の利息および訴訟追行費用等）について、信託契約上、委託者や受益者に対して追加信託の義務を負わせることが望ましい。

なお、受託者の固有財産が責任財産となることを完全に回避する観点からは、限定責任信託[16]を用いることも考えられるが、そのような場合、SQOされた株主にとってはSQO価格の公正性を争ってSQO価格の増額が認められたとしても当該増額分について支払を受けられないおそれが生じ、SQO手続の公正性に疑義が生じ得る[17]。このため、限定責任信託を用いる場合であっても、上記のような追加信託の義務を委託者や受益者に負わせた上で、

---

14 山下友信編『会社法コンメンタール(4) 株式(2)』147頁〔山本爲三郎〕（商事法務、2009年）。また、平成26年会社法改正前の議論ではあるが、SQOと株主平等原則との関係については、大塚章男「少数株主の締め出しと株主平等原則に関する一考察(上)(下)」旬刊商事法務1878号31頁、1879号24頁が詳しい。

15 会社法179条の8。

16 信託法第9章参照。なお、限定責任信託において、受託者が限定責任信託の受託者として取引をするに際しては、その旨を相手方に示さなければ、責任財産の限定を相手方に対抗できないとされており（信託法219条）、本スキームにおいて、どのような形で相手方にこの旨を示すかは実務上検討を要する点であると思われる。

17 経済産業省が公表した「公正なM&Aの在り方に関する指針―企業価値の向上と株主利益の確保に向けて―」46頁（2019年6月28日）は、「公開買付け後のスクイーズ・アウトに際して、反対する株主に対する株式買取請求権または価格決定請求権が確保できないスキームは採用しないこと」が望ましいとしている。

その旨の情報開示をあらかじめ行うことが望ましいであろう。

なお、株式交換（現金対価）、株式併合または全部取得条項付種類株式を用いてSQOを行う場合には、対象会社の反対株主は対象会社に対する株式買取請求に基づく買取価格や全部取得条項付種類株式の取得価格の価格決定申立てを通じて価格の公正性を争うこととなるため[18]、上記のような増加費用は対象会社にて負担することとなり、受託者として当該増加費用のリスクを負担することにはならない。

⑸　価格決定申立手続の参加者

本スキームの**ケース①**のように株式売渡請求によりSQOを実行する場合において、価格決定の申立てが行われた場合、裁判所は、特別支配株主である受託者の陳述を聴取し、また、特別支配株主である受託者に対して、期日呼出状・申立書が送付されることとなる[19]。この場合、特別支配株主は利害関係参加の申出を行うことにより利害関係参加人として価格決定申立てに関与することができると考えられるが、受益者においてもそのような利害関係参加人としての関与が認められるかは明らかでない。特に前述⑷のような追加信託義務を負う場合には、価格決定申立てにおいて最も利害関係を有するであろう。

非訟事件手続法上、利害関係参加を行うことができるのは、「①裁判を受けるべき者となるべき者」「②裁判の結果により直接の影響を受ける者」「③当事者となる資格を有する者」であり、このうち②③については裁判所の許可が必要とされている[20]。

このうち、「①裁判を受ける者となるべき者」とは、積極内容の裁判がされた場合に裁判を受ける者（自己の法律関係が形成される者）をいうところ[21]、

18　会社法785条、786条、182条の4、182条の5、172条、116条1項2号、117条。
19　会社法870条2項5号、870条の2第1項。
20　非訟事件手続法21条1項・2項。
21　金子修編著『一問一答　非訟事件手続法』17頁（商事法務、2012年）。

受益者は株式売渡請求の当事者ではなく、価格決定の裁判により自己の法律関係が形成されるものではないため、①には該当しないと考えられる。また、同様に、「③当事者となる資格を有する者」にも該当しない。

　もっとも、受益者は、価格決定の裁判の内容によって、自らが受益権を有する信託財産が変動することとなる立場にあり、かつ、前述(4)のように追加信託の義務を負うような場合には、価格決定の裁判によって当該義務の履行を求められる立場にあるため、「②裁判の結果により直接の影響を受ける者」には該当すると考えてよいように思われる。

4　おわりに

　買収者を複数とするSQOは、事業会社が対象会社を合弁会社とするために共同で買収する場合や、創業家が共同で対象会社を非公開化する場合など、実務上も様々な場面で実施されている。しかしながら、我が国におけるSQOの歴史は、SQOのために創設されたとまではいえない制度（全部取得条項付種類株式等）を用いて実務が発展し、そのような実務を後追いする形で立法がなされていった背景があるため、SQOについて多様な手法がつぶさに検証されているとはいい難い現状にある。買収者を複数とするSQOについて、その不都合やそのための解決策がこれまで正面から議論された形跡が見受けられないのは、そのような背景に起因するものと思われる。

　本節は、そのような不都合を解消するために信託を活用する可能性を検討したものであるが、以後、他のスキームの構築や法制度の改正を含め検討が進み、また、同様の不都合を解消するための信託の活用事例が集積されることとなれば望外の喜びである。

中山龍太郎／石﨑泰哲
（西村あさひ法律事務所）

第3節 企業結合規制における信託の活用の可能性

　近時、各国競争当局による企業結合審査は年々厳格化しており、審査の長期複雑化や問題解消措置の必要性が高まってきている。企業結合に対する競争当局の関心に応える典型的な手法は重複事業の売却であるが、審査期間が長期化する傾向にある企業結合審査にあって、重複事業の独立性を維持しながら最終的に第三者に支配権を移管する過程においてTrusteeが用いられる場面がある。これらのTrusteeは、必ずしも法的に信託を前提としたものではない面もあるが、財産の独立管理という点から信託スキームを有効に活用し得る余地がないかについて検討を試みる。また、企業結合規制に関する論点として、いわゆるWarehousingスキームにおける信託の利用の是非についても、併せて検討を行う。

1　欧米におけるTrusteeの活用

(1)　Divestiture Trusteeの概要

　問題解消措置の原則は、事業売却等のいわゆる「構造的措置」であり、原則的には本体取引実行までに買手（upfront buyer）を見付けて、売却を実行することが望ましいとされている。しかしながら、企業結合審査の進行いかんによっては、問題解消措置の要否や対象の確定が審査が相当程度進んだ段階にならないと判別できない場合も多く、そこから買手を見付けて売却を実行しなければならないとなると、本体取引の実行自体を大幅に遅らせなけれ

ばならないこととなる。

　そこで、具体的な買手が存在しない場合でも、将来において対象事業の売却を行うことを確約する（commit）ことで早期にクリアランスを得る手法が採られることがあり、その際に履行を確保する手段の1つとしてDivestiture Trustee（事業分割受託者）が用いられる。

　欧州の場合は、当初一定期間、当事会社自らで売却先を探すことが認められ、それが奏功しない場合にDivestiture Trusteeが選任されるのが標準的とされている。米国の場合は、当局との合意によって、当初からTrusteeが主導することもあるとされている。

(2)　典型的なTrustee MandateからみるDivestiture Trusteeの特徴

　以下においては、欧州委員会のTrustee Mandateのモデル条項[1]から、Divestiture Trusteeの特徴を示す部分を抜粋し、その概要を示すこととする。

a　Trusteeの選任

　　[X] hereby appoints the Trustee to <u>act as exclusive trustee to carry out the functions specified in the Commitments</u> for a [Monitoring Trustee and/or Divestiture Trustee] according to the Commitments and the Trustee hereby accepts the said appointment in accordance with the terms of this Mandate.

Trusteeとなる者は、確約（Commitments）において特定される機能を遂

1　https://ec.europa.eu/competition/mergers/legislation/trustee_mandate_en.pdf。下線部は筆者らによるものである。なお、"The Commission's Model Texts for Divestiture Commitments and the Trustee Mandate under the EC Merger Regulation." においてモデル条項の解説が示されている。

行する排他的なTrusteeとして選任されるものとされている。

b Trusteeの一般的な義務

The Trustee shall act on behalf of the Commission to ensure [X's] compliance with the Commitments and assume the duties specified in the Commitments for a [Monitoring and/or Divestiture Trustee]. The Trustee shall carry out the duties under this Mandate in accordance with the Work-Plan as well as revisions of the Work-Plan, approved by the Commission. The Commission may, on its own initiative or at the request of the Trustee or [X], give any orders or instructions to the Trustee in order to ensure compliance with the Commitments. [X] may not give instructions to the Trustee.

Trusteeは、欧州委員会を代理して、当事会社による確約（Commitments）の遵守を確保すべく行動すること、Trusteeは、Work-Planに従い、このMandateに基づく義務を遂行すること、欧州委員会はTrusteeに対していかなる要請をも行うことができることが定められている。

また、当事会社はTrusteeに対して指示を行うことはできないものとされている。

The Trustee shall propose to [X] such measures as the Trustee considers necessary to ensure [X's] compliance with the Commitments and/or the Mandate. and the Trustee shall propose necessary measures to the Commission in the event that [X] does not comply with the Trustee's proposals within the timeframe set by the Trustee.

Trusteeは、Trusteeが、当事会社による確約（Commitments）の遵守のために必要と考える方策について、当事会社に対して提案を行うべきことが定

められている。

c Divestiture Trusteeの義務

> [X] hereby gives the Trustee an exclusive mandate to sell the Divestment Business to a purchaser in accordance with this section and the Commitments.

当事会社は、Trusteeに対して、譲渡事業（Divestment Business）を買主に売却する排他的な権限を与えるものとされる。

> The Divestiture Trustee shall sell the Divestment Business at no minimum price and on such terms and conditions as it considers appropriate for an expedient sale in the Trustee Divestiture Period. In particular, the Divestiture Trustee may include in the sale and purchase agreement (as well as in ancillary agreements) such customary representations and warranties and indemnities as are reasonably required to effect the Sale. At the same time, the Divestiture Trustee shall protect the legitimate financial interests of [X]. subject to the Notifying Parties' unconditional obligation to divest at no minimum price in the Trustee Divestiture Period.

Divestiture Trusteeは、譲渡事業（Divestment Business）を、最低価格の制約を受けることなく売却するべきものとされている。また、同時に、Divestiture Trusteeは、（通知当事者の、譲渡期間内に最低価格の制約なく譲渡を行うという義務の範囲内で）当事会社の正当な経済的利益（legitimate financial interests）を保護するものとされている。

> [X] hereby grants a comprehensive and duly executed power of

> attorney to the Divestiture Trustee, set out in Annex ［・］, to effect the Sale of the Divestment Business….

当事会社は、譲渡事業（Divestment Business）の売却のために、包括的かつ有効な委任状をDivestiture Trusteeに与えるものとされている。

> The Trustee shall comply with the Commission's instructions as regards any aspects of the conduct or conclusion of the sale, in particular in ending negotiations with any prospective purchaser, if the Commission notifies the Trustee and ［X］ of the Commission's determination that the negotiations are being conducted with an unacceptable purchaser.

Trusteeは、売却の実施・実行のいかなる点に関する欧州委員会の指示（売主候補との契約の終了に関するものを含む）についても、これに従うものとされている。

(3) Monitoring Trusteeとは

欧州における企業結合規制において、問題解消措置に関する欧州委員会の決定内容に付された条件や義務の遵守につき当事会社を監視する義務を負う者を、Monitoring Trusteeという。Monitoring Trusteeは、潜在的な買主の独立性や適正の評価、分割資産の分離保有に関するコンプライアンスの監視等の役割を担い、欧州委員会の承認を得て、当事会社により任命される。

もっとも、その名称にTrusteeとはあるもの、Monitoring Trusteeは、必ずしも財産の管理または処分を目的とするものではなく、むしろ監督・報告等を主眼としており、法的な「信託」の利用になじむものではないと考えられることから、本節においては具体的な検討対象とはしていない。

2 Divestiture Trusteeの導入にあたっての論点

　日本においてDivestiture Trusteeと同様の制度の導入を検討する場合、信託法上の「信託」を利用することが考えられる。以下においては、その場合において問題となる法的論点を考察する。

(1) 「信託」を利用することの必要性はあるのか
　信託法上の「信託」の特徴として、信託財産の独立性（倒産隔離性）を確保するという点があるが、Divestiture Trusteeに関しては、法的な財産の独立性は必ずしもポイントではない。欧米のDivestiture Trusteeも、対象財産について一切の処分権を有するとされるが、委託者（売主）財産からの法的な独立性の確保までは必ずしも必要とはされておらず、どちらかというと民法上の代理による構成に近いとも考えられる。

　ただし、民法上の代理の場合は、本人が競合して財産の処分・管理権限を有することになる。欧米の実務では、クリアランス取得に際して、当局と一定の確約（commitment）・合意（consent decree）がなされ、これに違反した場合はクリアランスの取消しや違約金等の罰則が生じるが、我が国の場合は問題解消措置として当局に申し出た措置に違反した場合の法的効果には不明確な面も残る。この点からは、我が国においては、問題解消措置の実効性を維持するために受託者に財産の処分・管理権限が専属する「信託」によることのほうが望ましい面があるのではないかと思われる。

(2) 「信託財産」は何か
　Divestiture Trusteeを「信託」構成により導入する場合には、「信託財産」をどのように考えるべきかが問題となる。この点に関して最も直截な形式は、事業そのものを対象とすることであろう。上記1(2)cのモデル条項にもあるように、欧州のDivestiture Trusteeの売却対象は事業とされており、米国でも同様である。

しかしながら、日本の「信託」においては、信託財産は積極財産でなくてはならないので、事業そのものを直接に信託することはできない。積極財産の信託と消極財産の債務引受によって、事業そのものについて信託と同様の状況を作ることはできると解されているが、実務的には、事業価値の中核をなす取引関係や雇用関係を積極財産と消極財産に分けることは困難であること、また、信託の設定時に契約相手方等の個別の同意が必要となることからすれば、現実的に事業を信託財産にすることはハードルが高い。

したがって、法的構成としてはやや迂遠ではあるが、譲渡対象事業を会社分割によって完全子会社化し、その株式を信託するのが現実的であると考えられる。もちろん、会社分割手続に一定の期間やコストが必要とはなるが、譲渡自体が問題解消措置として必要とされている以上、いずれかの段階では必要となる手続であり、分割を先行することにも合理性は認められる[2]。当局との間の交渉次第では、会社分割を行うこと自体を問題解消措置として約束することで、クリアランスを得ることも考えられる。

(3) 受益者をどのように捉えるべきか

Divestiture Trusteeを「信託」構成により導入する場合には、「受益者」をどのように捉えるべきかという点が問題となる。この点に関しては、対象事業が最終的に売却された際の売却代金は、最終的には委託者（売主）に帰属すべきものであり、経済的利益の帰属という観点では委託者たる売主が単独受益者とみることが自然であろう。

他方、Divestiture Trusteeの責務として、売却代金の最大化は必ずしも中心的なものではなく（後記(4)参照）、むしろ競争秩序の維持・回復という売主固有の利益とは異なる社会的利益が中心的なものとして位置付けられている。また、事業売却（株式売却）先の決定等の中核的な受託事務に関する指

2　なお、かかる会社分割は、税務的には非適格分割となると考えられるが、問題解消措置自体が必要とされている場合には、いずれにせよ適格分割となる場合は多くはないため、大きな問題とならない場合も多いと思われる。

図権・同意権は競争当局が行使することとされている。このような実質を強調すれば、売主に加えて、競争当局ないし一般国民を受益者と捉えることも理論的には考えられるように思われる。

　もっとも、信託法上、「受益者」は「受益権を有する者」と定義されており（信託法2条6項）、「受益権」は「信託行為に基づいて受託者が受益者に対し負う債務であって信託財産に属する財産の引渡しその他の信託財産に係る給付をすべきものに係る債権……及びこれを確保するためにこの法律の規定に基づいて受託者その他の者に対し一定の行為を求めることができる権利」と定義されている（同条7項）。すなわち、法令上、「受益者」は「信託財産に係る給付」に関する権利を有する者であることが前提とされているところ、競争当局ないし一般国民は、「信託財産に係る給付」に関する権利を有するものと解釈できるかという点に疑問が生ずる。さらには、競争当局（我が国の場合は公正取引委員会）という国の一機関・組織あるいは国民一般のような抽象的な名宛人を受益者と捉えることで、信託に係る法律関係を複雑化させることとならないかという懸念もある。

　確かにDivestiture Trusteeの責務としては事業売却（上記のとおり、実務的には、会社分割によって譲渡対象事業を承継した子会社の株式売却となる）の遂行が中心的なものであり、売却代金の最大化は必ずしも徹底されないといえるが、事業売却（株式売却）自体の成功により問題解消措置が図られることで、結果として、本体取引を成就できるという意味で売主の利益に資するという整理も可能と考えられ、かかる点を重視すれば売主を「受益者」とすることには合理性はあると考えられる。また、競争当局に指図権・同意権を認めることについても、その具体的な権利を信託行為である信託契約において定めることで、その目的を十分に達し得ると考えられる[3]。

　以上の考察からすれば、実質において売主のみが単独の受益者といい切れ

---

[3]　信託法上、「受益者」にも監督権が法的権利として認められているが（信託法92条）、かかる権利を認めたとしても対象事業の運営や処分の独立性が直ちに阻害されることにはならないであろう。

るかについては議論があり得るものの、法的関係としては売主が単独の受益者という整理を行うことが合理的な解釈であろうと考えられる。

(4) 受託者の責務：事業売却（株式売却）の遂行

a 事業売却の条件

前記1(2)cのモデル条項にもあるように、欧米では、受託者は、対象事業をいかなる価格であれ（at no minimum price）売却すべきものとされている。他方で、売主の正当な経済的利益（legitimate financial interests）も考慮すべきものとされている。

なお、売却に合理的に必要と考えられる通常求められる表明保証、補償条項等を契約に入れることも認められており、このような点は日本においてDivestiture Trusteeの制度を導入する場合にも参考になるであろう。もっとも、「信託」を利用することを前提とすると、信託財産の売却という取引の性質上、価格以外の条件についてどの程度の制約が具体的に可能かという点は考慮が必要であり、例えば、売主にどの程度の表明保証責任を負わせることが可能か等は実務的に論点となるであろう。

b 売却についての実質的な意思決定の手法

受益者（売主）が、売却について意思決定を行うことは、必要以上に経済的利益を考慮したり、ビジネス上の影響等を考慮して意思決定を行う懸念があり、問題解消措置の趣旨からは必ずしも望ましくない。他方で、競争当局は買主が競争の維持・回復にとって有効か（viable buyerか）どうかについては関心があるが、viable buyer間での優劣を定めることや、経済的な条件交渉には関心を有していない。

したがって、受託者自身が実質的な意思決定を行うことが建付けとしては望ましいが、受託者のみが売却の意思決定を行うのは必ずしも実務的とはいえない場合もある。そこで、弁護士や金融機関経験者等からなる委員会をあらかじめ競争当局の同意を得た上で組成し、かかる委員会を実質的な意思決定機関または諮問機関として用いることも考えられるであろう。この場合、

第三者委託（信託法28条1号）の制度を活用することも考えられる。第三者委託の場合には、原則として受託者が第三者に対して信託の目的の達成のために必要かつ適切な監督を行う義務を負うが（同法35条2項）、①信託行為において指名された第三者や、②信託行為において受託者が委託者または受益者の指名に従い信託事務の処理を第三者に委託する旨の定めがある場合において、当該定めに従い指名された第三者に対してはそのような監督義務を負わないため（同条3項）、このような例外の対象となる第三者を委員として指名することも考えられる。なお、その場合でも、各委員について、委託者（売主）からの独立性が確保されることが前提となろう。

c 外部専門家（投資銀行、弁護士・会計士・税理士等）の活用

事業売却（株式売却）の局面では、投資銀行、弁護士・会計士・税理士等の外部専門家の起用が必要となることが通常であるが、かかる外部専門家の起用についても、受託者が外部専門家として第三者委託の形で依頼し、その費用については（信託法48条以下の適用を受ける）受託者の費用として取り扱うのが自然であると考えられる。

また、外部専門家の指名については、競争当局から異議を述べられない限りは、委託者（売主）が事前に指名した者や、指図した者とすることも認められるものと考えられる[4]。前記bで述べたように、信託法35条3項に基づき受託者に監督義務が発生しないようなアレンジメントも考えられる。

d 売却についての競争当局の承認プロセス

買主および主要な売却条件については競争当局が競争法的観点から審査・承認することとなり、場合によっては条件についても変更を求める場合もある。

この点については、制度上、競争当局に指図権を認めることも考えられる

---

[4] 信託行為において定められているか、あるいは、単独受益者である売主の指図である限り、例えば、信託銀行がグループ内の投資銀行をアドバイザーに選任したとしても忠実義務違反や金融機関としての利益相反管理方針違反を問われるリスクはないと整理し得るものと考えられる。

が、信託の目的（信託法2条1項）として「競争当局が満足する買主および条件で売却すること」といった定めを置くことでも対応はできるように思われる。

(5)　受託者の責務：対象事業（株式）の価値維持

上記(4)に述べた事業売却（株式売却）の遂行以外の受託者の責務として、対象事業の価値の維持に関するものが考えられる。一般論としては、売却が完了するまでの間、受託者は対象事業を独立して運営し、その事業価値を維持することも期待されるところではある。もっとも、信託財産を会社分割によって譲渡対象事業を承継した子会社の株式とすることを前提とすると、受託者は株主としての権限行使を行うにとどまることになる[5]。そうすると基本的には、対象事業が従前どおり自律的に運営される限りは[6]、特段の権限行使は期待されていないとも考えられる。

しかしながら、対象事業の経営陣が関与する不正行為など対象事業のガバナンスに深刻な問題が発覚したり、あるいはそのおそれがあるような場合には、ガバナンスが機能回復するような限度で株主としての共益権の行使が求められると解するべきであろう。ただし、このような内容を信託契約等において具体的にどのように表現するかはさらに検討が必要となる。

なお、受託者が株式に関する議決権行使を行うとして、信託銀行が受託者となる場合には、①銀行法の議決権保有規制（銀行法16条の4第1項）[7]と②私的独占の禁止及び公正取引の確保に関する法律（以下「独占禁止法」という）上の議決権保有規制（独占禁止法11条1項）[8]との関係が問題となるが、いずれも法令上の適用除外の対象となると整理可能である[9]。

5　問題解消措置としての趣旨からは、対象事業に対する議決権の指図権を委託者（売主）が有する構造は望ましくないといえる。

6　対象事業の具体的な運営は、対象事業の業務執行者が執り行うことになるが、かかる業務執行者をどのように選任するのか、委託者（売主）との独立性をどの程度求めるかという点も、別途論点となるであろう。

7　銀行またはその子会社は、原則として、国内の会社の議決権について、合算して総議決権の5％を超える議決権を取得し、または保有してはならない。

3　信託を利用した暫定的な事業譲渡とWarehousing

(1)　信託の利用とWarehousingの意義

　競争法上の企業結合規制の制約のもとで、できるだけ早期に取引を実施できるよう、買主がクリアランスを取得するまでの間、いったん第三者が対象会社の株式や対象事業を暫定的に取得し、買主がクリアランスを取得した後に対象会社の株式や対象事業を当該第三者から買主に対して譲渡するスキームが考えられる。企業結合規制に対応するための「信託」の利用という観点からは、上記のような第三者として、信託を介在させるスキームが検討され得る。

　上記スキームは、いわゆるWarehousingともいわれる取引の一類型といえる。Warehousingは、本来的には競争当局への事前届出とクリアランス取得が必要な単一のM&A取引を、個別の取引・ステップに細分化・分解することによって少なくとも個別の取引・ステップの一部の実行について独占禁止法・競争法が定める届出・待機義務を回避するものである。

(2)　法的構成

　このようなスキームに信託を利用する場合として、典型的には、買主がクリアランスを取得するまでの間、対象会社の株式や対象事業を信託銀行等に信託し、買主がクリアランスを取得した後に対象会社の株式や対象事業を当該信託銀行から買主に対して譲渡するといった対応が考えられる。

8　銀行は、あらかじめ公正取引委員会の認可を受けた場合その他一定の場合を除き、他の国内の会社の議決権をその総議決権の5％を超えて有することとなる場合には、その議決権を取得し、または保有してはならない。

9　銀行法に関しては、信託財産である株式に係る議決権については、原則として、議決権保有規制との関係で銀行が保有する議決権から除外される（銀行法16条の4第9項、2条11項、銀行法施行規則1条の3第1項2号）。また、独占禁止法についても、金銭または有価証券の信託に係る信託財産として株式を取得し、または所有することにより議決権を取得し、または保有する場合については、例外として議決権の取得は認められる（同法11条1項ただし書。なお、1年間以上の保有については、公正取引委員会の認可が必要となる（同条2項））。

そして、Warehousingの目的（独占禁止法・競争法が定める届出・待機義務を回避しつつ取引の一部を実行すること）からすれば、信託設定時点において、売主に対して実質的な譲渡対価が交付されることが通常企図されるものと考えられる。

　この場合、対象会社の株式や対象事業の所有権は受託者たる信託銀行等に帰属し、信託の受益者は買主となる（対象株式・対象事業の経済的価値は、信託の設定時点で売主から買主に移転する）と考えられる[10]。

(3)　Warehousingスキームの法的問題

　上記のようにWarehousingスキームとして信託を利用することも理論的には考えられるが、近時の各国競争当局の態度からすると、その適法性に疑義を呈される可能性も十分に考えられる。

　例えば、EUにおいては、Lagardère社がVivendi Universal Publishing社を買収した事案において、金融機関を介在する形でWarehousingが利用されたが、その後、EU当局から複数の取引であっても1つの企業結合取引として取り扱われる可能性が示されている[11]。また、日本でも、2016年の東芝メディカル株式の譲渡取引に関して、①買主のクリアランス取得前においては、議決権株式を第三者たる特別目的会社がいったん保有しつつ、買主は無議決権株式等を取得し、②買主によるクリアランス取得後において、初めて買主が議決権株式を取得するという一連のスキームについて、公正取引委員会が、譲渡当事者に対して注意等を行った上で、「今後、企業結合を計画する者が仮に上記のようなスキームを採る必要があるのであれば、当該スキームの一部を実行する前に届出を行うことが求められる」と指摘した例がある[12]。同スキームについては、中国、米国、EUの各競争当局からも各競争

10　なお、単に届出・待機期間が問題となる場合とは異なり、クリアランスが取得できるかが実質的に問題となる場合には、クリアランスが得られない場合の処理について別途検討が必要となる。

11　Commission Consolidated Jurisdictional Notice under Council Regulation（EC）No 139/2004 on the control of concentrations between undertakings 1.5.2

法上の違反を問題視された。

　また、Warehousing取引においては、スキームの一部実行時点で譲渡対価が支払われることが多く、そのような場合には売主側において対象事業の事業運営へのインセンティブが失われてしまうことが考えられ、競争法的な考慮からはクリアランスの前にそのような取引が実行されること自体が問題であるとの価値判断がなされる可能性もあり得る。

　上記のような競争当局の態度や価値判断も踏まえると、信託を介在したスキームを含め、Warehousingと評価され得るスキームについては、その内容によっては競争当局から適法性について厳しい見方がなされることも十分にあり得るという点に、留意が必要である。実際にこのようなスキームを採る場合には、事前に競争当局と十分な調整が必要となるであろう。

4　おわりに

　競争法上の企業結合規制や問題解消措置の場面における信託の利用可能性については、これまで我が国においてほとんど議論がなされていなかったものと思われる。しかしながら、各国における企業結合審査の厳格化の傾向を踏まえつつ、早期に取引を完了したいという取引当事者の要望に応える観点から、問題解消措置への対応を含め企業結合規制への対応として信託を活用する実務的ニーズが今後高まっていくことも考えられる。

　本節で述べる議論はかなり基本的な内容にとどまるものであるが、今後さらに関連論点について議論が進展し、企業結合規制への対応として信託の利用が実務的に広がっていくことが期待される。

12　公正取引委員会「キヤノン株式会社による東芝メディカルシステムズ株式会社の株式取得について」（2016年6月30日）（https://www.jftc.go.jp/houdou/pressrelease/h28/jun/160630_2.html）。

M&Aにおける信託ソリューション

　信託銀行がM&Aに関して提供する信託ソリューションには、M&Aを自己株対価で実施する場合の自己株式取得信託、株式売買契約に基づく資金決済や瑕疵担保補償金保全の際のエスクロー信託、LBOローンにおける全資産担保を受託者が担保権者となることで担保管理事務をアウト

[図表1]　企業統合時における信託プロダクツ例

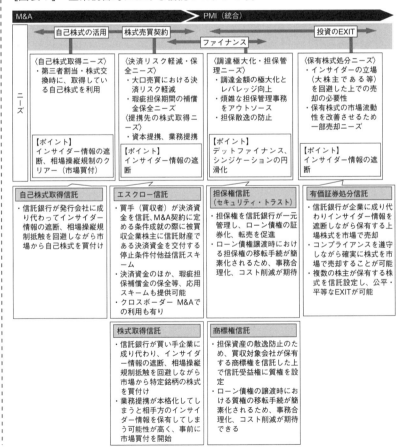

ソース化する担保権信託（セキュリティ・トラスト）や、取得株式の一部を売却し資本構成の調整等を行う場合の有価証券処分信託などがある[図表１]。

担保権信託（セキュリティ・トラスト）

担保権信託（セキュリティ・トラスト）は、2006年の信託法改正（2007年施行）を受けて実務上取扱いが可能となった信託であり、みずほ信託銀行では、LBOファイナンスローンにおける全資産を担保とする担保権信託を2008年から受託している。民法上、担保権者と債権者の一致が求められるのが原則であるところ、担保権信託は、その例外として新たに

[図表２] 担保権信託（セキュリティ・トラスト）スキームの例

◆LBOローンにおける全資産担保について、受託者を担保権者として担保管理事務をアウトソース化
◆多種多数の担保資産への担保設定／解除実務や、シンジケートローン譲渡時の手続の合理化等により担保管理を円滑化

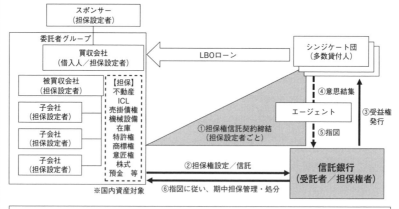

➤ボロワーと被買収会社を委託者、レンダーを受益者、信託銀行を受託者として三者間で担保権信託契約を締結
➤委託者は、受益者のための担保を、受託者を担保権者として設定することにより、担保権を信託
➤期中、受託者が担保権者として担保管理事務を遂行。また、ローン譲渡時の債権者変更は受益権譲渡で完結

導入された担保管理設定手法である。担保権信託では、債務者が設定した担保権を信託して、受託者がこれを保有・管理し、債権者は当該信託の受益者として、信託を通じて担保権の便益を受ける。

これを活用することにより、シンジケートローンなどレンダーが多数存在し、被担保債権の譲渡が想定されるような場合、受託者である信託銀行が担保権を一元管理するため、担保権関連契約の締結や変更等を信託銀行が一貫して行い、担保権の管理・実行に関する手続的負担を低減することができる。また、債権の譲渡が発生しても、担保権は信託銀行が保有し続けるため、担保付債権を譲渡する際の煩雑な手続が簡便化される。そのため、現在に至るまで、多種多様な担保資産についての担保権信託の利用が増えている。特に、現金、不動産や株式をはじめ、金銭債権、在庫、知的財産権など全資産を担保取得するLBOファイナンスローンでは、受託者を担保権者として担保管理事務をアウトソースするために、担保権信託の利用が有力な選択肢となっている［図表2］。

信託財産としての知的財産権

2004年12月の信託業法改正により知的財産権を信託財産とすることが可能となったことを受け、2006年に我が国初となる商標権信託が設定された[1]。商標権信託とは、商標権（トレードマーク）を信託財産とする信託であるが、レンダーがその信託受益権に質権を設定することで資金調達することが可能となる資金調達する信託受益権担保スキームであり、ローン転売時の質権者変更手続の簡素化・迅速化を可能とした。もっとも、現在は、知的財産権の担保取得ニーズには先ほどの担保権信託で対応している。

別の事例としては、同年に、ソフトバンクが買収したボーダフォンの携帯事業の証券化を実施した際、携帯電話の絵文字を意匠権として信託

---

[1] 本書参考資料 新聞記事5「「商標権」信託し担保に」（254頁）参照。

設定して担保取得したケースがある[2]。それ以前にも、ソフトウェア著作権を信託設定し、信託経由でライセンシーに著作権の利用許諾をするスキームがあり、そこでは、委託者（プログラム開発者）倒産時にも受託者がライセンスを管理してその保護を図ることが可能となる。また、芸術家の著作権を信託設定するスキームは従前から活用されているが、最近では、より個別性の強い事情を踏まえた承継の観点から遺言代用信託を活用するなど、「承継×信託」の新たなオーダーメイドニーズが発現している。

TOBに関連する信託の活用

　［図表1］の「企業統合時における信託プロダクツ例」に記載の信託ソリューションは、比較的利用例が多くコモディティ化が進んでいるプロダクツといえる。ただし、そうしたプロダクツの1つである有価証券処分信託は、信託を通じた株式の市場売却を基本としながらも、売却中の株式をTOBに応募する条件設定をあらかじめ行い、実際に信託銀行からTOBに応募（TOBは成立し、最終的にスクイーズアウトにより残余の信託株式を全株売却）する例があるなど、個別ニーズに応じたカスタマイズが進んでいる。

　過去には、アクティビストに対する買収防衛策として、2005年の会社法成立により可能となった「ポイズンピル信託」が活用された。ポイズンピル信託は平時導入型のもので取得条項付新株予約権を活用したものであった。買収防衛策として活用が広がったが、定期的に株主総会決議を得る必要があり、コーポレートガバナンス・コードおよびスチュワードシップ・コードを適用する機関投資家等の反対が増え、廃止が進んだ。近時は、2020年にTOB実施可能性の伝達を受けた企業による新たな「有事導入型買収防衛策」の導入が行われ、その後、複数の導入事例が

2　本書参考資料 新聞記事6「ソフトバンク携帯事業　大規模証券化を支援」（255頁）参照。

確認されている。

　また、アクティビストは、投資先企業の長期的価値向上や短期的な株主リターンを求め、自己株式の取得、増配、成長投資、事業売却、政策保有株式の売却など様々な要求を行う。そのうち政策保有株式の売却は、コーポレートガバナンス・コード等の観点からも株式保有企業に要請される。株式保有企業は保有意義の検証を定期的に実施し削減を進めているが、この政策保有株式の削減は、株式発行企業の了解を得ながら進めることが通常である。その売却交渉において、将来の売却については理解を得たものの現時点では継続保有を求められ、売却が進まないケースがある。そうした際の信託ソリューションとしては「議決権留保型有価証券信託」（「株式流動化信託」[3] ともいう）が考えられる。「議決権

[図表3]　TOBに関連する信託事例②のスキーム図

◆A社はB社との経営統合を目指すステップとして、TOB規制に抵触しない水準のB社株式を取得
◆ただし、A社特別関係者の行動がアンコントローラブルのケースにおいて、A社特別関係者が対象株式を買い増す可能性あり（経営統合に反対の意向で協調不能）
◆そこで、A社特別関係者が水面下でB社株式を買増したことで、事後的に3分の1を超える取得であったことが判明したときに、当該超過株式を売却する信託契約を株式取得前に締結することで、TOB規制抵触を回避

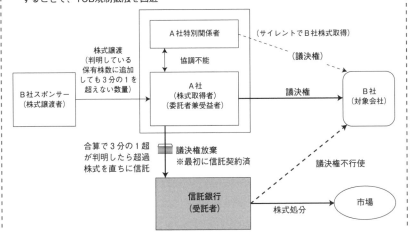

留保型有価証券信託」とは、株式保有企業がその保有株式について設定する信託であって、信託受益権を将来の株主に売却しつつも、一定期間は議決権行使の指図権を留保して、信託期間満了時に新しい株主に株式を交付するものをいう。数年間限定とはいえ現在の株主が議決権を行使することから、発行会社との関係性を踏まえた緩やかな持合株式の解消につながるスキームであり、交渉難航先から売却応諾を得るために有効なスキームと考えられる。

　また、個別性の強いオーダーメイド的な信託として、「TOBに関連する信託」も活用されている。第2章第1節の議決権コントロール信託以外では、例えば、①TOB規制への抵触懸念回避のため一定の株式を信託銀行にあらかじめ拠出し議決権を放棄する仕組み、②特別関係者の保有分が流動的な状況下における株式取得の結果、事後的にTOB規制への抵触が判明した際に超過分の議決権を放棄しながら直ちに売却する仕組み

[図表4]　TOBに関連する信託事例③のスキーム図

◆上場会社の創業者オーナー（大株主）は、当社を対象としたTOBに対する応募を公開買付者と合意するも、保有株式の一部を複数の金融機関に担保提供等しており、担保解除が必須
◆担保解除のためにレンダーが創業者の既存借入の肩代わり資金を提供。返済による返還株式をTOBに応募する確実性を高め、かつ肩代わり資金の提供を円滑にするため、信託機能を活用

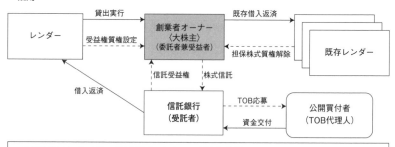

・創業者のインサイダー情報遮断によりTOB応募を担保
・信託受益権への質権設定により株式への質権設定を回避、TOB応募を担保

3　有吉尚哉「コーポレートガバナンスと信託」ジュリスト1520号25頁。

（[図表3]参照）、③ファミリービジネスのオーナーが担保提供している自社株式を友好的TOBに応募する際に確実にTOBに応募するために信託機能を活用する仕組み（[図表4]参照）などがある。

　また、本章第1節「公開買付けに関する信託の活用可能性」では、4つの信託を活用するニーズ・活用例が示されている。いずれのケースも具体的なニーズに基づいたものであり、今後、活用ケースの積み上げが期待される。特に、プレミアムTOBの後にディスカウントTOBが行われるような「2段階公開買付けを実施する場合」での信託活用に注目している。

日本企業が関わるM&Aの増加

　日本企業が関わるM&A件数は、2021年も高水準で推移している。2020年はコロナ禍が始まったショックもあり、2019年の4,088件から3,730件へ約8.8％減少したが（[図表5]参照）、2021年は増加に転じ2021年1月～11月は3,800余件と過去最高水準となっている[4]。

　投資ファンドへの資金の集中、企業による事業の選択と集中の加速、ファミリービジネスのファミリー以外への事業承継の増加、海外へ活路を見出す動きの増加、2022年4月の東京証券取引所の市場区分再編への対応など様々な要因が作用し、M&Aの件数・金額ともに増加している。

大型M&Aの増加

　2021年4月には著名な外資系PEファンドが東証1部上場メーカーに対して2兆円超でバイアウト提案するメガディールが報じられた。物言う株主への対応として非上場化を提案したものであったが、当初提案のPEファンド連合に加えて、別のPEファンドも検討するなど買収合戦に発展する様相をみせたが、検討は中断となった。こうした動きをみる

4　出典：株式会社レコフデータ調べ。

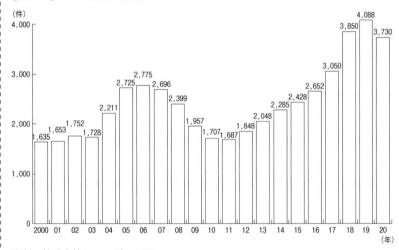

資料：株式会社レコフデータ調べ
出所：中小企業庁2021年度版中小企業白書

　と、これまで対象にならないと思われてきた企業であってもバイアウトの対象になる時代になったといえる。

　また、「グループ・ガバナンス・システムに関する実務指針」「公正なM&Aの在り方に関する指針」[5]を受けた動きもあり、親会社による上場子会社の完全子会社化や事業売却の大型化が進んでいる。2020年の親子上場の解消を目的としたM&Aでは、NTTによるNTTドコモに対するTOBによる完全子会社化（総額4兆2,500億円超）などの大型事例が相次いだ。

　TOBに関しては、例えば2020年にコロワイドによる大戸屋ホールディングスへの「敵対的TOB」、同年DCMホールディングスによる島忠へのTOBに対するニトリホールディングスの「対抗TOB」、2021年にはインベスコ・オフィス・ジェイリート投資法人に対する敵対的TOBに対するスポンサー企業の「防衛TOB」などが成立した。非友好的な買付けとそ

5　いずれも経済産業省2019年6月28日策定。

れに対応する動きが増えており、こうした動きは今後も続くとみられる。

信託の活用

　これまでみてきたように、今後もM&Aは件数が増え、従来にない複雑かつユニークな事例が出てくることが予想される。引き続きM&Aに関連し、議決権コントロール機能、インサイダー情報遮断機能、財産管理機能や財産転換機能（受益権化）などを活用して、取引の円滑化、取引の確実性や各法令の遵守等に資する信託ソリューションを関係者と協働し、柔軟に提供していきたいと考える。

（石井孝史／みずほ信託銀行　ストラクチャードプロダクツ営業部）

第 4 章

その他新しい取り組み

第1節　コーポレートガバナンス・コード対応における信託の活用可能性

仁科秀隆
（中村・角田・松本法律事務所）

　2018年6月1日に改訂された以後のコーポレートガバナンス・コードは、政策保有株式について、縮減を基本的な方針とすべきことを明確にするとともに、上場会社に対して、政策保有株式の保有の適否の検証ならびに議決権行使基準の策定および当該基準に沿った議決権の行使を求め、かつ、検証結果や議決権行使の基準については開示も求めている。もっとも、こうしたコーポレートガバナンス・コードの要請に、政策保有株式の保有会社が説得性・透明性のある形で応えることは必ずしも容易でない。本節では、信託を活用することにより、こうした政策保有株式への対応のレベルアップを図ることができないかを検討する。

1　政策保有株式に関するCGコードの規定

(1)　CGコードの規定と解釈

　コーポレートガバナンス・コード（以下「CGコード」という）の原則1－4は、下記のように規定している（取消線および下線は2018年6月1日のCGコード改訂時における、従前のCGコードからの変更点を示す。なおCGコードは2021年6月11日に再改訂されたが、再改訂時に原則1－4の見直しは行われなかった）。

> **【原則１−４．いわゆる政策保有株式】**
>
> 上場会社がいわゆる政策保有株式として上場株式を保有する場合には、(①) 政策保有株式の縮減に関する方針・考え方など、政策保有に関する方針を開示すべきである。また、毎年、(②) 取締役会で主要な、個別の政策保有株式についてそのリターンとリスクなどを踏まえた中長期的な経済合理性や将来の見通しを検証し、これを反映した保有のねらい・合理性について具体的な説明を行うべきである。、保有目的が適切か、保有に伴う便益やリスクが資本コストに見合っているか等を具体的に精査し、保有の適否を検証するとともに、(③) そうした検証の内容について開示すべきである。
>
> 上場会社は、(④) 政策保有株式に係る議決権の行使について、適切な対応を確保するための具体的な基準を策定・開示すし、その基準に沿った対応を行うべきである。
>
> （かっこおよび丸数字は筆者）

　上記①の「政策保有株式の縮減に関する方針・考え方など」については、政策保有に関する投資家と上場会社との対話をより建設的・実効的なものとするため、自社の個別事情に応じ、例えば、下記の事項を示す必要があると考えられている[1]。

・保有コストなどを踏まえ、どのような場合に政策保有を行うか

・検証結果を踏まえ、保有基準に該当しないものにどのように対応するか

　また上記の②については、実質的に取締役会自らが検証を行う必要があり、かつ、個別の銘柄について検証を行うことが必要であるとされている[2]。

1　東京証券取引所「「フォローアップ会議の提言を踏まえたコーポレートガバナンス・コードの改訂について」に寄せられたパブリック・コメントの結果について」（2018年6月1日）246番および247番への回答。
2　東京証券取引所・前掲注１・216番から220番への回答。

その上で、当該検証の開示（上記の③）にあたっては、個別の銘柄ごとに保有の適否を含む検証の結果を開示することまで求められるものではない。一方で、単に「検証の結果、全ての銘柄の保有が適当と認められた」といった、一般的・抽象的な開示では足りず、例えば、下記の点について、具体的な開示が行われることが求められる[3]。

・保有の適否を検証する上で、保有目的が適切か、保有に伴う便益やリスクが資本コストに見合っているかを含め、どのような点に着眼し、どのような基準を設定したか

・設定した基準を踏まえ、どのような内容の議論を経て個別銘柄の保有の適否を検証したか

・議論の結果、保有の適否について、どのような結論が得られたか

さらに、上記の④については、もともと改訂前の原則1－4も、政策保有株主について、株主総会における議決権行使を通じた監視機能が形骸化し、いわゆる「議決権の空洞化」を招くおそれがあるなどといった懸念を踏まえ、議決権行使について、適切な対応を確保するための基準の策定・開示を求めていた。しかし、こうした基準をめぐっては、内容が明確性に乏しい場合があり、内容をより充実させた上で開示を求めるべきとの指摘や、政策保有株式に係る議決権行使の適切性の確保を図っていくべきではないかといった指摘がなされたため、CGコードの改訂の際に、策定・開示すべき基準について「具体的な」という文言が追記され、さらに、当該基準に沿った対応（すなわち議決権行使）を行うべきことが明確化された[4]。

(2) CGコードにより求められること

上記(1)のような原則1－4の規定および解釈からすれば、政策保有株式を保有している上場会社は、当該原則をコンプライするためには、以下のような対応が求められることになる[5]。

3　東京証券取引所・前掲注1・221番から233番への回答。
4　東京証券取引所・前掲注1・249番および250番への回答。

a　縮減に関する方針の策定・開示

・「具体的な」基準の策定・開示が必要

b　保有の適否に係る検証の実施・検証結果の開示

・検証はすべての銘柄について個別に行う必要があり、例えば時価が一定額以上の銘柄のみに絞ることはできない

・検証の中で保有に伴う便益と資本コスト[6]の対比を行う必要がある

・基準に沿って検証をしたことについての「具体的な」開示が必要である

・個別の銘柄ごとの検証の結果の開示までは不要であるが、政策保有に関する投資家と上場会社との対話は「建設的・実効的」なものにすることが求められる

c　議決権行使基準の策定・開示と当該基準に沿った議決権の行使

なお、有価証券届出書や有価証券報告書においてもCGコードと同様の開示が求められている（開示府令第2号様式記載上の注意58 b、第3号様式記載上の注意39[7]）。

(3)　CGコードへの対応の実務の現状

上記(2)を受けて、現状のCGコードへの対応の実務を概観すると以下のとおりである。

a　縮減に関する方針の策定・開示

自社にとっての保有意義が乏しい場合に、売却等により縮減を図る旨の記載をする例が多い[8]。

5　谷口達哉「コーポレートガバナンス・コードの改訂と政策保有株式」旬刊商事法務2172号13頁参照。

6　ここでいう資本コストは政策保有株式を発行する会社の資本コストではなく、政策保有株式を保有する会社の資本コストを意味する。

7　金融庁は、本文で述べた開示府令の規定により開示すべき事項は、CGコードの原則1－4と同様であることを認めている（「「企業内容等の開示に関する内閣府令の一部を改正する内閣府令（案）」に対するパブリックコメントの概要及びコメントに対する金融庁の考え方」（2019年1月31日）71～73番）。

8　森・濱田松本法律事務所編『コードに対応したコーポレート・ガバナンス報告書の記載事例の分析［2020年版］』52頁（商事法務、2020年）。

b 保有の適否に係る検証の実施・検証結果の開示

　個別の検証結果の開示までは不要であることもあり、検証プロセスについては「取締役会で検証をした」旨、検証結果は「保有銘柄が自社の保有基準を充足した」といったレベルの開示をするものが多い[9]。

c 議決権行使基準の策定・開示と当該基準に沿った議決権の行使

　買収防衛策の議案、不祥事があった場合の議案や政策保有株式の保有会社の事業に重大な悪影響を及ぼす議案には反対する旨を記載する例がある[10]。

（4）　実務上の課題[11]

　政策保有株式についての投資家側からの懸念は、①政策保有株式の保有会社における保有についての経済合理性の欠如と、②政策保有株式の発行会社のコーポレートガバナンスへの悪影響という２点にある[12]。

　政策保有株式を保有する会社としては、この①や②といった懸念にどう配慮しているかが課題となるが、まず①については、保有に伴う便益の説明が難しいという課題がある。これは、そもそも政策保有株式は、純投資目的以外で保有しているものと定義されている以上、政策保有株式の保有側は、株

9　清水誠ほか「役員報酬、政策保有株式、コーポレート・ガバナンスの状況等、会計監査に関する情報」資料版商事440号128頁。

10　内田修平＝香川絢奈「2019年シーズンのCGコードの開示　政策保有株式」資料版商事426号104頁、106頁。

11　本節では詳細は触れないが、CGコードによる政策保有株式の縮減効果については、銀行や政策保有比率の高い企業を中心に、劇的ではないものの徐々に売却は促進されているという実証結果がある（宮島英昭＝齋藤卓爾「コーポレートガバナンス・コードと政策保有株の売却」旬刊商事法務2230号71頁）。一方で、企業全体でみると、例えば日経225種銘柄の事業会社における政策保有株式の保有銘柄数の平均値は、2018年の114.6銘柄から2019年は110.87銘柄と微減にとどまっており、CGコード改訂による影響は大きくなかった旨の報告もされている（後藤晃輔「2018・2019年の政策保有株式の比較」資料版商事426号18頁、28頁）。スチュワードシップ・コード及びコーポレートガバナンス・コードのフォローアップ会議の2020年10月20日会合における事務局参考資料2（2頁）も事業法人間等で縮減が進んでおらず、依然として高い水準にあるとする。

12　スチュワードシップ・コード及びコーポレートガバナンス・コードのフォローアップ会議「コーポレートガバナンス・コードの改訂と投資家と企業の対話ガイドラインの策定について」（2018年3月26日）2〜3頁参照。

式の価値の変動や配当以外の便益を認識していることを意味するものの、そうした便益の社外への説明が困難であることが少なくないためである[13]。また①については、CGコード上も個別の銘柄ごとの説明は必須ではないとされていることもあって、策定した縮減の基準がそのとおりに運用されているのかをどうわかりやすく透明性ある形で説明するかも課題である。

　一方②については、具体的な議決権行使基準を策定することになるが、「具体性」には限度があるという課題がある。また②についても、①と同様、策定した議決権行使基準がそのとおり運用されているかの透明性ある説明方法が課題である[14]。

2　信託の活用可能性

(1)　信託の活用可能性

　以上のような実務的な課題を解決し、政策保有株式についての保有の是非を透明化するためのスキームとして、**図表4-1**のような信託（以下「本件信託」という）を活用することが考えられる。本件信託の概要は以下のとおりである。

①　政策保有株式の保有会社（委託者兼受益者）が、受託者と信託契約（有価証券管理信託）を締結し、政策保有株式を信託財産として拠出する。

②　信託財産である株式の議決権は、委託者が自らの議決権行使基準に基づき指図を行い、受託者がこれに基づいて行使する。

③　信託財産である株式の配当は、信託収益となり、実質的に委託者兼受益者が享受する。

13　実際、開示府令では個別の政策保有株式の銘柄ごとに定量的な保有効果（定量的な保有効果の記載が困難な場合にはその旨および保有の合理性を検証した方法）の開示が求められているが（開示府令第2号様式記載上の注意(58)d、第3号様式記載上の注意(39)）、定量的な保有効果は記載しない事例がほとんどである（藤井宏樹＝紅村真美子「政策保有株式」資料版商事425号157頁）。

14　個別の銘柄ごとの議決権行使の開示までは求められていないこともあり、政策保有株式を保有している会社としても、「基準どおり行使した」としか説明しようがないのが実情である。

図表4－1　政策保有株式に係る信託スキーム

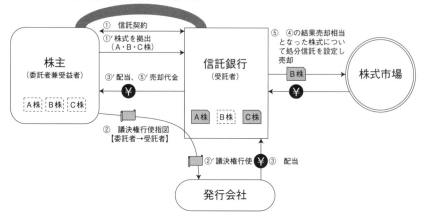

④　受託者等は、事業年度ごとに、政策保有株式に関する検証を行い、検証の結果として売却相当であるか継続保有相当であるかを通知する。

⑤　上記④で売却相当とされた株式については、別途の信託契約（有価証券処分信託）を締結する。

⑥　受託者は、⑤で処分信託に組み入れられた株式の処分（市場での売却）を実施する。一方、上記④で継続保有相当とされた株式については、信託財産として引き続き株式が管理され、信託の終了時に現状有姿で受益者に交付される。

(2)　本件信託の設定および運用にあたっての論点

本件信託の設定および運用にあたっての論点を、フェーズごとに述べると、以下のとおりである。

a　受益者（上記(1)①）

本件信託は、政策保有株式についての保有の是非を透明化するためのスキームであって、削減ありきではないから、受益者は委託者（政策保有株式

216

の保有会社）とするのが自然である。なお、受益権の譲渡を認めると、(i)政策保有株式についての保有の是非を透明化するというスキームのそもそもの趣旨と合致しない上、(ii)受益権を譲渡済みの委託者に議決権行使の指図を認めることで、いわゆるエンプティ・ボーティングの問題が生じ、投資家側からの政策保有株式に対する懸念のうち②政策保有株式の発行会社のコーポレートガバナンスへの悪影響が顕在化するようにも思われることから、受益権の譲渡は禁止することが原則的な取扱いとなるものと考えられる。

b 信託財産たる株式の取扱いと性質（上記(1)②③）

本件信託が、政策保有株式についての保有の是非を透明化するためのスキームであることからすれば、信託期間中の議決権行使も、信託設定前と同様に委託者が自らの議決権行使基準に基づき指図を行う形で行うことが通常であろうと考えられる[15]。なお上記のとおり、本件の信託で受益権の譲渡を認めると、持合解消信託について議論されたのと同様、いわゆるエンプティ・ボーティングの問題が生じ、議決権行使が制限される場面があるかが議論となり得る[16]。一方、本件の信託で受益権の譲渡を認めなければ、政策保有株式の議決権と経済的な持分の所在の乖離は生じないので、信託契約に基づく受託者の議決権行使に疑義が生じるおそれはないと考えられる。

同様に、本件信託は、政策保有株式についての保有の是非を透明化するためのスキームであって、削減ありきのスキームではないから、配当を委託者兼受益者が享受することにも問題はない。

なお、CGコードにいう政策保有株式の定義について、東京証券取引所は、企業が直接保有していないが、開示府令におけるみなし保有株式[17]などの、企業の実質的な政策保有株式となっている株式を含むという解釈を示してい

15　一方、投資家側からの政策保有株式に対する懸念のうち②政策保有株式の発行会社のコーポレート・ガバナンスへの悪影響を払拭する観点からは、信託銀行自身が定める議決権行使基準に準拠することとして、さらに議決権行使の客観性・透明性を高めることも考えられる（ただし、純投資株式の議決権行使に近づくことになる）。

16　エンプティ・ボーティングをめぐる議論については、藤池智則＝髙木いづみ＝関口諒＝山内達也「信託による株式の議決権の行使主体と経済的利益の帰属主体の分離―信託法と会社法との交錯―」（本書第2章第3節134頁以下）参照。

る[18]。そのため、当該解釈によれば、本件信託によって信託譲渡された政策保有株式についても、委託者兼受益者が議決権行使の指図権限を保持している限りは、依然として政策保有株式としての評価を受けることになり[19]、後述する有価証券処分信託に基づいて処分が行われて初めて、当該株式は政策保有株式でなくなることになる。

c 受託者等による検証（上記(1)④）

政策保有株式についての保有の是非を透明化するためのスキームである本件信託にとって、検証の基準およびプロセスが明確であることは、非常に重要である。そのため本件信託を設定するにあたっては、あらかじめ委託者兼受益者と受託者とで、縮減に関する方針を踏まえた具体的な検証の着眼点や基準について協議・決定することが必要である。

特に、保有に伴う便益を受託者が検証する際には、定量面と定性面の両面を考慮することが一般的であるが、まずは定量面を受託者が機械的に判別し、このうち売却相当と判断された株式について、定性面を委託者兼受益者が評価して、継続的に保有すべき特段の事情があれば、それを受託者に報告して継続保有するといった、検証の「見える化」をしておくことが望ましい。例えば定量面でいえば、下記のような機械的な基準（単独も複数の組合せもあり得る）を設けることが考えられる。

① 例えば政策保有株式への出資額に対する当該政策保有株式に係る利益相

---

17 純投資目的以外の目的で、有価証券届出書や有価証券報告書の提出会社が信託契約その他の契約または法律上の規定に基づき株主として議決権を行使する権限または議決権の行使を指図する権限を有する株式をいう（開示府令第2号様式記載上の注意⑸d、第3号様式記載上の注意㊴）。

18 東京証券取引所・前掲注1・210番から213番への回答。

19 開示府令上も「みなし保有株式」としての開示規制を受けることになる。金融庁は、みなし保有株式についての開示の規律を設けた理由について、「上場会社のガバナンス及び投資効率等を適切に検証する観点からは、提出会社が他の上場会社株式につきその経済的価値の変動から切り離された議決権を留保していること自体が投資者にとって有益な情報になる」としており（「「企業内容等の開示に関する内閣府令（案）」等に対するパブリックコメントの結果等について」における「コメントの概要及びコメントに対する金融庁の考え方」（2010年3月31日）159番）、議決権の有無を適用の有無のメルクマールとする。

当額の割合が政策保有株式の保有会社のWACC（または連結ROA）以上であるか。

②　政策保有株式の発行会社が３年連続で当期純利益ベースで損失を計上しているか（または自己資本比率が一定の比率以下であるか）。

③　政策保有株式が当初の簿価から一定の基準割合を超えて下落しているか。

④　政策保有株式の予想最大損失額（VaR）の状況を踏まえて、政策保有株式の保有会社が策定している、株式の減損に関する会計ルールに照らすと、当該政策保有株式について減損の可能性が存在するか。

　一方、定性面の考慮は、例えば「取引関係の維持・向上」のように、総合判断を伴うことが多く、受託者がこれを行うことは容易でないのが実情である。もっとも、委託者兼受益者の側で、受託者が機械的に判断できるような基準（例えば一定の取引金額を下回った場合や、取引単価が他の平均的な取引先よりも低い場合には、取引関係の維持・向上が認めないこととする等）が定立できれば、定性面での検証に受託者が関与することも可能性としてはあり得る。また、委託者兼受益者で定性面の考慮を行うとしても、より客観性・透明性あるプロセスで行うために、社外取締役を中心とした、政策保有株式の検証に関する委員会を組成し、当該委員会にて考慮を行うといった工夫をすることも検討に値しよう[20]。

d　検証の結果として売却相当とされた場合の処理（上記⑴⑤）

　上記 c の検証の結果として売却相当とされた場合には、縮減の方針に基づき当該政策保有株式を売却することになる。その場合には、①信託を解約して自己の株式として処分をするか、②受託者が処分をするか、２通りの方法があり得る。

---

[20]　このような検証作業への参加は、業務執行に該当する可能性がある。もっとも、折しも令和元年会社法改正（令和元年法律第70号）により、株式会社が個別に株式会社の業務を執行することを社外取締役に委託することが認められるようになったため（会社法348条の２第１項）、この新しい規律を利用して、社外取締役が検証作業に参加できるようにすることも考えられる。

もっとも①については、そもそもいったん自己の株式に戻す合理性の説明がしづらいほか、政策保有株式の保有会社が発行会社からインサイダー取引規制上の重要事実を入手してしまう可能性が存在するため、インサイダー取引規制に抵触することなく株式を処分することが容易でない可能性がある[21]。そのため、縮減の方針を遅滞なく履行するためには、②を選択すべきように思われる。具体的には、検証の結果として売却相当とされた場合は、委託者兼受益者と受託者との間で、処分信託（一定の期間内に一定の価格の範囲内で処分を行うもの）を設定して、当該政策保有株式を管理信託から処分信託に移行させることが考えられる。

　ただし、②の場合であっても、政策保有株式の保有の是非に係る検証に委託者兼受益者が関与している場合には、間接的に、検証作業を通じて、委託者兼受益者が売却の時期に影響を与え得ることになる。そうなると、委託者兼受益者が、政策保有株式の発行会社についての未公表の重要事実を知っている場合に、検証作業を恣意的に行うことによって処分の是非を決することができてしまうおそれがあるため、②の場合であっても、管理信託から処分信託への移行に際して、委託者が重要事実を知らないことを確認することが安全である[22]。

　なお、②の場合において、受託者の処分担当者が重要事実を知っている場合には処分ができないため[23]、受託者の中で、処分の事務を行う者が管理の事務を行う者との間で情報の遮断措置を講じることが望ましい。

21　宮下央「政策保有株式の売却に係る法的留意点」旬刊商事法務2103号 4 頁参照。

22　さらに進んで考えると、検証の結果として売却相当とされた場合には、処分信託に移行することをあらかじめ管理信託の設定時に委託者兼受益者と受託者が合意しておくことも考えられる。しかし、本文で述べたように、委託者兼受益者が検証作業を通じて売却の時期に影響を与えることができる以上、インサイダー取引規制への抵触の疑義を払拭する観点からは、本文で述べたような措置を講じておくことが安全であろう。

23　信託契約に基づく上場株式の処分とインサイダー取引規制の関係について詳しく検討するものとして、有吉尚哉＝上島正道「信託契約に基づく上場株式取引とインサイダー取引規制」旬刊商事法務2222号44頁がある。

e　信託の終了（上記⑴⑥）

　処分信託に組み入れられた政策保有株式の売却がされた場合には、売却完了後、処分信託は終了して受益者に金銭が交付される。一方、受託者の検証の結果として政策保有株式の保有が認められる場合には、信託終了時に現状有姿で受益者に交付される。

　信託期間については、例えば政策保有株式の保有会社が中期経営計画において、遊休資産の処分も含めた政策保有株式の見直しを計画に盛り込んだ場合に、当該中期経営計画の期間と合わせることなどが考えられる[24]。

3　本件信託の効果

　以上みてきたような本件信託の活用によって、CGコード原則1－4で求められる各種対応（上記1⑵参照）について、下記のような効果が期待できる。

⑴　縮減に関する方針の策定・開示

　上記2⑵ cで述べたとおり、本件信託の開始に先立ち、委託者兼受益者は、縮減に関する方針を踏まえた具体的な検証の着眼点や基準について受託者と協議・決定する必要がある。本件信託の効果として、まずこのプロセスを通じ、委託者兼受益者が縮減に関する方針自体の検証を行うことができるという点が挙げられる。縮減に関する方針自体が曖昧であれば、そもそも本件信託が開始できないから、おのずと委託者兼受益者の方針も、受託者による受託に耐え得るレベルの客観性を充たす必要が生じるためである（場合によっては方針に遡って方針自体を改訂することも考えられる）。

---

[24]　いわゆる持合解消信託については、エンプティ・ボーティングの問題への対処もあって、信託期間を1～3年とするガイドラインを受託者側で定めていることがあったが（北山桂「持合解消信託、信託各社は「ガバナンス懸念」をクリアするガイドライン策定へ」週刊金融財政事情2010年7月5日号31頁参照）、本件では同様の問題が生じないように担保されることが想定されているから、そのような期間制限を設ける必要性はないのではないかと思われる。

(2)　保有の適否に係る検証の実施・検証結果の開示

上記2(2)cのように、受託者が検証作業を実施することで検証の客観性が担保できるほか、検証プロセスについても受託者が主導で行っている旨を開示することができる。これにより、政策保有株式の保有会社としては、個別の銘柄についての検証結果にまで言及はしないまでも、検証作業を適切に行っていることを、具体性・透明性をもって開示や説明することが可能になる。

(3)　縮減に関する方針の適切な運用

本件信託のように、検証の結果として売却相当とされた場合には速やかに処分信託に移行するスキームを採用することで、縮減に関する方針を適切に運用し、CGコードにコンプライしていることを明確に示すことができる。また、検証作業に受託者が関与することで、「結論先にありきの検証ではないか」という疑念を払拭することも期待できよう。

(4)　政策保有株式の発行会社への影響（市場区分の再編）

上記とは異なる観点として、政策保有株式については、いわゆる市場区分の再編の議論の影響にも注視が必要である。具体的には、東京証券取引所が公表している「市場区分の見直しに向けた上場制度の整備について―第二次制度改正事項に関するご説明資料―」(2021年7月9日更新版)[25]によると、市場区分の基準として用いられることとなる流通株式の範囲についての改正が予定されており、具体的には、国内の普通銀行、保険会社および事業法人等が所有する株式については、所有目的が「純投資」とされているもの（ただし、5年以内の売買実績が確認できる株主の所有分に限る）以外は流通株式から除かれる予定である。このように、制度改正後は、政策保有株式が一般的に流通株式の範囲から除かれることになるため、政策保有株式の発行会社の側

25　https://www.jpx.co.jp/equities/improvements/market-structure/nlsgeu000003pd3t-att/nlsgeu000005jkv0.pdf

にとって、政策保有株式は、自社の市場区分の決定にあたって相応の影響力を与えることになる[26]。

　一方で、上記で国内の「普通銀行」と記載されているとおり、市場区分の見直し後も、信託銀行が保有する銀行勘定および信託勘定（信託口）に記録された株式については、引き続き流通株式に含まれることになると考えられる[27]。

　そのため、本件信託を用いることは、政策保有株式の保有会社にとっては、(1)から(3)までで述べたとおり、政策保有株式についての保有の是非を透明化するという効果があるところであるが、反対に政策保有株式の発行会社の側にとっては、本件信託の信託財産が流通株式としてカウントされることになるという別途の効果が生じることになると考えられる。

26　場合によっては、政策保有株式の発行会社の側からも、政策保有株式（自らが保有する株式ではなく持たれている株式）についての縮減の気運が高まる可能性もある。

27　東京証券取引所が2021年4月30日に公表した「「市場区分の見直しに向けた上場制度の整備について（第二次制度改正事項）」に寄せられたパブリック・コメントの結果について」の44〜46番についての「コメントに対する考え方」で、東京証券取引所は、「今般の流通株式の定義の見直しでは、信託銀行名義の株式については、市場における一定の流動性が確認されたことから、流通株式から除かないこととしています」と述べている。なお、東京証券取引所は、当該箇所で、「信託設定により信託銀行名義に変更された場合であっても、当取引所が上場基準の潜脱が行われたと認めるときには、…流通株式から除かれる場合があります」とも述べているが、本節で提案したような、政策保有株式の保有会社が政策保有株式についての保有の是非を透明化するという、保有会社側の目的で導入される制度であれば、上場基準の潜脱に該当することは通常ないと考えられる。

　　政策保有株式と信託

　企業にとって、「政策保有株式」とはどういった意味を持つだろうか。

　2015年にコーポレートガバナンス・コードが制定される前から、実務を通じて様々な企業の経営者や財務担当者と接してきたが、その認識は、特にここ数年で大きく変化してきたと感じている。

　コーポレートガバナンス・コードが制定される前までは、一部の企業を除き、多くの日本企業では、「信頼の証」「運用手段」あるいは、ともすると「持っているという認識すら薄い状態」であったように思われる。それが、2015年のコーポレートガバナンス・コードの制定、さらには2018年の同コードの改訂による資本コストとの比較という概念の明文化および政策保有株式の縮減方針の策定要請等により、政策保有株式に対する企業の認識が徐々に変化してきた結果、政策保有株式の削減傾向が継続しているものと思われる［図表Ⅰ］。

　政策保有株式については、議決権の空洞化や資本効率の悪化のほか、取引関係のある企業同士が相互に株式を保有することで生じ得る利益相反関係や、「政策保有株式を保有することで取引が可能となる」（＝議決権行使は言うに及ばず）という観点から生じ得る利益供与のような構造

［図表Ⅰ］　主要企業（金融等除くTOPIX100）の政策保有株式の削減状況（累計）

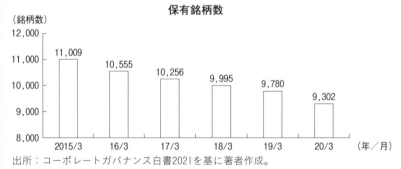

出所：コーポレートガバナンス白書2021を基に著者作成。

[図表2] 政策保有株式に関する議決権行使助言方針

2021年	グラスルイス	純資産の10%以上の政策保有株式を有する企業の経営トップの取締役選任議案に対し反対推奨を実施（2019年に方針公表）
2022年	ISS	純資産の20%以上の政策保有株式を有する企業の経営トップの取締役選任議案に対し反対推奨を実施（2020年に方針公表）

出所：コーポレートガバナンス白書2021を基に著者作成。

が問題視されている一方で、これまでの慣習や取引慣行などからすべての政策保有株式を直ちに削減することが困難といった声も聞かれている。実際に、（現状を追認しているような状況ではあるものの）ISSやグラスルイスといった議決権行使助言機関による政策保有株式の保有総量基準は、必ずしも「ゼロ」とはなっていない[1]［図表2］。

　このような状況を踏まえ、信託の役割である、「分離」機能を活用し、インサイダー取引となる懸念などを排除しつつ縮減を図る目的で、一定の期間を設定した信託に株式を信託した上で段階的に処分する仕組みや、あらかじめ厳格な「保有基準」および「議決権行使基準」を設定した信託に政策保有株式を信託し、基準に抵触した政策保有株式を機械的に処分するモニタリングスキームなどが検討されている。

　2021年10月時点において著者が参加している「企業のESGへの取り組み促進に関する研究会」においても、（主にESGに関する内容ではあるが）企業側の透明性のある仕組みの構築やさらなる情報開示が1つの論点と

1　近年では、発行企業側が安定的な政策保有株主と思っている場合でも、ストラテジックバイヤーとして同意なきTOBを開始することもあるため、必ずしも政策保有株主が安定的であると言い切れない一面もある。機関投資家は、具体的な経営戦略を掲げるストラテジックバイヤーによる株主提案については、一時的な株価つり上げを狙うアクティビストによる株主提案と異なり、株式価値最大化の観点から賛成を投じることも想定される。こうした場合等に備え、上場企業としては、自社のフェアバリューを認識するとともに、有事導入型の買収防衛策やホワイトナイトになり得る企業等のリストアップなどを随時検討しておくことが望ましい。

なっている。

　株主に限らず、様々なステークホルダーに対して経営の透明性確保やさらなる情報開示が求められる環境下、信託がすべての課題を解決するものではないが、信託銀行によるインサイダー取引懸念を排除した段階的な処分や第三者としての「モニタリング」機能を提供することが、状況によってはソリューションになる可能性はあるものと考える。引き続きフィデューシャリー・デューティを果たしながら信託ソリューションを提供できれば幸いである。

（森　央成／みずほ信託銀行　株式戦略コンサルティング部）

第2節　デジタル証券と信託の活用

石原　坦／青木俊介／長瀬威志
（アンダーソン・毛利・友常法律事務所外国法共同事業）

　2019年5月31日に成立した「情報通信技術の進展に伴う金融取引の多様化に対応するための資金決済に関する法律等の一部を改正する法律」に基づく金融商品取引法に係る改正法（2020年5月1日施行。以下、改正後の金融商品取引法を「金商法」という）において、新たに「電子記録移転有価証券表示権利等」および「電子記録移転権利」という概念が導入され、デジタル証券（セキュリティトークン）として発行される有価証券の一部について、追加的な規制が導入された（金商法2条3項柱書）。デジタル証券の金商法上の取扱いが明確化されたことにより、デジタル証券を用いた資金調達（セキュリティトークン・オファリング）も実施され始めている。もっとも、金商法改正にかかわらず、デジタル証券についてはトークンの移転と当該トークンに表示された実体法上の権利に係る対抗要件の取得をどのように整理するかなど、依然として課題も残されている。そこで、本節ではデジタル証券の定義、デジタル証券に適用される金商法上の規制の概要およびデジタル証券に係る課題を概説するとともに、デジタル証券における信託の活用事例について紹介する。

1　はじめに——デジタル証券とは

　近時、有価証券に表示される権利を、ブロックチェーンに代表されるコンピューター・システムまたはそのネットワークにある分散型台帳上にてデジ

タル方式で記録しようとする新しい動きが始まっている。これらの有価証券に表示される権利をブロックチェーン上で生成・発行されるトークン（証票）に表示したものを、一般にデジタル証券ないしセキュリティトークン（Security Token）という。有価証券のペーパーレス化自体は既に実現しているが、有価証券のデジタル化は、以下のような利点をもたらす可能性があると考えられており、新たな証券インフラとなることが期待されている。

① インターネットを通じて24時間365日取引が可能となることによる流動性の向上

② ブロックチェーン上のトークンとして発行されるプログラマブル・マネー[1]を決済手段として用いたDVP決済[2]

③ スマートコントラクト[3]を利用することによる、証券の発行から償還までのライフサイクルに係る管理の自動化および管理コストの削減

④ 投資単位の小口化による投資者層の拡大および流通性の向上、投資対象としての金融商品の多様化

⑤ ブロックチェーンを利用したこれまでにないセカンダリ市場の創設による金融商品の多様化

⑥ 保管振替機関による中央集権的な管理体制から解放されることによる投資者の常時把握とマーケティング

2　デジタル証券の定義

前述のとおり、デジタル証券とは、一般には、有価証券に表示される権利

1　プログラマブル・マネー（Programmable Money）とは、法律上は特に定義は存在しないものの、一般に、法定通貨または法定通貨建ての資産等に対して価値が連動するよう設計されたブロックチェーン上で発行されるトークンであり、プログラミング可能なものをいう。

2　Delivery Versus Paymentの略で、証券の引渡し（Delivery）と代金の支払（Payment）を相互に条件付け、一方が行われない限り他方も行われないようにすることをいう。

3　スマートコントラクトとは、「コントラクト」（契約）というものの、それ自体が契約ではなく、事前に定められた任意のルールに従ってデジタルな資産を自動的に移転するシステムをいう（木下信行「スマートコントラクトについて」NBL 1110号5頁）。

をブロックチェーン上のトークンに記録したものと解されている。2020年5月1日に施行された金商法改正により、新たに「電子記録移転有価証券表示権利等」および「電子記録移転権利」という概念が導入され、デジタル証券として発行される有価証券の一部について、追加的な規制が導入された。

(1) 電子記録移転有価証券表示権利等

金商法上、トークンに表示される有価証券は、「電子記録移転有価証券表示権利等」（金融商品取引業等に関する内閣府令（以下「金商業府令」という）1条4項17号）に該当する。「電子記録移転有価証券表示権利等」とは、金商法2条2項（同項各号に限定されない）の規定により有価証券とみなされる権利のうち「電子情報処理組織を用いて移転することができる財産的価値（電子機器その他の物に電子的方法により記録されるものに限る。…）に表示される」[4]ものをいい、具体的には次に掲げる権利に分類できる（金商法29条の2第1項8号、金商業府令6条の3）。

---

① トークンに表示される有価証券表示権利（以下「トークン表示型第一項有価証券」という）

② トークンに表示される特定電子記録債権[5]

③ 電子記録移転権利

④ 電子記録移転権利から除かれるもの[6]

金商法上、上記①〜③の各権利はいずれも第一項有価証券として取り扱わ

---

4 「電子情報処理組織を用いて移転することができる財産的価値（電子機器その他の物に電子的方法により記録されるものに限る。…）に表示される」ものとは、要するに、ブロックチェーン上で発行されるトークンに表示されるものをいう。
5 「特定電子記録債権」とは、電子記録債権法に規定する電子記録債権のうち政令で指定するものをいうが（金商法2条2項柱書）、現時点では当該政令が定められていないため、②に該当するものは事実上存在しない。
6 金融商品取引法第二条に規定する定義に関する内閣府令9条の2第1項各号に規定する要件のすべてに該当するものをいう。

れるのに対し、④の権利は第二項有価証券として取り扱われることから、開示規制および業規制において取扱いの差異が生じることとなる。

(2) 電子記録移転権利

電子記録移転有価証券表示権利等のうち、電子記録移転権利とは、金商法2条2項各号に掲げる権利（組合の持分や信託受益権など、いわゆる「みなし有価証券」）のうち「電子情報処理組織を用いて移転することができる財産的価値（電子機器その他の物に電子的方法により記録されるものに限る。…）に表示される」ものをいう。電子記録移転権利は、権利をデジタル化することに伴い、事実上一般に高い流通性を有するという性質に注目し、同様に高い流通性を有する第一項有価証券と同水準の開示規制を課される（同項柱書）。これに対して、「流通性その他の事情を勘案して内閣府令で定めるもの」については、従前どおり第二項有価証券として取り扱われる（金商法2条3項柱書）。

なお、電子記録移転権利に該当するデジタル証券はブロックチェーン上で生成・発行されるトークンであることから、ビットコインに代表される「暗号資産」（資金決済に関する法律（以下「資金決済法」という）2条5項）に該当しないかが問題となるところ、同法は、「暗号資産」の定義から電子記録移転権利を表示するものを除外しており、資金決済法が重畳適用されるものではない（同項ただし書）。また、電子記録移転有価証券表示権利等に該当するデジタル証券についても、同様に暗号資産には該当しないと解されている[7]。

3 デジタル証券と金商法上の規制の概要

(1) デジタル証券と開示規制

トークン表示型第一項有価証券はもちろん、第二項有価証券をトークン化

---

[7] 金融庁「コメントの概要及びコメントに対する金融庁の考え方」（2020年4月3日）2頁・No.2およびNo.3参照。

した電子記録移転権利についても第一項有価証券としての開示規制の対象とされている。

　そして、第一項有価証券については、その発行が下記①・②のいずれかの「募集」の要件に該当する場合には、原則として発行開示が必要となる。

---

① 50名以上の者（適格機関投資家私募の要件を満たした有価証券を取得する適格機関投資家を除く）を相手方として有価証券の取得勧誘を行う場合
② ①の場合のほか、適格機関投資家私募、特定投資家私募および少人数私募のいずれにも該当しない場合

　「募集」に該当する場合、トークン表示型第一項有価証券および電子記録移転権利の発行者は、発行にあたり有価証券届出書の提出義務（金商法4条1項）および目論見書の作成義務を負い（金商法13条1項）、その後も有価証券報告書などの継続開示書類を提出する義務を負う。ただし、適格機関投資家私募、特定投資家私募、少人数私募のいずれかに該当し、第一項有価証券の募集に該当しない場合は、開示規制の適用は免除される。それぞれの要件の概要は、**図表4－2**のとおりである。

(2)　デジタル証券と業規制

a　取扱い業者に対する業規制

　電子記録移転権利が第一項有価証券と位置付けられたことに伴い、第一項有価証券であるトークンに表示される有価証券表示権利に限らず、電子記録移転権利についても業としてその売買等や募集の取扱い等を行うためには、第一種金融商品取引業の登録を受けることが必要となる（金商法28条1項1号、29条）。

　一方で、第二項有価証券である適用除外電子記録移転権利の売買や募集の取扱い等を行うにあたっては、第二種金融商品取引業者としての登録が必要

図表4－2　各私募要件の概要

適格機関投資家私募	特定投資家私募	少人数私募
①　適格機関投資家のみを相手方として取得勧誘を行うこと	①　特定投資家のみを相手方として取得勧誘を行うこと ②　取得勧誘の相手方が国、日本銀行および適格機関投資家以外の者である場合には、取得勧誘を金融商品取引業者等に委託すること、または金融商品取引業者等である発行者が自己のために取得勧誘を行うこと	①　取得勧誘の相手方の人数が過去6カ月間通算で50名未満であること
②　発行者が有価証券報告書の提出義務を負っていないこと ③　電子記録移転権利が特定投資家向け有価証券でないこと	―	②　発行者が有価証券報告書の提出義務を負っていないこと ③　電子記録移転権利が特定投資家向け有価証券でないこと
④　電子記録移転権利を表示する財産的価値を適格機関投資家以外の者に移転することができないようにする技術的措置が取られていること	③　電子記録移転権利を表示する財産的価値を特定投資家または一定の非居住者以外の者に移転することができないようにする技術的措置が取られていること	④　電子記録移転権利を表示する財産的価値を一括して移転する場合以外に移転することができないようにする技術的措置が取られていること、または単位未満の財産的価値を移転することができないようにする技術的措置が取られていること

となる（金商法29条、28条2項2号）。また、既に登録を受けている金融商品取引業者が、新たに電子記録移転権利を取り扱おうとする場合には、変更登

録を受ける必要がある（金商法31条4項）。

　なお、電子記録移転有価証券表示権利等を取り扱う金融商品取引業者においては、電子記録移転有価証券表示権利等の設計の自由度の高さやその流通性にかんがみて、投資者保護の観点から、適切な態勢整備を行うことが求められる（金融商品取引業者等向けの総合的な監督指針Ⅳ－3－6参照）。

b　自己募集に係る業規制

　発行者自身が電子記録移転権利の募集または私募を行う場合、第二種金融商品取引業の登録を受ける必要がある（金商法29条、28条2項1号、2条8項7号ヘ・ト、金融商品取引法施行令1条の9の2第2号）。ただし、電子記録移転権利の発行者が適格機関投資家等特例業務届出を行った場合、第二種金融商品取引業の登録を受ける必要はない（金商法63条1項・2項、金商業府令234条の2第1項3号）。なお、適格機関投資家等特例業務の要件の一環として、発行する権利の取得者が1名以上の適格機関投資家および49名以下の特例業務対象投資家であることに加え、電子記録移転権利を表示する財産的価値の移転を制限する技術的措置が取られていることが必要となる（**図表4－3**）。

4　デジタル証券と実務上の課題──デジタル証券の移転と第三者対抗要件の具備

　前述のとおり、本来、電子記録移転権利は、トークンとともに当該トークンに表示された権利が電子的に移転する仕組みが前提となっており、その事実上の流通性の高さにかんがみて第一項有価証券と同様の開示規制を課すこととされたものである。しかしながら、電子記録移転権利は、ビットコインに代表される暗号資産とは異なり、トークン自体は権利の価値そのものを表すわけではなく、電子記録移転権利の譲渡はトークンに表示された権利（匿名組合出資持分など）の移転にほかならない。すなわち、電子記録移転権利が金商法上は第一項有価証券として扱われるからといって、トークンの移転によって当然に実体法上の権利が移転するわけではなく、その移転および第

図表4－3　参考：デジタル証券に適用される開示規制・業規制の概要

	第一項有価証券			第二項有価証券	
	従来型 第一項有価証券	トークン表示型 第一項有価証券	電子記録 移転権利	適用除外 電子記録 移転権利	従来型 第二項有価証券
発行者の開示義務	以下の要件をすべて満たす場合に開示義務あり ① 50名以上の一般投資家への勧誘 ② 発行額1億円以上			以下の要件をすべて満たす場合に開示義務あり ① 500名以上の投資家の保有 ② 発行額1億円以上 ③ 出資金の50%以上を有価証券に投資	
自己募集に2種類登録を求める有価証券	投資信託など一部のファンド型証券のみ（株式社債は対象外）		現行の集団投資スキーム持分等に加え、2条2項3号および4号の権利（合同会社の社員権等）を対象に追加		集団投資スキーム持分・商品ファンド持分のみ
63条特例業務	―		利用可		
募集の仲介	一種金商業	一種金商業（変更登録必要）		二種金商業 （変更登録必要）	二種金商業
	※クラウドファンディング制度を利用可				
業としての売買	一種金商業	一種金商業（変更登録必要）		二種金商業 （変更登録必要）	二種金商業
募集・売買時に勧誘できる投資家の範囲	非上場株式等について自主規制で制限	自主規制規則上の制限 （STO協会の自主規制あり）		一定の投資家に制限（個人：投資性金融資産＋暗号資産残高1億円以上）	制限なし

　三者対抗要件の具備についてはトークンに表示される権利に対する民事実体法によって規律されることとなる。

　以下、電子記録移転権利のうち、トークンに表示された権利が匿名組合出資持分である場合、信託受益権（受益証券発行信託の受益権を除く）である場合を例に、第三者対抗要件の具備について解説する[8]。

---

[8] 具体的な問題点と解決策を詳細に説明するものとして、河合健ほか「トークン表示有価証券の譲渡および第三者対抗要件に関する問題点(上)(下)―匿名組合出資持分のトークン化と流通に向けた試論―」金融法務事情2158号17頁以下、2159号10頁以下を参照。

(1) 匿名組合出資持分の場合

　匿名組合契約は、①匿名組合員から営業者への出資と②営業者の匿名組合員に対する利益分配の約束で構成されるところ（商法535条）、匿名組合出資持分の譲渡は、かかる匿名組合契約上の地位の譲渡に当たると解される。かかる契約上の地位の譲渡は、契約の相手方（匿名組合契約の匿名組合員による譲渡の場合、営業者）の承諾により、契約の同一性を維持したまま譲渡人から譲受人に契約上の地位が移転する効果を有するが（民法539条の2）、契約上の地位の譲渡の第三者対抗要件を具備するために、確定日付のある証書による通知または承諾が必要であるかどうかについては、条文上明確な定めはなく、解釈にゆだねられている。

　この点、匿名組合契約上の匿名組合員の権利を構成する主要な権利である利益分配請求権（商法535条）および匿名組合契約終了時の出資価額返還請求権（同法542条）は、いずれも指名債権であり、その譲渡における第三者対抗要件は確定日付のある通知または承諾である（民法467条2項）。また、匿名組合員としての契約上の地位の譲渡について条文上明確な定めはなく解釈にゆだねられているが、債権譲渡の場合に準じて、確定日付のある証書による通知または承諾が必要であると考えられる[9]。

(2) 信託受益権（受益証券発行信託を除く）の場合

　電子記録移転権利のうち、トークンに表示された権利が信託受益権（受益証券発行信託の受益権を除く）である場合、かかる信託受益権の譲渡については受託者に対する通知または受託者の承諾がない限り、受託者その他の第三者に対抗することができないこととされている（信託法94条1項）。また、信託受益権の譲渡を受託者以外の第三者に対して対抗するためには、確定日付のある証書によってすることが必要とされている（同条2項）。

　したがって、信託受益権（受益証券発行信託の受益権を除く）がトークンに

9　預託金会員制のゴルフ会員権に関して同趣旨の判断をした判例として、最二小判平8．7．12（民集50巻7号1918頁・金融法務事情1491号65頁）参照。

表示された電子記録移転権利については、トークンがブロックチェーン等の分散型台帳上で移転してもそれだけでは第三者対抗要件は具備されず、別途、確定日付のある証書による通知または承諾が必要となる（この課題を解決する可能性を持つ法律上の特例措置について、下記5(2)参照）。

5 デジタル証券と信託の活用可能性

(1) 受益証券発行信託の受益権をデジタル証券として活用する可能性

資産の流動化スキームにおいて頻繁に利用される信託について、その受益権をデジタル証券の形式で小口化した上で一般投資家にも販売することができれば、不動産等の資産流動化案件における投資家層の多様化・拡大および資金調達可能性に大きく資すると思われる[10]。しかしながら、上記4(2)のとおり、通常の信託受益権をトークンに表示した信託受益権型電子記録移転権利は、その譲渡手続を電子的なプラットフォーム内で完結することはできないという課題が認識されている。この課題を回避する手法として、電子的に管理する受益権原簿への記録をもって第三者対抗要件を備えることが可能な、受益証券発行信託[11]の受益権を活用することが考えられる。不動産の流動化案件を例に採った場合の具体的なスキームは**図表4−4**のとおりである。

① 委託者（オリジネーター）が受益証券発行信託の受託者（以下、本5(1)において「受託者」という）との間で信託契約を締結し、現物不動産または不動産信託受益権を信託譲渡する

② 受託者は当該信託契約に基づき、当初受益者たる委託者に対し、優先受

---

10 不動産の証券化商品としては上場REITが存在し、投資法人の投資口が小口化された上で一般投資家に広く販売されているが、デジタル証券の場合は、上場させない公募商品や単一不動産を裏付資産とした公募商品を組成することも容易である点が、上場REITにはない魅力となり得る。

11 ここでは、税務上のメリット等にかんがみて、法人税法上の特定受益証券発行信託に該当させることを前提に論じる。

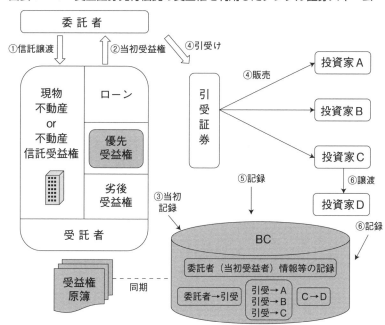

図表 4 － 4　受益証券発行信託の受益権を利用したデジタル証券スキーム

益権以外の種類の受益権[12]については受益証券を発行し、また優先受益権については受益証券を発行しない受益権（受益証券を発行しない旨信託行為において定められた受益権）として取得させる[13]

③　受託者または受益権原簿管理人が管理するサーバー上に存在するブロックチェーン上の記録と同期されるブロックチェーン外の記録を、受益権原簿として取り扱い[14]、各受益権の内容や当初受益者たる委託者の氏名または名称および住所等の受益権原簿記載事項（信託法186条各号）を記録する

④　委託者が取得した優先受益権が、引受契約に従い引受証券会社によって引き受けられ、広く一般投資家に販売される（勧誘に先立って、有価証券届

12　劣後受益権についても優先受益権と同様に電子的なプラットフォーム内で扱いたい場合は、例えばローン受益権についてのみ受益証券を発行し、優先受益権および劣後受益権については受益証券を発行しない受益権とすることも可能である。

出書が提出される）

⑤　引受証券会社から投資家への移転に係るトランザクションならびに優先受益者たる投資家の氏名または名称および住所がブロックチェーンまたは受益権原簿に電子的に記録される

⑥　投資家が優先受益権をセカンダリ譲渡した場合、譲渡人から譲受人への移転に係るトランザクションならびに譲受人である投資家の氏名または名称および住所がブロックチェーンまたは受益権原簿に電子的に記録される

　以上のスキームを採用することによって、第三者対抗要件の具備を含めて、電子的なプラットフォーム内で譲渡手続を完結させることが可能となる。なお、プラットフォーム外での譲渡については、信託法93条2項により、譲渡制限特約について悪意または重過失の第三者に対する譲渡は無効と考えられるため（同項に基づく譲渡制限特約に違反する譲渡の効力が無効と解されている点については、債権法改正前後で変更はないと考えられている）、プラッ

13　優先受益権について受益証券を発行しない理由は、投資家によるセカンダリ譲渡に際して受益権原簿の記録によって第三者対抗要件を具備できるようにするためである。すなわち、受益証券発行信託でありながら、特定の種類の受益権について受益証券を発行しないことも可能とされており（信託法185条2項）、その場合は当該受益権を当事者間の合意によって譲渡することが可能であり（寺本昌広『逐条解説 新しい信託法［補訂版］』396頁（商事法務、2008年））、受益権原簿への記載または記録が受託者その他の第三者に対する対抗要件となる（同法195条2項）とされており、これがデジタル証券としての活用の基礎を与えている。これに対して、もし優先受益権について受益証券を発行するとした場合、その譲渡に際して当該受益権に係る受益証券を交付することが効力要件とされている（信託法185条1項、194条）ため、投資家によるセカンダリ譲渡のために物理的な券面が必要となり、電子的なプラットフォーム内で譲渡を完結することがやはり難しくなってしまう（指図による占有移転など特殊なアレンジをすることも検討できるが、紙幅の都合上ここでは詳述しない）。

14　どのデータを受益権原簿として取り扱うかはプラットフォームにおいて利用されるブロックチェーンの性質にもよるが、ここでは、個人情報保護法の観点から、不特定多数の関係者によって閲覧される可能性のあるブロックチェーン上に各投資家の氏名等の情報を記録することは避け、各投資家に割り振られたアドレス間のトランザクション（受益権の譲渡のたびに生成され、譲渡口数を情報に含む）のみを記録し、当該アドレスに紐付く各投資家の個人情報はサーバー内の別ファイルにおいて管理することを前提とする。この場合、当該ファイル（または当該ファイルおよびブロックチェーン上の記録を一体としてみたもの）が受益権原簿を構成すると解する。なお、信託法上、電磁的記録をもって受益権原簿を作成することも可能である（信託法190条2項）。

トフォーム外譲渡制限特約を付すことにより、プラットフォーム外譲渡の問題が発生する可能性を相当程度低下させることができると考えられる。かかるスキームにおける受託者の役割としては、単に証券化ビークルとしての受益証券発行信託の引受けを行うというだけではなく、場合によってはデジタル証券の発行および流通のプラットフォームを提供することも考えられる。

　すでに同様のスキームによりデジタル証券の発行を実施した例も公表されており、今後、実務上のニーズの高まりを背景に、資産流動化案件におけるデジタル証券の活用は進んでいくと思われる。その活用が進むにつれ、高い流通性を実現するセカンダリ市場へのニーズも高まる可能性がある。今後は、一般投資家に対し確実かつ円滑な投資回収の機会を提供し、活発な投資を呼び込むために、資産裏付型のデジタル証券を取り扱う私設取引システム（PTS）等のセカンダリ市場の創設へ向けた議論が進むことが期待される。

(2)　受益証券発行信託以外の信託の受益権をデジタル証券として活用する可能性（産業競争力強化法の活用）

　上記4⑵および5⑴で述べたとおり、通常の信託受益権をトークンに表示した信託受益権型電子記録移転権利は、その譲渡手続を電子的なプラットフォーム内で完結することはできない点が課題として認識されているが、近時、かかる課題を法的に解決し得る特例措置が施行されたので、以下、その活用方法を含めて簡潔に紹介したい。

　この特例措置は、2021年6月9日付で成立した「産業競争力強化法等の一部を改正する等の法律」（令和3年法律第70号。以下、成立した改正法による改正後の産業競争力強化法を「改正産業競争力強化法」という）に基づき、新事業活動計画の認定を受けた事業者によって提供される「情報システム」を利用して債権の譲渡の通知等が行われた場合には、当該「情報システム」経由での通知等を、確定日付のある証書による通知等とみなすものである。同特例措置は改正産業競争力強化法11条の2に定められ、2021年8月2日付で施行された。以下に引用したとおり、同条1項によれば、一定の「情報システ

ム」を利用して債権の譲渡の通知または承諾を行うことによって債権譲渡の第三者対抗要件を具備することができるので、必要な認定を受けることができれば、債権譲渡を電子的なプラットフォーム内で完結できることとなる。さらに、この特例措置は、信託受益権の譲渡の通知または承諾について準用するものとされている（同条4項）（**図表4－5**）。

ここで、同条にいう「情報システム」の要件を満たすためには、債権譲渡通知等をした者およびこれを受けた者が当該債権譲渡通知等がされた日時およびその内容を容易に確認することができること（同条1項1号）に加えて、債権譲渡通知等がされた日時およびその内容の記録を保存し、およびその改変を防止するために必要な措置として主務省令で定める措置が講じられてい

図表4－5　改正産業競争力強化法（11条の2抜粋）

（債権譲渡の通知等に関する特例） **第11条の2** 債権の譲渡（現に発生していない債権の譲渡を含む。）の通知又は承諾（以下この項において「債権譲渡通知等」という。）が認定新事業活動実施者が認定新事業活動計画（次条第1項又は第3項の規定による公示に係るものに限る。）に従って提供する情報システム（次の各号のいずれにも該当するものに限る。）を利用してされたときは、当該債権譲渡通知等は、民法第467条第2項に規定する確定日付のある証書による通知又は承諾とみなす。この場合においては、当該債権譲渡通知等がされた日付をもって確定日付とする。 　(1)　債権譲渡通知等をした者及びこれを受けた者が当該債権譲渡通知等がされた日時及びその内容を容易に確認することができること。 　(2)　債権譲渡通知等がされた日時及びその内容の記録を保存し、及びその改変を防止するために必要な措置として主務省令で定める措置が講じられていること。 2　（中略） 3　（中略） 4　第1項の規定は、信託法（平成18年法律第108号）第2条第7項に規定する受益権の譲渡の通知又は承諾について準用する。この場合において、第1項中「民法第467条第2項」とあるのは、「信託法（平成18年法律第108号）第94条第2項」と読み替えるものとする。

ることが必要とされている（同項2号）。その措置の内容は、「産業競争力強
化法第11条の2第1項第2号の主務省令で定める措置等に関する省令」2条
によれば大要以下のとおりであり、特定の技術に限定しない中立的な記載振
りとなっている。

① 債権譲渡通知等がされた日時および内容、債権譲渡通知等をした者およ
　びそれを受けた者をそれぞれ識別するために用いられる事項（以下「識別
　事項」という）[15]を記録した通知等記録（債権譲渡通知等ごとに作成される電
　磁的記録）を5年間保存すること

② 債権譲渡通知等をした者の求めがあったときは、上記①の記録事項を記
　載・記録した書面・電磁的記録を交付または提供すること

③ 認定新事業活動実施者が新事業活動を廃止しようとするとき等に、上記
　①の内容が保存された記録を、上記①および②を適切に行うことができる
　者に引き継ぐこととしていること

④ 「情報システム」において、債権譲渡通知等がされた日時を記録するた
　めに用いられる時刻を信頼できる機関の提供する時刻に同期させているこ
　と

⑤ 債権譲渡通知等を受けた者が、上記①の債権譲渡通知等をした者の識別
　事項が、当該債権譲渡通知等において債権譲渡通知等をした者として記載
　された者のものであるかどうかを確認することができること[16]

⑥ 技術的な安全管理に関する措置（処理権限者を限定するための措置、不正

15　今後認定される計画を通じて明らかにされていくものと思われるが、SMSを利用し
　た情報システムであれば通常は電話番号を意味し、仮にブロックチェーンを利用した情
　報システムに基づく計画が本文に記載した認定を受けられた場合は、ブロックチェーン
　上のアドレスもここでいう「識別するために用いられる事項」に含まれると考えられ
　る。

16　例えば、ブロックチェーンを利用した情報システムの場合であれば、債権譲渡通知等
　をした者のブロックチェーン上のアドレス（上記5(2)①の識別事項）が、当該債権譲渡
　通知等に当たるトランザクションにおいて当該通知等を行っている者として記録され
　ている者のものであるかどうかを確認することができるようにする必要があろう。どのよ
　うな方法で確認できればよいのかについては、今後認定される計画を通じて明らかにさ
　れていくものと思われる。

アクセス行為の防止措置および漏えい、滅失または毀損の防止措置）が講じられ
ていること

⑦　認定新事業活動実施者が新事業活動について、国際標準化機構および国
際電気標準会議の規格27001に適合している旨の認証を受けていること[17]

　したがって、例えばデジタル証券の発行・流通プラットフォームの運営者
（新事業活動を実施しようとする者）が、ブロックチェーン上のトランザクショ
ンの送付により受益権譲渡の通知を行い、または（受託者のノードによる）
トランザクションの承認により受益権譲渡の承諾を行うことを内容とする計
画を作成の上、上記省令の要件を満たすものとして同法9条1項の認定を受
けることができれば、当該計画（同法11条の2第1項の「認定新事業活動計画」
に当たる）に従って、プラットフォーム上で通知または承諾を行うことに
よって受益権の譲渡に係る第三者対抗要件を具備することが認められるよう
になる。

　以上のとおり、改正産業競争力強化法11条の2は、受益証券発行信託以外
の信託の受益権をトークン化したデジタル証券について、第三者対抗要件の
具備に関する課題を解決し、その利用可能性を飛躍的に高める潜在的可能性
を持っているといえ、その活用に向けた議論が進むことが期待される。

17　当該要件は、使用される技術やその運用体制の信頼性を担保することに趣旨があると
思われる。認定新事業活動実施者となろうとする事業者にとっては一定のハードルにな
ると思われるが、認定を取得すべき範囲は「新事業活動」に限定されている。

コラム ⑦　デジタル証券と信託

　本章第２節の「デジタル証券と信託の活用」で述べられているデジタル証券は、主に金商法で規定される「電子記録移転有価証券表示権利等」および「電子記録移転権利」を対象としているが、本コラムにおいては、金商法以外のデジタル証券も含めて、信託の活用の可能性や期待について、著者の私見を述べる。

　デジタル証券について、その利用可能性を考えたときに最も期待感を覚えたことは、24時間365日取引の可能性や中央集権的な管理体制からの解放等ではなく、発行体と投資家が直接、つながることができるということである。発行体と投資家が直接、つながることにより、デジタル証券は、単なる資金調達手段としての金融商品ではなく、既存の金融商品では提供できない新たな付加価値を生み出す可能性を秘めたものと感じた。例えば、発行体は、投資家＝消費者の動向や意向をタイムリーに把握することが可能となり、それらをマーケティングに活用でき、さらには（法令で許容される範囲で）投資家へのポイント還元やサービス利用権等の提供により、コアファンの囲い込みを行うことも可能となる等、様々な非金融の価値を創出することが可能で、それは投資家＝消費者も期待するところでもある。

　では、そのような非金融の付加価値の創出に、信託銀行として提供できるサービスはないかと考えたとき、証券代行業務という業務がその１つになるのではないかと考えている。信託銀行は株主名簿の管理、株主優待制度の提供等ステークホルダーの囲い込みに向けたサービスの提供を既に行っている。これらの業務のノウハウを上記のコアファンの囲い込みに転用することで、デジタル証券による新たな付加価値の創出に寄与できるものと考えている。

　また、その際、信託された資金の使途を特定の商品開発や特定のイベ

ント等に限定もしくは関連付けることで、よりエッジの効いたコアファンの囲い込みが可能となり、その成果・果実をコアファンと共有することでコアファンの満足度をさらに高めることが期待できる。

このようにデジタル証券の登場により、発行体、投資家の双方が、従来の金融商品が提供してきた以上の付加価値の提供を期待していると思われ、信託銀行としても、それらの期待に応えられるよう、デジタル技術も活用しながら、新たな付加価値の提供を行っていきたいと考えている。

皆さまのスマートフォンにインストールされている会員証アプリが近い将来、デジタル証券に代わっている時代を想像している。

（石田直大／みずほ信託銀行　信託フロンティア開発部）

あとがき／みずほ信託プロダクツ法務研究会事務局から

　本研究会は、マーケティング活動の一環として、第一線でご活躍されている弁護士の方々と信託の活用可能性を追求する目的で企画し、ご参加いただいた弁護士の方々をはじめ多くの方々に、ご賛同いただきました。初めてお会いする弁護士の方には、飛び込みでしたが、快くアポイントに応じていただき、ご参加にご快諾いただきました。そうしたすべての幸運に感謝するとともに、改めて心より御礼申し上げます。

　本研究会では、信託銀行のビジネスのうち、例えば、不動産、年金、運用、証券代行、債権流動化、CCC改善、資金保全、各種アドバイザリーなどの一般的なテーマではなく、これまで必ずしも十分に議論されてきたとはいえないM&Aや事業承継に関わる「議決権コントロール」をメインにテーマを設定しました。こうしたテーマのもとで信託関連法令の解釈論上の限界、会社法や金融商品取引法等の他の法令との交錯といった際（きわ）の議論から新たな信託ソリューションの検討を試みました。

　本研究会の成果を「金融法務事情」および本書で発表することにより、信託に馴染みのない方々が信託ソリューションを認識することにつながり、また、信託領域の際（きわ）の拡大により信託活用の可能性を拡げ、そうしたことが我が国の企業活動や財産承継に関する課題解決に少しでもつながれば幸いです。

　本研究会には、参加者の方々にはほとんど毎回ご出席いただきました。ご参加の弁護士の方々は、ディールベースではお互いに顔見知りでありますが、本研究会では、具体的なディールと離れて、顔を合わせて純粋に議論することに価値を感じていただけたのではないかと感謝しております。今後も本研究会を発展させ、法改正、制度改正、新たな枠組みの導入などを捉えて信託活用の際（きわ）をエクスポネンシャルに拡げる一助となれば望外の喜びです。

四宮和夫教授の「信託は、その目的が不法や不能でないかぎり、どのような目的のためにも設定されることが可能である。したがって、信託の事例は無数にあり得るわけで、それを制限するものがあるとすれば、それは法律家や実務家の想像力の欠如にほかならない」（四宮和夫『信託法［新版］』より）とのお言葉を叱咤激励とし、信託ソリューションの活用、課題解決を図ってまいります。

　最後に、ご参加の先生方、事務局の堀総合法律事務所の藤池智則弁護士をはじめとする方々、株式会社きんざいの舟山綾氏をはじめとする方々、そして本研究会にご指導や応援をいただいた方々や携わっていただいた方々すべてに、この場を借りて改めて厚く御礼申し上げます。

みずほ信託銀行株式会社　石井　孝史

みずほ信託銀行ストラクチャードプロダクツ営業部の石井孝史次長と信託プロダクツ業務部の須田力哉参事役（当時）から、本研究会の構想についてご相談を受けたのは、2019年5月頃であったかと思います。

　その時、私は、みずほ信託銀行の皆さまと我々の事務所とで「詳解信託判例」と題する書籍を共同執筆した経験を想起しました。同書刊行にあたり、みずほ信託銀行の法務・受託審査部（当時）を中心とする信託実務家の皆さまと、毎週、信託判例の研究を行い、実務的に詰めた議論ができ、これが非常に刺激的なものでした。本研究会は、みずほ信託銀行の信託実務家の皆さまとともに、金融取引、M&A、事業承継等に精通する弁護士の先生方にもご参集いただき、新しい信託ソリューションについて議論するという構想のものでしたので、より一層刺激的なものとなることが容易に予想されました。

　みずほ信託銀行の皆さまのご尽力で、第一線で活躍されている弁護士の先生方にご参加いただき、本研究会が発足しましたが、そこでの議論は、予想以上に刺激的なものであって、最先端の信託実務や信託法と関連する他の法令との関係について理解を深めることができました。

　私は英国留学中、石井次長が上記で引用されている四宮教授の御言葉と同内容の御言葉を英国信託法の泰斗であるDavid Haytonロンドン大学キングスカレッジ教授（当時）から頂戴しました。それは信託の限界を画するものは法律家の想像力（imagination）や創造力（creativity）であるという内容のものであり、そのことにかんがみると、大きな社会的変革が生じている今こそ、社会的ニーズに沿った新たな信託プロダクツを柔軟に創出することが求められており、本研究会の議論は、そうした信託プロダクツの開発の端緒となり得るものと考えます。本研究会の成果を取りまとめた本書が新たな信託プロダクツの創出の一助になれば幸甚の至りです。

　本研究会において活発に鋭い議論を行っていただいた参加者の先生方およびみずほ信託銀行の実務家の皆さまに改めて謝意と敬意を表したいと存じます。また、みずほ信託銀行の梅田圭社長のご支援のもと、森下充弘常務執行

役員、信託プロダクツ業務部堀江徹部長（当時）およびストラクチャードプロダクツ営業部清水正俊部長には本研究会を主導していただき、石井次長および須田参事役には本研究会の発足・運営に実務的にご尽力いただきました。このような素晴らしい議論の場をご提供いただいた各氏をはじめとするみずほ信託銀行の皆さまには感謝の念に堪えません。加えて、本研究会の成果を発表するために「金融法務事情」の誌面を割いていただくとともに、その成果を取りまとめる本書の発刊にご尽力いただいた舟山綾氏をはじめとする株式会社きんざいの皆さまに心より御礼を申し上げたいと思います。

堀総合法律事務所　パートナー弁護士　**藤池　智則**

参 考 資 料

[新聞記事１]

議決権を一部凍結

JCOM株

KDDI 信託活用 金商法への抵触回避

KDDIは10日、ＣＡＩは1月下旬にリバティTV最大手ジュピターテレコム（JCOM）株の取得方法が金融商品取引法に抵触する恐れがあると金融庁に指摘されていた問題で、米メディア大手リバティグローバルから取得するJCOM株37・8％の一部を議決権ベースで3分の1以下にして、金商法の規定に抵触しないようにする。

12日に取締役会を開いて正式決定する。KDDIは取得するJCOM株のうち、持ち株比率が3分の1を超える部分（発行済み株式全体の約4・5％に相当）を

傘下の中間持ち株会社3ィが保有するJCOM株社を総額3617億円で37・8％のすべてを買収すると発表。これに取る枠組みは維持しつ対して金融庁は、上場株つ、議決権ベースで持ちの3分の1超を取得する株比率が3分の1を超えにもかかわらず、すべてないようにする。の株主を対象とするTO一方、JCOM株を実Ｂ（株式公開買い付け）を実施しないと、金商法に違反する恐れがあると、KDDIに計画変更を促していた。

信託銀行に預け、リバテ信託活用で、リバティとみられる。KDDIが議決権ベースの持ち株比率を3分の1以下にすると決めたことで、JCOMの経営を巡るKDDIと住商の主導権争いは混沌（こんとん）としてきた。

質27・7％保有する第2位株主の住友商事は現在、JCOM株をTOBする方向で最終調整している。KDDIを上回る出資比率を目指している。

出所：2010年２月10日　日本経済新聞夕刊、p.3.

楽天・ＴＢＳ

和解協議入り合意

楽天保有 ＴＢＳ株 9％の議決権凍結

ＴＢＳと楽天は二十九日午後、楽天が経営統合提案を撤回し、保有する提携協議に入ることで合意した。三十日に両社はＴＢＳ株の議決権の半分弱（九・〇九％相当分）を凍結したうえで、和解・提携協議に入ることで合意した。三十日に両社は、来年三月末までに結論を出す。放送とネットでひとまず収束に向かう。

〈ＴＢＳ・楽天の合意内容〉
①楽天はＴＢＳに対する経営統合提案を撤回
②楽天は来年三月末を期限に、保有するＴＢＳ株のうち発行済みの九・〇九％分を信託し、議決権を凍結。その間買い増ししない
③両社はインターネット分野で業務提携を結ぶ

が取締役会で正式に決める。具体的な和解・提携の融合などを争点に敵対的な買収に発展する可能性もはらんだ両社の争いは表面化から一カ月半でひとまず収束に向かう。

内容は検討委員会を設け、来年三月末までに結論を出す。

▼株式の信託 株式を信託銀行に預けること。通常は株主総会での手続きなどを一任し株保有の信託契約で議決権を行使しないと明記すると信託銀に議決権が移る。信託を手間を省くために使う。

（関連記事3、11面に）

う。仲介役を担ったみずほコーポレート銀行が二十九日午前までに両社に対し和解・提携協議に応じる方針をＴＢＳに伝え、楽天。楽天は二十九日午後までにこれを受け入れ、三木谷浩史社長が仲介役に応じる意向を伝え、それぞれ取締役会に和解協議入りを開催、和解協議入りを正式決定する。午後にＴＢＳの井上弘社長、楽天の三木谷社長が覚書に調印し、個別に記者会見で発表する予定だった。

両社は最終的な和解と合意は和解・提携協議から一方的に離脱できないことも盛り込んでおり、三十日朝までに細部を詰め、それぞれ取締役会に和解・提携協議入りを正式決定する。午後にＴＢＳの井上弘社長、楽天の三木谷社長が覚書に調印し、個別に記者会見で発表する予定だった。

保有する一九・〇九％をＴＢＳ株のうち一〇％を超える分をみずほ信託銀行に信託し議決権を凍結②ネット分野で業務提携する③ネット分野で業務提携する──などを柱とする合意案を提示した。

ＴＢＳは議決権凍結の期限が延びれば権利を加えるなどの修正案を主張。楽天は二十九日午後までにこれを受け

資本業務提携の内容を詰める検討委員会を設置。議決権凍結の当初の期限である来年三月末までに内容を固める。協議でＴＢＳは楽天の保有するすべてのＴＢＳ株を最終的に手放すよう求める。楽天による経営権取得に動ける

天が納得するＴＢＳ株の処分方法が今後の協議のにらみ様々な駆け引きが続く可能性が大きい。三月末が延長しない場合は、楽天が再びＴＢＳの発行済み株式の二割近くを握り経営統合を要求。ＴＢＳは反発し、拒否する方針を固めていた。

余地は残る。来年三月をめどに最終合意に達しない場合は、楽天が再びＴＢＳ株の買い増しなどによる経営権取得に動ける。これまで楽天はＴＢＳ株の発行済み株式の二割近くを握り経営統合を要求、ＴＢＳは反発し、拒否する方針を固めていた。

出所：2005年11月30日　日本経済新聞朝刊、p.1.

出光・昭シェル相互出資

２割前後、合併へ先行

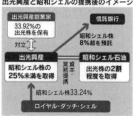

出光興産と昭和シェルの提携後のイメージ

```
出光興産創業家
33.92%の
出光株を保有
   ↕対立
出光興産
昭和シェル株の
25%未満を取得
   ↑昭和シェル株33.24%
ロイヤル・ダッチ・シェル

信託銀行
   ↑昭和シェル株
     8%超を預託
資本・業務提携
昭和シェル石油
出光株の2割
程度を取得
```

創業家説得を継続

両社は合併に向け、公正取引委員会による審査を受けている。出光は公取委からの承認を得た後、数日以内に英蘭ロイヤル・ダッチ・シェル（RDS）から33・24%の昭和シェル株を取得。このうち8%超の株式を信託銀行に預けることで、議決権ベースの出資比率を25%未満に抑える方向だ。

一方、昭シェルは2割程度の出光株を取得する予定だ。取得方法など詳細は今後検討する。

合併をめざす出光興産と昭和シェル石油は6日、それに先行して資本・業務提携する調整に入った。互いに2割前後の株式を持ち合い、石油製品の物流などの一体運営を始める。年300億円程度の収益改善効果を見込む。33・92%の出光株を持つ出光創業家は合併に反対を続けており、両社は提携で実績を上げながら説得を続ける。

合併は株主総会の決議案件。3分の1を超える出光株を持つ創業家が反対すれば合併は実現できない。出光が昭和シェルへの出資比率を25%未満に抑えや、約7000カ所の給油所への製品供給などで合併の成否は、33・92%協議を7月以来中断・協議する。合併により計画する平500億円の統るのは、昭シェルの出光株に対する議決権を確保するためだ。会社法では25%以上の株式を一方的に持たれれば「経営の独立性が脅かされる」との懸念があり、出光側の株式をどちらか一方の企業が無効になる規定がある。昭シェル側は出光の40万株りはない。出光による昭度の収益改善が見込め事業提携で年300億円月に昭シェルの40万株るという。同社の幹部は合意案。総合案では総合案、国内17カ所案件。3分の1を超える件ではないため、両社を案ですれば合併はる。出光側度は

対立出光と昭シェル株を一方向
い。ただ今回のような資

油所への製品供給などで合併の成否は、33・92%協議を7月以来中断・協議する。合併により計画する平500億円の統酬っている。昭介氏は7月、経営統合で合意したと発表したが、当初、17年4月の合併を目指していたが、創業家の反対などで延期している。

出光・昭シェル株は15年7月、経営統合で合意していたが、創業家の反対で延期している。

「合併を目指す方針に変わりはない。まず業務提携で効果を先行して出していきたい」と語る。

一方、出光と昭シェルは、合併反対の姿勢を強めている33・24%の昭シェル株などを相当の収益改善が見込めれにより出光がRDSかだ」としている。

「合併を目指す方針に変わりはない。まず業務提携で効果を先行して出していきたい」と語る。ら33・24%の昭シェル株を7月、金融商品取引法違反に当たるなどと主張していたが、創業家と会社側の合併反対の姿勢を強めている。

取引完了まで買収資金・株 保管

みずほ信託 M&A支援

決済リスク回避

エスクロー信託の基本的な仕組み

みずほ信託銀行は企業の合併・買収（M&A）の契約を円滑に進めるため、買い手側から買収代金を、売り手側から企業の株式を契約から取引完了までの間に預かる新たな仲介サービスを始めた。取引完了までの間に第三者に株式が譲渡されたり、支払いが遅れたりするのを防ぐ。企業・事業の買収が増加する中、契約を確実に成立させたいというニーズに応える。

新サービスの名称はエスクロー信託。エスクローとはフランス語で土地や家の権利証となっていた「巻物」が語源で、米国では住宅などの権利移転を意味する。

みずほ信託銀行は米国の仕組みを参考にする。企業買収では株式譲渡に関する登記申請手続きや監督官庁の許認可など複雑な手続きが必要で、買収の合意から完了まで一～三カ月程度かかる。

この間に買い手が倒産して資金がなくなったり、買い取った資産が劣化したりする場合がある。

みずほ信託は大手のオムロンによる医療機器メーカー、コーリン（日本コーリン、愛知県小牧市）の買収案件を受託。オムロンが米投資ファンド大手カーライルからコーリン社株を買い取る際の資金管理などを手がける。

みずほ信託が代金（株式を）信託銀行に預けておくことで、保証を確実にできる。

エスクローは欧米では不動産取引などで一般的なサービス。専門会社も多く、インターネットオークションで商品と代金の受け渡しを円滑に行うために使われている。日本の大手銀行では三井住友銀行が同様のサービスを手がけており、信託銀行などの重要な収益源に育つ可能性がある。

さらされるリスクを避けるため契約の確実な履行を求める傾向が強い。みずほ信託は日本でも欧米型の契約社会に移行しつつあることを背景に、同様のニーズが国内でも増えると判断している。M&A仲介のレコフによると、国内企業が絡むM&Aの件数は二〇〇四年に二千二百十一件に達し、前年比二・八％増えた。財産が法的に保護されるという信託の特性を生かし、手数料収入の増加につなげる狙いだ。

出所：2005年５月27日　日経金融新聞、p.3.

みずほ信託銀行は建設用仮設機材の製造販売会社の「商標権」の信託を引き受けた。その信託受益権を同じグループのみずほコーポレート銀行が融資する際の担保の一つに設定した。

みずほ信託

みずほ信託が受託した商

「商標権」信託し担保に

法改正後、初の活用

標権は足場機材の市場で高シェアを握る信和（岐阜県海津市）の工事現場の足場に付いた信和のトレードマーク。

商標権の信託は二〇〇四年十二月の信託業法改正で信託可能になった知的財産の一つの分野で、みずほ信託は強化する事業分野に掲げている。実際に商標権を

信託し、ビジネスに活用するケースは今回が業界で初めてという。

ソフトバンクが買収したボーダフォンの携帯電話事業を証券化するスキームでも、みずほ信託は「意匠権」の信託などで事業証券化を支援。具体的には、携帯電話の絵文字などを意匠権として信託し、担保に設定した。

出所：2006年10月13日　日本経済新聞朝刊、p.7.

ソフトバンク携帯事業

大規模証券化を支援

みずほ信託「事業信託」にらむ

ソフトバンクが買収したボーダフォンの携帯電話事業を証券化するスキームで、みずほ信託銀行が「意匠権」の信託などで事業証券化を支援することが明らかになった。大規模に事業を証券化する国内初の案件にかかわることで、みずほ信託は将来の信託法改正で可能になる「事業信託」に向けたノウハウを蓄積する考えだ。

事業の証券化には対象事業の資金収支の管理や全資産の担保管理をすることが必要。これまでは東京スター銀行がパチンコホール運営事業を証券化する案件などがある

のように調達金額が一兆円と巨額なものになる。四千五百億円と巨額なものになるのは初めて。

シティグループやみずほコーポレート銀行、ドイツ銀行などが主幹事になる予定だ。関係者によると、当初は他の大手信託銀行も名乗りを上げたが、スキームが複雑なため断念し、最終的にみずほ信託に決まった。

務め、十一月下旬までに払い込む予定だ。

みずほ信託は携帯電話の絵文字まで「意匠権」として信託し、担保設定した。携帯電話利用者の電話使用料が投資家への配当原資となる。

今回の事業証券化にかかわることを足がかりに、みずほ信託は将来、事業信託に進出したい考え。事業信託は国会審議中の信託法改正案で可能になる新しい分野。負債

みずほ信託は携帯電話も含めて事業をまるごと信託し、事業のガバナンスにも携わることになる

でノウハウを積み、将来 という。「大規模な事業証券化は小規模な事業信託から始めたい」（みずほ信託）

出所：2006年10月2日　日経金融新聞、p.3.

担保権信託
"在庫"買い取り保証
みずほコーポレート銀など 協調融資150億円

みずほコーポレート銀行とみずほ信託銀行はセキュリティー・トラスト（担保権信託）を活用した在庫担保の買い取り保証スキームを開発し、150億円規模のシンジケートローン（協調融資）を組成した。受益権を優先劣後後、（シニア・メザニン）構造とすることで、登記では順位付けできなかった譲渡担保権の順位付けが可能と

なり、多くの金融機関が参加しやすくなる。資金を調達する企業は取引金融機関を広げられるといった利点がある。担保権が債権者となり、協調融資を実行した。債務者である企業が保有する在庫

を、みずほコーポレート銀など計9行の金融機関したのは初めて。今回の第1号案件で

・売掛債権に担保権を設定。企業はみずほ信託銀行との間で担保権信託契約を結び、リース会社が買い取り保証契約に基づき、在庫担保の買い取りを保証

し、リース会社が買い取り保証契約に基づき、在庫担保の買い取りを保証

担保権信託（セキュリティー・トラスト）を活用した動産担保管理

協調融資に参加した金融機関は受益権を取得。みずほコーポレート銀とみずほ信託銀の両行は対象物に譲渡担保権を設定した。いった担保や在庫が不要となったほか、信託銀行が担保管理者となることで銀行の担保管理負担を軽減できるといった利点がある。

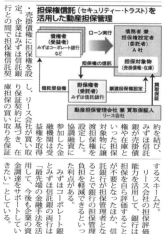

約を結び、みずほ信託リース会社の担保評価能力を活用し、銀行は担保を自ら評価することが不要となったほか、信託銀行が担保管理者となることで銀行の担保管理負担を軽減できるといった利点がある。

みずほコーポレート銀とみずほ信託銀の両行は「最先端の金融手法を活用して、今後も企業の資金調達をサポートしていきたい」としている。

出所：2009年10月12日　日刊工業新聞、p.1.

生前贈与、地銀向け拡充

みずほ信託、代理店に認定

みずほ信託銀行は地方銀行向け商品の品ぞろえを増やす。生前贈与に使える「暦年贈与信託」を地銀が代理店として、近く取り扱えるようにする。

る。高齢化で相続への関心が高まるなか、地銀が産承継対策ができる。代理店になった地銀は商品名を自ら付け、独自商品のように顧客に販売できる。

控除を使って、生前に資込めるようにする。

暦年贈与信託は年110万円の贈与税の基礎き。事務手続きや資

金運用はみずほ信託が担い、地銀の負担は軽い。

地銀が顧客に説明しやすいよう、タブレット端末を使って相続税の概算を出せるなど環境も整える。

みずほ信託は2016年10月から地銀向けに相続時の資産移転を簡単にできる遺言代用信託の提供を始めた。北海道銀行など4行が導入済み。地方では相続に伴い、資産が都市部に流出することへの懸念が強い。京都銀行などが参入を検討する動きが活発だ。

出所：2018年3月14日　日本経済新聞朝刊、p.9.

みずほ信託、代理店約1700体制

商品販売で地銀連携推進

年度内20機関見通し

みずほ信託銀行は、信託商品の販売で地域金融機関との連携を深めている。今夏だけでも千葉興業銀行、トマト銀行、浜松いわた信用金庫などと矢継ぎ早に代理店契約を結んだ。一連の取り組みで地域金融機関が営業網に加わる見込みだ。年度内には連携先が20機関に達する見通しだ。同行の自前店舗は約60店だが、約1750店体制に広がった。地域金融機関は顧客との関係を深め、都市部への顧客や資金流出などを抑える営業基盤を維持する狙いがある。

4月にみずほ信託銀にとどまったが、今年承継者をあらかじめ指定しておく遺言代用信行の代理店となった栃木銀行、本年度始めのはすでに6社と契約を託し、19年度末の累計まとめた。受託件数が18万件で、地域金融機関が信託15年度末から約4割増承継支援を重点施策のえた。「引き続きニーひとつに盛り込んだ。ズはあるだろう」（信

みずほ信託と連携した地域金融機関は、2016年の取り組みを開始から20年10月までに18機関。19年はう2機関よると、例えば資産の

託協会）と継続的な増加を見通す。資産を引き継ぐ予定の人が大都市に定住し、地域金融機関に口ードルが高い。

ところが、信託商品の販売は取り扱い経験のない行員にとってハードルが高い。商品の提供は有効だとみる向きがある。

信託商品を継続的に販売するためにももらう特別な考えだ。同時に4月に取り扱いを行う。9月に販売を始めた相続手続きの商品「WEB遺産整理」な親品、アプリなどインど商品によっては、親族が亡くなった際に提フラ、ノウハウの提供で案するものもある。連携強化を進める」

（同）方針だ。

一連の取り組みは、同行と地域金融機関のウイン・ウインが成立しそうだ。連携先の販売が低調な提携先は連携先に改良と成長の余地があるとも考えられる。

今夏だけでも千葉興業銀、トマト銀、浜松いわた信金などと矢継ぎ早に代理店契約を結んだ

座を持たないケースが増えていることも大きい。地銀沈下を招きかねない事態だ。営業基盤を確保するためにも販売のハードルを継続的に下げる考えだ。同

法制度知識に加え、顧客の資産承継をシミュレーションできる販売支援アプリなどを提供し、「お客さまに本音で話してもらう」（同）。資産承継を重点施策の

める。今夏だけでも千葉興

都市部への顧客・資金流出など抑え
営業基盤を維持

出所：2020年10月13日　日刊工業新聞、p.25.

［新聞記事10］

市場点描

マーケットの話題

社長が大株主 株価底堅く

社長が大株主になっている銘柄の株価が底堅い。藤田晋社長が筆頭株主のサイバーエージェントは2019年末から5月7日までに19・8％高となったほか、社長と会長が持ち株比率上位に名を連ねる日本M&Aセンターが4・2％安。騰落率は日経平均株価（16・8％安）を上回っている。過去5年間などの長期間でみても株価指数を上回る値動きが鮮明だ。

ニッセイアセットマネジメントの吉野貴晶氏は「多くの株式を持っていると一般株主に近い考え方になり、企業価値を高める意欲が高まる」と話す。吉野氏は東証1部上場企業で社長の

持ち株比率が高い上位2割と下位2割について、毎月の値動きの差を20年1月まで5年分集計した。平均すると上位のグループは下位のグループに比べ7・6％高いという。

新型コロナウイルスの感染が広がっているが、別の運用会社のファンドマネジャーも「事業環境が厳しい時ほど、経営者のすばやい意思決定や機動力が業績を支え、株価の底堅さにつながる」と期待を寄せる。

吉野氏によると、社長の持ち株比率は上位2割の企業で平均5％程度。社長の持ち株比率「5％」を目安に銘柄を吟味するという選択肢もありそうだ。

出所：2020年5月8日　日本経済新聞朝刊、p.17.

［新聞記事11］

相続用個人情報
ネット上で確認

みずほ信託

みずほ信託銀行は相続などに関する有料サービスを10日に始める。受取人を最大5人まで指定し、預貯金や有価証券、保有不動産の状況を受取人がネット上で確認できるようにする。遺言信託のように法的な効果はないが、相続にあたって本人の希望を確実に伝えられるようにする。

契約者にはパソコンやスマートフォンを通じ、保有している財産の状況などに関する個人情報を書き込んでもらう。情報は本人と受取人しか閲覧できないよう機密性を守る。契約者の死後に死亡届を登録すると、委託者の財産に関する情報を受取人が1年間見ることができる。中込手数料は税抜き3900円で、利用料は年6000円。

出所：2020年7月10日　日本経済新聞朝刊、p.7.

株主サービス スマホで完結

優待申し込み・新株予約権行使…

みずほ信託銀行はスマートフォンで手続きできる株主向けサービスを広げる。5月から株主優待を申し込めるようにするほか、従業員などがストックオプション（新株予約権）を行使できるようにする。スマホで完結できる機能を増やし、利便性の向上と企業の業務効率化を後押しする。

みずほ信託は企業の株式を管理する証券代行業務を運営している。株主がスマホで優待を選べるようにするため電子ギフトサービスのギフティと提携する。スマホで2次元バーコードを読み取る

と、500種類以上のギフト券の中から選べるようになる。企業が提供したい独自の優待品もスマホの画面に表示できる。

株主優待ははがきに必要項目を記入して返送し、届くまで1カ月程度かかるのが一般的で企業側の事務負担も高まっている。スマホならこうした手間を軽減でき、株主総会の議決権を事前行使できるようにしており、今年3月末までに約220社が採用したという。7月には

スマホで従業員がストックオプションを行使できるサービスも始める。みずほ信託は2018

みずほ信託、効率化を支援

数によっては年間、数百万円規模の経費削減につながるという。

上場企業の株主名簿を管理し、株主総会の円滑な実行を支援する信託銀行にとっても集計の負年から株主がスマホで株担が減る。

出所：2021年5月5日　日本経済新聞朝刊、p.3.

自社株承継 信託で確実に

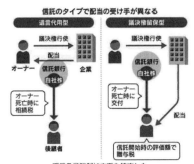

信託のタイプで配当の受け手が異なる

遺言代用型	議決権留保型
議決権行使 →	議決権行使 →
オーナー ← 配当 信託銀行 自社株 企業	オーナー 信託銀行 自社株
オーナー死亡時に相続税	オーナー死亡時に交付
↓ 後継者	信託開始時の評価額で贈与税 / 配当

事業承継税制は内容を拡充した

	17年12月まで	18年1月から
対象株式	総株式数の3分の2まで	全株式
相続税の猶予割合	80%	100%
後継者	1人	代表権を持つ3人まで
雇用確保	5年平均で8割を維持できなければ全額納税	8割を下回っても一定要件を満たせば納税猶予

経営権を維持しながら確実に事業承継できる「信託」。高齢化で引退を迫られる中小企業のオーナー社長にとって気になる商品だ。利点と注意点を点検した。

東京都内で電子部品を製造・販売するA社を経営する佐藤信夫さん（70、仮名）は長男、和夫さん（42、同）を後継者にする。和夫さんは取引先の上場企業で勤務後、3年前に入社。営業課長を務め、社内外での評判は上々だ。

A社は中国やタイにも拠点を構え、業績は堅調。毎期数億円の利益を計上する。企業価値はさらに上がる見込みで、贈与税が膨らむ前に株を譲りたいが「経営を任せるにはまだ経験が足りない」と感じていた。このため取引先のもつ「議決権留保型」の自社株承継信託を使うことにした。

株式を銀行に預け、議決権行使を指図する権利は銀行に残し、財産権は後継者に残す。

あらかじめ定めた後継者に移すため、後継者は配当を受け取れる。贈与税は信託契約を結んだ時点の評価額で課税されるため、A社のように株価上昇が見込まれる場合などに便利な商品だ。オーナーには議決権行使を指図する権利だけは決めておきたいケースもある。

株の散逸防ぐ

オーナーが死亡した時の承継者を決めておく「遺言代用型」もある。自宅や預金の相続分は決めていないが、後継者は決めておきたいケースもある。

株式を後継者に譲る際に贈与税や相続税を猶予できる「事業承継税制」が利用できない法人に、信託の根本賢治プライベートバンキング部長は「財産の散逸を防ぐには信託を使うと、非上場株式を後継者に譲る際に贈与税や相続税を猶予できる内容にすることが軍配だ」と話す。

計画的な準備必要

政府は18年度の税制改正で、事業承継税制の内容を10年間限定の特例で緩和した。総株式数の3分の2までだった対象株式の上限を撤廃し、相続税の納税猶予の割合を80%から100%に引き上げた。

ただ非上場株式を後継者に譲る際に、贈与税や相続税を猶予できる「事業承継税制」が利用できないデメリットがある。税法上の関係で信託を使うと、この制度で適用できないためだ。

みずほ信託銀行の鶴岡正己・人コンサルティング部長は「事業承継税制を使うかは、承継するタイミングで判断する必要がある」と指摘する。

適用には①後継者が役員に就任してから3年以上が経過し、贈与時に代表権を持っている②承継する企業が資産管理会社である非上場会社――などの要件を満たす必要がある。

納付は猶予されるが、外れれば全額納付しなければならない。27年12月末までに株を贈与せば税制が適用されるが、事前届出書として23年3月末までに承継計画を都道府県に提出しておく必要もある。

みずほ信託銀行が全国約6千70社に実施したアンケートでは事業承継税制を使わない方が事業承継を考えているとの回答が16．9%で1位だった。例えばM&A（合併・買収）を考える前に株を贈与すると、オーナーへの資金が入らなくなるケースもある。逆に企業価値が高くなる前に贈与した方が税負担を抑えられる。オーナーが資金を取る必要があれば、税制の要件を満たせない。

新規株式公開（IPO）を計画している場合にも、後に要件から外れることになる。

「早めに取り組んでいる企業はまず高くない場合もある。節税よりも良いケースもある。承継計画を作った上で、承継時の準備や方法を見定めた方が良い」（鶴岡部長）という。信託を使うか税制メリットを優先するかは、事前の準備を計画的に進める必要がありそうだ。（広瀬洋平）

納税猶予の税制は使えず

産業 **新陳代謝**の*行方* ⑫

クールジャパン 支える中小の悩み

製造・販売 機能分離を提案

清酒だけでは

クールジャパン戦略—。日本の魅力ある衣食住やコンテンツといった「文化」を強みに、海外需要を掘り起こす成長戦略の柱政策だ。9月25日には官民ファンドのクールジャパン機構が、設立後の第1号案件となる4件を選定し出資を決定。具体的な仕掛けが始動する。政府が日本文化を始動する。

海外発信する政策的な価値に目を付けた背景には、大手企業と比べ海外展開の地力が弱い中堅中小にも商機があるとの判断がある。

「清酒業だけではこの先、行き詰まるのではないかと認識していた」。越州地域のある有名日本酒メーカー。同社のオーナー会長は2000年前後に抱えていた悩みをこう振り返る。同社は日本国内はもちろん欧米でも名が知られ、強いブランド力と確かな味を持っている"100年企業"。12年には企業承継問題。「株価の評価額の上昇と手持ち資金が不足していた」（みずほ信託銀行コンサルティング部の石原寛之班長）。未上場企業の株価は同業の上場株価に連動して評価が決まる。日本酒ブームであれば株価上昇は避けられない。事業を後継者に渡す際、企業体力以上の資金が必要になる。

事例の一つ。会長は日本酒市場で確固たる地位を築いた00年頃の段階で逆に不安を感じた。当時の市場環境は「作れば売れた」。それは油断すれば「何も工夫をしなくなる」ことに等しい。米進出も攻めの経営姿勢からだ。「次の一手」をどう打つか。会長がそうした悩みを抱えた時期に、みずほ信託銀行がコンサルティング対応で関わり始めた。

課題は事業承継

当時の課題の一つは事業承継問題。

みずほ信託は10年先、20年先に企業を維持しつつ収益力を高める基盤整備の一つとして、複雑化していたグループ企業の製造と販売という矛盾した課題を背に込んだ。グループ企業の製造と販売の機能分離を提案した。00年頃の同社グループは醸造会社と卸売会社が、それぞれの販売ルートを持つという独特の体制だった。12年頃に卸売り機能を販売会社に一本化。その後、資本関係の見直しを進め、14年段階で持ち株会社の傘下に再編を完了した。

再編を完了

国内外の事業が順調なことが、事業承継を難しくする一つとして……

これにより事業の要となる醸造会社はオーナー家が伝承を続け、市場にアクセスする販売会社は社員などからトップを選ぶことも可能となる。持ち株会社にすることでグループ会社の経営判断も迅速化できる。「足かけ15年」（石原班長）の基盤整備。こうした企業と金融の地道な経営改善が、クールジャパン戦略を支えている。

（水曜日に掲載）

グループ会社の機能整備
（製販分離とコーポレートガバナンス体制の確立）

2000年頃	現在
醸造会社（製造・卸売り）	持株会社
県内外に卸売り ／ 卸会社（卸売り）	販売会社 ／ 製造会社
県内外の市場に小売り	県内外の市場に卸売り

出所：2014年10月1日　日本工業新聞、p.21.

みずほ信託銀、2年ぶり首位

金融機関ランキング 品ぞろえ・提案力に評価

日本経済新聞社は「第17回金融機関ランキング」調査を実施した。みずほ信託銀行が2年ぶりに首位に立った。
住信SBIネット銀行とソニー銀行が続き、ネット専業銀行が存在感をみせた。
高齢化への対応や簡単で手軽な手続きが評価された。

認知症サポート信託 開いた新市場

首位のみずほ信託銀行がとりわけ他の銀行を引き離したのが「品ぞろえ・提案力」だ。信託銀行として高齢化でニーズが高まる商品を充実させてきた。調査では「安心して契約できる」（30代男性）、「すべてを任せられる」（30代男性）といった声が集まった。

2019年9月に発売した『認知症サポート信託』は約1年で1000件超の契約を得るヒット商品に育っている。契約者が認知症と診断されると、預け入れた金銭の本人による払い出しや解約に制限がかかる業界初の商品だ。あらかじめ指定した代理人が資産を管理するように切り替わる。

従来の銀行では預金者に認知症の疑いがあると取引に応じず、親族が代わりに引き出そうとしても受け付けないことが多かった。認知症サポート信託では、生活費を想定して年間600万円以内の一定額を代理人の口座に毎月振り込むサービスを用意。医療費や介護費で10万円以上の引き出しが発生した時にはみずほ信託が請求書や領収書をチェックした上で払い出す。

代理人が死亡するなどして、資産を管理できる人がいなくなってしまった場合はみずほ信託が自治体に連絡し、成年後見制度の検討などを依頼する。

健康なうちは財産を自分で管理し、認知症と診断された後の代理人を事前に定めることで本人と家族の安心につなげる。銀行が契約者の親族の状況にも踏み込み、負担やストレスを軽減するサービスとして評価を得ている。

みずほ信託では毎月、社内横断で新たなアイデアを交換する「信託フロンティア会議」を開き、新商品開発に磨きをかける。認知症患者を手助けする「認知症サポーター」の養成講座も社

みずほ信託銀行は高齢化対応に力を入れてきた（東京都中央区の本店）

内で設け、顧客対応力も高めている。対話アプリ「LINE（ライン）」を使って担当者が遺産整理に応じるサービスなど、非対面での手続きにも注力している。

ネット専業銀が存在感

上位にはネット専業銀行の存在が目立った。2位だった住信SBIネット銀行が昨年の首位から順位を落としたものの、「接客・利便性」の項目ではネットバンキングやスマートフォンアプリの使い勝手の良さだ。

同行ではサービスの利用状況に応じてATMの利用料と他行あての振り込みが無料になる「スマートプログラム」を用意している。それぞれが月最大15回が無料だったが、4月からは20回に増える。

20年10月にはキャッシュカードがなくても、アプリを活用させることでATMで入出金できるサービスを始めた。他の企業やサービスとの連携による利便性の高さが強みだ。20年夏には指紋や顔による生体認証で一度アプリにログインすると、送金などの取引時にパスワード入力が不要になる仕様を導入し、利便性を高めた。

住宅ローンなど対面での相談に応じる「ローンプラザ」と提携する銀行代理店は広げている。島根銀行や福島銀行などの地方銀行でも受け付けている。住宅ローンの手続きに設備がある住宅ローンの残高は2月に6兆5000億円を超え、約4カ月で2倍に増やした。

3位に入ったソニー銀行は前回から1つ順位を上げた。これまで強みを持ってきた住宅ローンや外貨預金を順調に伸ばしている。人工知能（AI）を使った審査など、いずれも迅速で手軽な手続きが評価されている。

最近は新たな商品の拡充にも注力している。20年8月にはオリックス銀行と提携し、同行が開発した遺言代用信託の取り扱いを始めた。融資残高のほとんどを占める住宅ローンで得た顧客と長期にわたる関係を築き、相続にいたるまで顧客をやめる予定で、事務の効率化により相続業務に重点を置くようにかじを切っている。

を設け、休日の買い物ついでに利用できる点が好評だ。自宅からオンラインでの相談にも応じる。ネットを通じた投資信託の販売にも注力しており、全投信で有数の300銘柄程度を取りそろえている。

3メガ、10傑に入らず

5位のあおぞら銀行は前回の28位から躍進した。ネットバンキングでは普通預金を0.2%の金利で提供しており、アプリで取引を完結させる利便性も好評だ。一方、店舗では20年度中に全店で預金の取扱いをやめる予定で、事務の効率化により相続業務に重点を置くようにかじを切っている。

今回のトップ10をみると、信託銀行が4行、異業種からの参入でネット銀行が5行となった。高齢化などに対応した相続業務、ネットを通じた手軽さや、お得を求め、独自性を磨く銀行が評価された格好だ。

3メガバンクは前回に引き続いて、上位10行からもれた。三菱UFJ銀行が19位、三井住友銀行が20位、みずほ銀行が50位だった。上位に入る項目もあったが、顧客基盤が大きいこともあり総合順位では評価が割れやすい傾向がある。

顧客満足度は主に利用する金融機関の評価を、20歳代から60歳代の男女、約1万人から聞き取り点数化した。

顧客満足度総合ランキング

順位（前回）	金融機関名	顧客満足度評価総合指数	接客・利便性	品ぞろえ・提案力	信頼性	今後も利用したい
1（3）	みずほ信託銀行	93.8	27.6	28.7	26.6	10.9
2（1）	住信SBIネット銀行	92.6	29.3	26.5	26.8	10.9
3（4）	ソニー銀行	91.5	27.3	26.5	26.0	11.7
4（7）	イオン銀行	90.4	28.2	26.5	25.2	11.4
5（28）	SMBC信託銀行	90.2	26.4	26.6	25.2	12.0
6（27）	GMOあおぞらネット銀行	89.7	27.0	26.5	25.8	10.4
7（－）		89.5	28.3	25.1	24.1	11.4
8（6）	ジャパンネット銀行	87.7	27.7	24.2	24.8	11.0
9（8）	オリックス銀行	87.3	25.7	26.1	25.9	11.0
10（9）	三菱UFJ信託銀行	87.3	25.3	25.6	25.9	10.5
11（8）	楽天銀行	87.2	27.0	24.8	24.2	11.2
12（10）		87.0	25.3	25.8	25.6	11.2
13（23）	東京スター銀行	86.8	25.1	26.9	24.5	10.3
14（18）	大垣共立銀行	86.7	28.4	24.0	25.6	10.7
15（5）	セブン銀行	86.6	28.1	22.2	25.3	10.4
16（5）	新生銀行	86.5	26.2	24.9	24.2	11.3
17（17）	auじぶん銀行	86.4	27.7	23.9	23.9	10.3
18（13）	城南信用金庫	85.8	24.1	23.9	25.1	11.7
19（21）	三菱UFJ銀行	85.6	26.3	23.9	26.1	10.7
20（20）	大和ネクスト銀行	85.5	24.3	24.7	24.7	11.5
21（25）	三井住友銀行	85.1	26.0	22.9	25.0	10.7
22（19）	名古屋銀行	85.1	26.3	23.4	24.6	10.6
23（44）	千葉銀行	85.0	25.7	25.8	24.0	10.6
24（43）	三井住友信託銀行	84.4	24.4	25.0	25.3	10.5
25（23）	東邦銀行	84.4	26.2	23.8	24.7	10.4
26（38）	関西みらい銀行	84.3	25.7	24.0	24.7	9.9
27（40）	百五銀行	84.2	25.6	24.4	23.9	10.4
28（54）	京葉銀行	84.2	25.5	24.1	23.9	10.4
29（43）	八十二銀行	84.1	25.6	23.2	24.5	10.4
30（42）	広島銀行	84.0	26.3	22.9	24.4	10.4
31（－）	琉球島銀行	83.9	25.8	23.1	24.5	10.5
32（25）	りそな銀行	83.7	25.6	23.4	24.7	10.1
33（30）	京都中央信用金庫	83.7	26.0	22.2	24.7	10.7
34（－）	十八親和銀行	83.5	25.3		23.7	10.4
35（29）	JAバンク	83.3	25.1	23.3	23.9	11.0
36（33）	福岡銀行	83.2	25.7	22.7	24.2	10.6
37（49）	第四銀行	82.9	25.2	23.7	24.2	10.9
38（46）	京都銀行	82.8	24.9	22.6	24.7	10.4
39（46）	東日本シティ銀行	82.8	26.3	23.0	23.7	10.5

（－）は前回順位なし。第四銀行は合併し、現在は第四北越銀行

出所：2021年3月7日　日経ヴェリタス、p.8.

総合ランキング上位 トップに聞く

1位 みずほ信託銀 梅田圭社長

社会の共通課題 信託で解く

——2年ぶりに首位へ返り咲きました。

「少子高齢化や新型コロナウイルスの感染拡大といった社会的な課題に対し、信託銀行の専門性を幅広く提供しようと社員一人ひとりが愚直に取り組んできたたまものだと思う。そうした点を評価していただいたと考えており、光栄に受け止めている」

——どのような点が評価されたと感じていますか。

「社会構造が大きく変わるなかで新商品の開発だけでなく、すでに取り扱っている商品のレベルアップにも迅速に対応するよう意識している。たとえ

ば『選べる安心信託』や『認知症サポート信託』といった既存のヒット商品では、(本人の銀行口座にとどまらず)手続きを進める代理人が名義の口座にも直接支払えるようにするなど、利用者の声に耳を傾けながら商品性に磨きをかけている」

——商品やサービスへの評価が高かったです。

「デジタル技術の活用で窓口に行かなくてもネット上で手続きを完結できる業界初の『WEB遺産整理』に加え、(預貯金や保有不動産、親族へのメッセージといった)大切な個人情報をパソコンやスマートフォンで登録できる

『未来への手紙』など、非対面やペーパーレスで手続きが進められるサービスを導入してきた。コロナ禍でお客様の生活や社員の働き方も変わっており、対面と非対面のチャネルを使い分けながら丁寧な対応を心がけてきたつもりだ」

——今後の課題は。

「変化に対し、これまでより鋭敏であ

ることが重要になってくると思う。顧客の求めにスピード感をもって応えていくには、一人ひとりが専門性を研ぎ澄ませる必要がある。大切にしたいのは所属や階層、年次にとらわれないグループ全体での闊達な議論だ。これからも信託らしさを体現する提案ができるよう熱意をもって取り組んでいきたい」

出所：2021年3月7日　日経ヴェリタス、p.11.

【研究会風景】

新たな信託ソリューションと法務
―円滑なM&A・事業承継等のために―

2022年2月17日　第1刷発行
2022年5月30日　第2刷発行

編　者　みずほ信託プロダクツ法務研究会
発行者　加藤　一浩

〒160-8520　東京都新宿区南元町19
発　行　所　一般社団法人 金融財政事情研究会
企画・制作・販売　株式会社きんざい
編　集　部　TEL 03(3355)1721　FAX 03(3355)3763
販売受付　TEL 03(3358)2891　FAX 03(3358)0037
URL https://www.kinzai.jp/

校正：株式会社友人社／印刷：三松堂株式会社

・本書の内容の一部あるいは全部を無断で複写・複製・転訳載すること、および
磁気または光記録媒体、コンピュータネットワーク上等へ入力することは、法
律で認められた場合を除き、著作者および出版社の権利の侵害となります。
・落丁・乱丁本はお取替えいたします。定価はカバーに表示してあります。

ISBN978-4-322-14030-9